시집전상설(詩集傳詳說) 6
-시집전상설 11권 (詩集傳詳說 卷之十一)·시집전상설 12권 (詩集傳詳說 卷之十二)-

이 저서는 2017년 대한민국 교육부와 한국연구재단의 지원을 받아 수행된 연구임 (NRF-2017S1A5B4056044)

호산 박문호의 칠서주상설 25

시집전상설(詩集傳詳說) 6
-시집전상설 11권 (詩集傳詳說 卷之十一)·
시집전상설 12권 (詩集傳詳說 卷之十二)-

책임역주(주저자): 신창호
전임역주: 김학목·빈동철·조기영
공동역주: 김언종·임헌규·허동현

일러두기

1. 본서는 1921년 풍림정사(楓林精舍)에서 간행된 박문호의 『칠서주상설(七書註祥說)』(한국학중앙연구원 장서각 소장)을 저본으로 하였다. 아울러 아세아문화사(亞細亞文化社)에서 간행한 『호산전서(壺山全書)』(1~8, 1987~1990)를 참고하였고, <호산 박문호의 『칠서주상설』 연구번역총서>의 번호 순서는 『호산전서』(제4~5책)의 목차에 따랐다.

2. 원전(原典)은 직역(直譯)을 원칙으로 하되, 필요한 경우에는 현대적 의미를 고려하여 의역(意譯)하며 풀이하였다. 원문은 번역문과 함께 제시하되, 원문을 앞에 번역문을 뒤에 배치하였다.

3. 역주(譯註)의 경우 각주(脚註)로 처리하고, 간단한 용어나 개념 설명은 본문에서 그대로 병기하여 노출하였다(예: 잡기(雜記): 잡다하게 기록함)). 주석은 인용 출처 및 근거를 찾아 제시하고, 관련 자료의 원문 또는 번역문을 수록하였다. 내용이 중복되는 부분일지라도 편장이 달라질 경우에는 다시 수록하여 연구 토대 자료로서의 편리성을 도모하였다.

4. 원전의 원문은 칠서의 '경문(經文)', 주자의 주석인 '주주(朱註)', 박문호의 주석인 '상설(詳說)'로 구분하되, '경문-주주-상설'순으로 글자의 모양과 크기를 달리 하였다. 경문의 경우, 별도로 경문이라는 표시 없이 편장별로 번호를 붙였다(예: 『논어』「선진」1장 첫 구절은 「선진」이 『논어』의 제11편이므로 [11-1-1]로 표시; 나머지 경전도 편-장-절의 순서에 따라 번호를 매김).

5. 경전의 맨 앞부분에 '별도의 권(卷)으로 나누어져 있지 않은 부분'은 편의상 <권0>으로 표기하여 구분하였다.

6. 박문호의 주석인 '상설(詳說)'은 모든 구절에 〇를 붙여 의미를 분명하게 하였다.

7. 원문의 표점 작업은 연구번역 저본과 참고로 활용한 판본을 대조하여 정돈하였다. 『칠서주상설』 편제의 특성상, 혼란의 소지가 있는 부분은 번역에서 원전을 다시 제시하였다. 필요한 경우에는 원문이나 각주에서 경전(經傳: 『』)이나 편명(篇名:「」), 구두(句讀: , ; .) 인용문(따옴표: " "; ' ') 강조점(따옴표: ' ') 등을 구분하여 표시하였다.

8. 원전의 특성상, 경문의 바로 아래에 제시되어 있는 음운(音韻)이나 음가(音價)는 호산이 주자의 주석을 재인용한 것이 대부분이므로 상설(詳說)로 되어 있더라도 주주(朱註)로 처리하였다.

9. 원문이나 역주 가운데, 인명이나 개념어는 기본적으로 한글과 한문을 병기하되, 상황에 맞추어서 정돈하였다(예: 주자(朱子)의 경우, 때로는 주희(朱熹)로 표기하고, 개념어는 원문을 그대로 노출하기도 하고 풀이하기도 하였는데, 도(道)의 경우, 도리(道理), 이치(理致), 방법(方法) 등으로 해석함).

시집전상설 총 목차

시집전상설 1   시집전서상설(詩集傳序詳說)
                 시강령상설(詩綱領詳說)
                 시집전상설 1권 (詩集傳詳說 卷之一)
                 시집전상설 2권 (詩集傳詳說 卷之二)

시집전상설 2   시집전상설 3권 (詩集傳詳說 卷之三)
                 시집전상설 4권 (詩集傳詳說 卷之四)

시집전상설 3   시집전상설 5권 (詩集傳詳說 卷之五)
                 시집전상설 6권 (詩集傳詳說 卷之六)

시집전상설 4   시집전상설 7권 (詩集傳詳說 卷之七)
                 시집전상설 8권 (詩集傳詳說 卷之八)

시집전상설 5   시집전상설 9권 (詩集傳詳說 卷之九)
                 시집전상설 10권 (詩集傳詳說 卷之十)

시집전상설 6   **시집전상설 11권 (詩集傳詳說 卷之十一)**
                 시집전상설 12권 (詩集傳詳說 卷之十二)

시집전상설 7   시집전상설 13권 (詩集傳詳說 卷之十三)
                 시집전상설 14권 (詩集傳詳說 卷之十四)

시집전상설 8   시집전상설 15권 (詩集傳詳說 卷之十五)
                 시집전상설 16권 (詩集傳詳說 卷之十六)
                 시집전상설 17권 (詩集傳詳說 卷之十七)

시집전상설 9   시집전상설 18권 (詩集傳詳說 卷之十八)
                 시서변설상설(상) (詩序辨說詳說 卷上)
                 시서변설상설(하) (詩序辨說詳說 卷下)

차 례

일러두기 / 4

시집전상설 11권 (詩集傳詳說 卷之十一)
2-6. 북산지십 (北山之什 二之六)/ 12
[2-6-1-1] 陟彼北山, 言采其杞. 偕偕士子, 朝夕從事,/ 12.
[2-6-1-2] 溥天之下, 莫非王土,/ 14
[2-6-1-3] 四牡彭彭, 王事傍傍./ 16
[2-6-1-4] 或燕燕居息, 或盡瘁事國,/ 19
[2-6-1-5] 或不知叫號, 或慘慘劬勞,/ 22
[2-6-1-6] 或湛樂飲酒, 或慘慘畏咎,/ 23
[2-6-2-1] 無將大車. 祇自塵兮./ 24
[2-6-2-2] 無將大車. 維塵冥冥./ 26
[2-6-2-3] 無將大車. 維塵雝兮./ 27
[2-6-3-1] 明明上天, 照臨下土, 我征徂西, 至于艽野,./ 28
[2-6-3-2] 昔我往矣, 日月方除./ 33
[2-6-3-3] 昔我往矣, 日月方奧./ 36
[2-6-3-4] 嗟爾君子, 無恆安處. 靖共爾位, 正直是與, 神之聽之, 式穀以女./ 39
[2-6-3-5] 嗟爾君子, 無恆安息. 靖共爾位, 好是正直,/ 42
[2-6-4-1] 鼓鐘將將, 淮水湯湯./ 44
[2-6-4-2] 鼓鐘喈喈, 淮水湝湝, 憂心且悲./ 46
[2-6-4-3] 鼓鐘伐鼛, 淮有三洲, 憂心且妯./ 47
[2-6-4-4] 鼓鐘欽欽, 鼓瑟鼓琴, 笙磬同音, 以雅以南, 以籥不僭./ 50
[2-6-5-1] 楚楚者茨, 言抽其棘./ 54
[2-6-5-2] 濟濟蹌蹌, 絜爾牛羊./ 61
[2-6-5-3] 執爨踖踖, 爲俎孔碩./ 66
[2-6-5-4] 我孔熯矣, 式禮莫愆./ 75
[2-6-5-5] 禮儀旣備, 鐘鼓旣戒./ 82
[2-6-5-6] 樂具入奏, 以綏後祿./ 88
[2-6-6-1] 信彼南山, 維禹甸之./ 94
[2-6-6-2] 上天同雲, 雨雪雰雰./ 99

[2-6-6-3] 疆場翼翼, 黍稷彧彧./ 101

[2-6-6-4] 中田有廬, 疆場有瓜./ 105

[2-6-6-5] 祭以淸酒, 從以騂牡./ 107

[2-6-6-6] 是烝是享, 苾苾芬芬, 祀事孔明./ 116

[2-6-7-1] 倬彼甫田, 歲取十千./ 117

[2-6-7-2] 以我齊明, 與我犧羊./ 127

[2-6-7-3] 曾孫來止, 以其婦子./ 134

[2-6-7-4] 曾孫之稼, 如茨如梁./ 140

[2-6-8-1] 大田多稼, 旣種旣戒./ 144

[2-6-8-2] 旣方旣皁, 旣堅旣好./ 148

[2-6-8-3] 有渰萋萋, 興雨祁祁./ 154

[2-6-8-4] 曾孫來止, 以其婦子, 饁彼南畝, 田畯至喜../ 161

[2-6-9-1] 瞻彼洛矣, 維水泱泱./ 166

[2-6-9-2] 瞻彼洛矣, 維水泱泱. 君子至止, 鞞琫有珌./ 170

[2-6-9-3] 瞻彼洛矣, 維水泱泱. 君子至止, 福祿旣同. 君子萬年, 保其家邦./ 172

[2-6-10-1] 裳裳者華, 其葉湑兮./ 173

[2-6-10-2] 裳裳者華, 芸其黃矣. 我覯之子, 維其有章矣. 維其有章矣, 是以有慶矣./ 176

[2-6-10-3] 裳裳者華, 或黃或白./ 177

[2-6-10-4] 左之左之, 君子宜之./ 178

시집전상설 12권 (詩集傳詳說 卷之十二)

2-7. 상호지십 (桑扈之什 二之七)/ 184

[2-7-1-1] 交交桑扈, 有鶯其羽./ 184

[2-7-1-2] 交交桑扈, 有鶯其領. 君子樂胥, 萬邦之屛./ 185

[2-7-1-3] 之屛之翰, 百辟爲憲./ 187

[2-7-1-4] 兕觥其觩, 旨酒思柔./ 188

[2-7-2-1] 鴛鴦于飛, 畢之羅之. 君子萬年, 福祿宜之./ 191

[2-7-2-2] 鴛鴦在梁, 戢其左翼. 君子萬年, 宜其遐福./ 194

[2-7-2-3] 乘馬在廄, 摧之秣之./ 195

[2-7-2-4] 乘馬在廄, 秣之摧之./ 197

[2-7-3-1] 有頍者弁, 實維伊何./ 199

[2-7-3-2] 有頍者弁, 實維何期. 爾酒旣旨, 爾殽旣時, 豈伊異人. 兄弟具來./ 207

[2-7-3-3] 有頍者弁, 實維在首. 爾酒旣旨, 爾殽旣阜, 豈伊異人, 兄弟甥舅. 如彼雨

雪, 先集維霰./ 209

[2-7-4-1] 間關車之舝兮, 思孌季女逝兮./ 213
[2-7-4-2] 依彼平林, 有集維鷮./ 216
[2-7-4-3] 雖無旨酒, 式飲庶幾, 雖無嘉殽 式食庶幾, 雖無德與女, 式歌且舞./ 218
[2-7-4-4] 陟彼高岡, 析其柞薪./ 220
[2-7-4-5] 高山仰止, 景行行止./ 222
[2-7-5-1] 營營青蠅, 止于樊./ 227
[2-7-5-2] 營營青蠅, 止于棘. 讒人罔極, 交亂四國./ 230
[2-7-5-3] 營營青蠅, 止于榛./ 231
[2-7-6-1] 賓之初筵, 左右秩秩./ 233
[2-7-6-2] 籥舞笙鼓, 樂既和奏./ 246
[2-7-6-3] 賓之初筵, 溫溫其恭./ 254
[2-7-6-4] 賓既醉止, 載號載呶./ 257
[2-7-6-5] 凡此飲酒, 或醉或否./ 262
[2-7-7-1] 魚在在藻, 有頒其首./ 271
[2-7-7-2] 魚在在藻, 有莘其尾./ 272
[2-7-7-3] 魚在在藻, 依于其蒲./ 273
[2-7-8-1] 采菽采菽, 筐之筥之./ 274
[2-7-8-2] 觱沸檻泉, 言采其芹./ 280
[2-7-8-3] 赤芾在股, 邪幅在下./ 283
[2-7-8-4] 維柞之枝, 其葉蓬蓬./ 287
[2-7-8-5] 汎汎楊舟, 紼纚維之./ 289
[2-7-9-1] 騂騂角弓, 翩其反矣./ 293
[2-7-9-2] 爾之遠矣, 民胥然矣./ 295
[2-7-9-3] 此令兄弟, 綽綽有裕./ 297
[2-7-9-4] 民之無良, 相怨一方. 受爵不讓, 至于已斯亡./ 299
[2-7-9-5] 老馬反爲駒, 不顧其後/ 301
[2-7-9-6] 毋敎猱升木. 如塗塗附./ 305
[2-7-9-7] 雨雪瀌瀌, 見晛曰消./ 308
[2-7-9-8] 雨雪浮浮, 見晛曰流. 如蠻如髦, 我是用憂../ 310
[2-7-10-1] 有菀者柳, 不尚息焉./ 313
[2-7-10-2] 有菀者柳, 不尚愒焉./ 316
[2-7-10-3] 有鳥高飛, 亦傅于天./ 318

도인사지십 2-8(都人士之什二之八)/ 321
  [2-8-1-1] 彼都人士, 狐裘黃黃. 其容不改, 出言有章, 行歸于周, 萬民**所望**./ 321
  [2-8-1-2] 彼都人士, 臺笠緇撮./ 322
  [2-8-1-3] 彼都人士, 充耳琇實./ 325
  [2-8-1-4] 彼都人士, 垂帶而厲./ 328
  [2-8-1-5] 匪伊垂之, 帶則有餘, 匪伊卷之, 髮則有旟 我不見兮, 云何**盱矣**./ 330
  [2-8-2-1] 終朝采綠, 不盈一匊./ 331
  [2-8-2-2] 終朝采藍, 不盈一襜./ 334
  [2-8-2-3] 之子于狩, 言韔其弓./ 336
  [2-8-2-4] 其釣維何. 維魴及鱮./ 338
  [2-8-3-1] 芃芃黍苗, 陰雨膏之./ 340
  [2-8-3-2] 我任我輦, 我車我牛./ 342
  [2-8-3-3] 我徒我御, 我師我旅.我行旣集, 蓋云歸處./ 343
  [2-8-3-4] 肅肅謝功, 召伯營之, 烈烈征師, 召伯成之./ 345
  [2-8-3-5] 原隰旣平, 泉流旣淸, 召伯有成, 王心則寧./ 346
  [2-8-4-1] 隰桑有阿, 其葉有難./ 347
  [2-8-4-2] 隰桑有阿, 其葉有沃./ 350
  [2-8-4-3] 隰桑有阿, 其葉有幽./ 350
  [2-8-4-4] 心乎愛矣, 遐不謂矣./ 351
  [2-8-5-1] 白華菅兮, 白茅束兮./ 353
  [2-8-5-2] 英英白雲, 露彼菅茅./ 355
  [2-8-5-3] 滮池北流, 浸彼稻田./ 358
  [2-8-5-4] 樵彼桑薪, 卬烘于煁./ 360
  [2-8-5-5] 鼓鐘于宮, 聲聞于外./ 361
  [2-8-5-6] 有鶖在梁, 有鶴在林./ 362
  [2-8-5-7] 鴛鴦在梁, 戢其左翼. 之子無良, 二三其德./ 364
  [2-8-5-8] 有扁斯石, 履之卑兮./ 366
  [2-8-6-1] 緜蠻黃鳥, 止于丘阿. 道之云遠, 我勞如何./ 369
  [2-8-6-2] 緜蠻黃鳥, 止于丘隅. 豈敢憚行. 畏不能趨. 飲之食之, 教之誨之, 命彼後車, 謂之載之./ 371
  [2-8-6-3] 緜蠻黃鳥, 止于丘側. 豈敢憚行, 畏不能極. 飲之食之, 教之誨之, 命彼後車, 謂之載之./ 372
  [2-8-7-1] 幡幡瓠葉, 采之亨之./ 373
  [2-8-7-2] 有兔斯首, 炮之燔之./ 375

[2-8-7-3] 有兔斯首, 燔之炙之./ 376
[2-8-7-4] 有兔斯首, 燔之炮之,/ 377
[2-8-8-1] 漸漸之石, 維其高矣./ 379
[2-8-8-2] 漸漸之石, 維其卒矣/ 380
[2-8-8-3] 有豕白蹢, 烝涉波矣,/ 382
[2-8-9-1] 苕之華, 芸其黃矣./ 385
[2-8-9-2] 苕之華, 其葉靑靑./ 387
[2-8-9-3] 牂羊墳首, 三星在罶./ 388
[2-8-10-1] 何草不黃, 何日不行,/ 391
[2-8-10-2] 何草不玄, 何人不矜./ 392
[2-8-10-3] 匪兕匪虎, 率彼曠野./ 394
[2-8-10-4] 有芃者狐, 率彼幽草./ 395

시집전상설 11권
詩集傳詳說 卷之十一

2-6. 북산지십 (北山之什 二之六)

[2-6-1-1]

陟彼北山, 言采其杞. 偕偕士子, 朝夕從事,

저 북산에 올라가 기나물을 뜯노라.
건장한 사자(士子)들이 조석으로 종사하니,

詳說

○ 叶, 獎里反.[1)]
'자(子)'는 협운으로 음은 '장(獎)'과 '리(里)'의 반절이다.

○ 叶, 上止反.[2)]
'사(事)'는 협운으로 '상(上)'과 '지'의 반절이다.

王事靡盬, 憂我父母.

국사를 허술히 할 수 없는지라 우리 부모를 근심하게 하노라.

詳說

○ 叶, 滿彼反.[3)]
'모(母)'는 협운으로 음은 '만(滿)'과 '피(彼)'의 반절이다.

朱註

賦也. 偕偕,
부(賦)이다. 해해(偕偕)는

詳說

---

1) 叶, 獎里反:『시전대전(詩傳大全)』에도 동일하게 되어 있다
2) 叶, 上止反:『시전대전(詩傳大全)』에도 동일하게 되어 있다
3) 叶, 滿彼反:『시전대전(詩傳大全)』에도 동일하게 되어 있다

○ 諺音誤.

'해(偕)'는 『언해』의 음이 잘못되었다.

朱註

强壯貌. 士子

건장한 모양이다. 사자(士子)는

詳說

○ 猶前篇言君子

앞의 편에서 군자를 말한 것과 같다.

朱註

詩人自謂也. ○ 大夫行役而作此詩. 自言陟北山, 而采杞以食者, 皆强壯之人, 而朝夕從事者也, 蓋以王事不可以不勤,

시인이 자신을 말한 것이다. ○ 대부가 부역을 가서 이 시(詩)를 지었다. 스스로 "북산에 올라가 기나물을 뜯어 먹는 자들은 모두 건장한 사람이면서 조석으로 종사하는 자들로 왕의 일을 부지런히 하지 않을 수가 없으니,

詳說

○ 鄭氏曰 : "不堅固."4)

정씨가 말하였다 : "'불근(不勤)'은 견고하게 하지 않는 것이다."5)

朱註

是以貽我父母之憂耳.

이 때문에 우리 부모님께 근심을 끼쳐드린다."라고 말한 것이다.

詳說

---

4) 『시전대전(詩傳大全)』에 정씨의 말로 실려 있다.
5) 『시전대전(詩傳大全)』에는 "정씨가 말하였다 : '왕의 일은 견고하게 하지 않을 수 없기 내가 힘을 다해 근로하고, 부역에서 오래동안 돌아갈 수 없어 부모님께서 자신을 그리워하며 근심하는 것이다.(鄭氏曰 : 王事不可以不堅固, 故我當盡力勤勞, 於役久不得歸, 父母思己而憂.)"라고 되어 있다.

○ 補貽字.

　　'이(貽)'자를 더했다.

○ 鄭氏曰 : "思己而憂."6)

　　정씨가 말하였다 : "자신을 그리워하며 근심하는 것이다."7)

○ 安成劉氏曰 : "此章可見詩人忠孝之心."8)

　　안성 유씨가 말하였다 : "여기의 장에서는 시인의 충성스럽고 효성스러운 마음을 알 수 있다."

[2-6-1-2]

溥天之下, 莫非王土,

너른 하늘 아래가 왕의 땅 아닌 곳이 없고,

詳說

○ 音普.9)

　　'부(溥)'의 음은 '보(普)'이다.

○ 叶, 後五反.10)

　　'하(下)'는 협운으로 음은 '후(後)'와 '오(五)'의 반절이다.

率土之濱, 莫非王臣, 大夫不均, 我從事獨賢.

땅을 따른 해내가 왕의 신하 아님이 없는데,
대부가 공평하지 못한지라 나를 종사하게 하며 유독 어질다 하노라.

詳說

---

6) 『시전대전(詩傳大全)』에 정씨의 말로 실려 있다.
7) 『시전대전(詩傳大全)』에는 "정씨가 말하였다 : '…, 부역에서 오래동안 돌아갈 수 없어 부모님께서 자신을 그리워하며 근심하는 것이다.(鄭氏曰 : …, 於役久不得歸, 父母思己而憂.)"라고 되어 있다.
8) 『시전대전(詩傳大全)』에 안성 유씨의 말로 거의 비슷하게 실려 있다.
9) 音普 : 『시전대전(詩傳大全)』에도 동일하게 되어 있다
10) 叶, 後五反 : 『시전대전(詩傳大全)』에도 동일하게 되어 있다

○ 叶, 下珍反.11)

'현(賢)'은 협운으로 음은 '하(下)'와 '진(珍)'의 반절이다.

朱註

賦也. 溥, 大. 率, 循. 濱, 涯也. ○ 言土之廣臣之衆而王

부(賦)이다. 보(溥)는 큼이고, 솔(率)은 따름이며, 빈(濱)은 물가이다. ○ 땅이 너르고 신하가 많은데 왕이

詳說

○ 大夫.

왕은 본문에서 대부이다.

朱註

不均平, 使我從事, 獨勞也.

공평하지 못해서 나를 종사하게 하며 유독 수고롭게 함을 말한 것이다.

詳說

○ 賢

'로(勞)'는 본문의 '현(賢)'이다.

○ 雙峯饒氏曰 : "獨使我爲賢而勞之."12)

쌍봉 요씨가 말하였다 : "유독 내가 어질다고 하면서 수고롭게 하는 것이다."13)

○ 疊山謝氏曰 : "雖曰不均, 獨賢然, 君子本心, 亦不願逸樂也."14)

첩산 사씨가 말하였다 : "공평하지 않고 자신만 어질다고 했을지라도 군자의 본심은 또한 한가하게 즐기기를 원하지 않는 것이다."15)

---

11) 叶, 下珍反 : 『시전대전(詩傳大全)』에도 동일하게 되어 있다
12) 『시전대전(詩傳大全)』에 쌍봉 요씨의 말로 실려 있다.
13) 『시전대전(詩傳大全)』에는 "쌍봉 요씨가 말하였다 : '재주가 없는 자들은 대부분 한가롭고, 재주가 있는 자들은 대부분 수고롭게 일을 책임지기 때문이다. 왕의 신하가 된 자들은 모두 왕의 일을 책임져야 하는데 어찌 유독 나만 어질다고 하면서 수고롭게 하는 것인가?'(雙峯饒氏曰 : 無才者多逸, 有才者多勞, 以其能任事故也. 言凡爲王臣者, 皆當任王事, 何獨使我爲賢而勞之乎.)"라고 되어 있다.
14) 『시전대전(詩傳大全)』에 첩산 사씨의 말로 실려 있다.

朱註
不斥王而曰大夫,
왕을 지적하지 않고 대부라고 말했으며,

詳說
○ 如前篇之責圻父.
앞의 편에서 '기보(圻父)'를 책하는 것과 같다.

朱註
不言獨勞, 而曰獨賢, 詩人之忠厚如此
홀로 수고롭다고 말하지 않고 홀로 어질다 한다고 말하였으니, 시인이 충성스럽고 후덕함이 이와 같은 것이다.

詳說
○ 論也.
경문의 의미 설명이다.

○ 勞有怨人意, 賢有自任意
수고롭다는 것에는 남을 원망하는 의미가 있고, 어질다는 것에는 자임의 의미가 있다.

[2-6-1-3]
四牡彭彭, 王事傍傍.
사모(四牡)가 쉬지 않고 달리니 국사가 끊임없이 계속되도다.

詳說
○ 叶, 鋪郎反.16)

---

15) 『시전대전(詩傳大全)』에는 "첩산 사씨가 말하였다 : '옛날부터 군자는 항상 수고로움을 책임지고, 소인은 언제나 한가하며, 군자는 항상 그 근심을 책임지고, 소인은 그 즐거움을 누린다. 사역을 공평하게 하지 않아 자신만 어질고 수고로울지라도 군자의 본심은 또한 한가하게 즐기기를 원하지 않는 것이다.疊山謝氏曰 : 自古君子, 常任其勞, 小人常處其逸, 君子常任其憂, 小人常享其樂. 雖曰役使不均, 我獨賢勞然, 君子本心, 亦不願逸樂也.)"라고 되어 있다.

'팽(彭)'은 협운으로 음은 '포(鋪)'와 '랑(郞)'의 반절이다.

○ 布彭反, 叶布光反.17)
'빙(傍)'의 음은 '포(布)'와 '팽(彭)'의 반절이다

|嘉我未老, 鮮我方將,|
내 아직 늙지 않은 것을 가상히 여기며 내 한창 때의 건장함을 얻기 어려워도

|詳說|
○ 息淺反.18)
'선(鮮)'의 음은 '식(息)'과 '천(淺)'의 반절이다.

|旅力方剛, 經營四方.|
여력이 강한지라 사방을 경영할 수 있다 하도다.

|朱註|
|賦也. 彭彭然, 不得息也,|
부(賦)이다. 방방연(彭彭然)히 쉴 수 없고,

|詳說|
○ 諺音用叶.
'팽(彭)'의 『언해』의 음은 협운을 사용한 것이다.

○ 騯同.
'팽(騯)'과 같다.

|朱註|
|傍傍然, 不得已也. 嘉, 善, 鮮, 少也, 以爲少而難得也.|

---

16) 叶, 鋪郞反 : 『시전대전(詩傳大全)』에도 동일하게 되어 있다
17) 布彭反, 叶布光反 : 『시전대전(詩傳大全)』에도 동일하게 되어 있다
18) 息淺反 : 『시전대전(詩傳大全)』에도 동일하게 되어 있다

방방연(傍傍然)히 그칠 수 없는 것이다. 가(嘉)는 좋음이고, 선(鮮)은 적음이니, 적어서 얻기가 어렵다고 여기는 것이다.

詳說

○ 諺音用叶.
'방(傍)'의 『언해』의 음은 협운을 사용한 것이다.

○ 猶貴之也.
귀하게 여기는 것과 같다.

朱註
將, 壯也. 旅, 與膂同 ○ 言王之所以使我者,
장(將)은 건장함이다. 여(旅)는 여(膂)와 같다. ○ "왕(王)이 나를 부리는 까닭은

詳說

○ 先補此句.
먼저 이 구를 더하였다.

朱註
善我之未老而方壯, 旅力可以經營四方耳.
내 아직 늙지 아니하고 한창 건장함을 좋게 여겨 여력(旅力)이 사방(四方)을 경영할 수 있다고 여겨서이다."한 것이니,

詳說

○ 一作爾.
'이(耳)'는 어떤 판본에는 '이(爾)'라고 되어 있다.

○ 以嘉字義, 貫至此, 而略鮮字. 集傳之精切如此. 諺釋更詳
'가(嘉)'자의 의미가 여기까지 관통하면서 '선(鮮)'자를 간략하게 했으니, 『집전』의 정교하고 적절함이 이와 같다. 『언해』의 해석은 다시 살펴봐야 할 것이다.

朱註

猶上章之言獨賢也.

상장(上章)에 '유독 어질다.'라고 말한 것과 같다.

詳說

○ 論也.

경문의 의미 설명이다.

○ 疊山謝氏曰：“反以王爲知己忠厚之至也.”19)

첩산 사씨가 말하였다 : "반대로 왕이 자신의 지극히 충성스럽고 후덕함을 아는 것으로 여겼다."20)

○ 安成劉氏曰：“此章言所以從事獨賢之意.”21)

안성 유씨가 말하였다 : "여기의 장에서는 종사하여 유독 어질다고 한 까닭을 말하였다."

[2-6-1-4]

或燕燕居息, 或盡瘁事國,

혹은 편안히 거처하며 쉬는데, 혹은 수고로움을 다해 나라에 일하고,

詳說

○ 叶, 越逼反.22)

'국(國)'은 협운으로 음은 '월(越)'과 '핍(逼)'의 반절이다.

或息偃在牀, 或不已于行.

---

19) 『시전대전(詩傳大全)』에 첩산 사씨의 말로 실려 있다.
20) 『시전대전(詩傳大全)』에는 "첩산 사씨가 말하였다 : '…, 천자가 내 아직 늙지 않은 것을 가상히 여기고, 내 한창 건장함을 좋게 여기며, 나의 여력이 굳세어 사방을 경영할 수 있음을 기뻐한다. 그러므로 홀로 책임을 지워 부려지니, 반대로 왕이 자신의 지극히 충성스럽고 후덕함을 아는 것으로 여겼던 것이다.(疊山謝氏曰 : …, 天子嘉我之未老, 善我之方壯, 喜我之旅力方剛, 而可以經營四方. 故獨見任使, 反以王爲知己忠厚之至也.)"라고 되어 있다.
21) 『시전대전(詩傳大全)』에 안성 유씨의 말로 동일하게 실려 있다.
22) 叶, 越逼反:『시전대전(詩傳大全)』에도 동일하게 되어 있다

혹은 편안히 누워 상에 있는데, 혹은 길가기를 그치지 않도다.

> 詳說

○ 叶, 戶郞反.23)

'항(行)'은 협운으로 음은 '호(戶)'와 '랑(郞)'의 반절이다.

> 朱註

> 賦也. 燕燕, 安息貌.

부(賦)이다. 연연(燕燕)은 편안히 쉬는 모양이다.

> 詳說

○ 慶源輔氏曰 : "重言之, 見安之甚也. 燕燕而自居於休息."24)

경원 보씨가 말하였다 : "거듭해서 말하는 것은 아주 편안함을 나타내는 것이다. 연연(燕燕)은 스스로 휴식하고 있는 것이다."25)

> 瘁, 病已止也. ○ 言役使之不均也,

췌(瘁)는 병듦이고, 이(已)는 그침이다. ○ 역사(役使)가 균평하지 못함을 말했으니,

> 詳說

○ 諺音誤

'췌(瘁)'는 『언해』의 음이 잘못되었다.

○ 前章不均二字, 實此篇之綱領.

앞의 장에서 공평하지 못하다는 말은 실로 여기 편의 강령이다.

> 下章

---

23) 叶, 戶郞反:『시전대전(詩傳大全)』에도 동일하게 되어 있다
24) 『시전대전(詩傳大全)』에 경원 보씨의 말로 실려 있다.
25) 『시전대전(詩傳大全)』에는 "경원 보씨가 말하였다 : '연(燕)은 편안함이니, 거듭해서 말하는 것은 아주 편안함을 나타내는 것이다. 연연(燕燕)은 스스로 휴식하고 있는 것이다. ….'(慶源輔氏曰 : 燕, 安也, 重言之, 見安之甚也. 或燕燕而自居於休. ….)"라고 되어 있다.

아래의 장에서도

詳說
○ 二章.
아래의 장은 두 장이다.

朱註
放此
이와 같다.

詳說
○ 慶源輔氏曰："此以下, 方言其不均之實, 然亦不過以其勞逸者對言之, 使上之人自察耳. 但言之重辭之複, 則其望於上者, 亦切矣, 詩可以怨, 謂此類也."26)
경원 보씨가 말하였다："여기 이하는 공평하지 못한 실제를 말하였으나, 또한 수고로움과 한가로움으로 짝하여 말함으로써 윗사람들이 스스로 살피게 한 것에 불과할 뿐이다. 말과 하소연이 중복되고 중복되는 것은 윗사람들에게 바라는 것이 또한 절실한 것으로 '시는 원망할 수 있다.'는 것은 이런 것들이다."

○ 安成劉氏曰："三章十二句, 逸樂憂勞, 皆爲偶, 所以形容不均之意."27)
안성 유씨가 말하였다："세 장의 12구에서 한가하게 즐김과 근심하는 수고로움은 모두 짝이 되니, 공평하지 않은 의미를 형용하기 위한 것이다."28)

---

26) 『시전대전(詩傳大全)』에 경원 보씨의 말로 거의 비슷하게 실려 있다.
27) 『시전대전(詩傳大全)』에 안성 유씨의 말로 실려 있다.
28) 『시전대전(詩傳大全)』에는 "안성 유씨가 말하였다：'이하 세 장의 모든 12구를 짝으로 한 것은 모두 다른 사람의 한가하게 즐김을 자신의 근심하는 수고로움에 짝하였으니, 공평하지 않은 의미를 형용하기 위한 것이다.(安成劉氏曰：以下三章, 凡十二句爲偶, 皆以他人之逸樂, 對己之憂勞, 所以形容不均之意.)"라고 되어 있다.

[2-6-1-5]

或不知叫號, 或慘慘劬勞,

혹은 소리쳐 부르짖는 줄 모르는데, 혹은 참참(慘慘)히 수고하며,

詳說

○ 音毫.

'호(號)'의 음은 '호(毫)'이다.

○ 七感反.29)

'참(慘)'의 음은 '칠(七)과 '감(感)'의 반절이다.

或栖遲偃仰, 或王事鞅掌.

혹은 집에서 편안히 누웠다 일어났다 하는데, 혹은 왕사에 수고로워 모양을 내지 못하도다.

詳說

○ 音西.30)

'서(西)'의 음은 '서(西)'이다.

○ 音怏.

'앙(鞅)'의 음은 '앙(怏)'이다.

朱註

賦也. 不知叫號, 深居安逸, 不聞人聲也.

부(賦)이다. 소리쳐 부르짖는 줄 모른다는 것은 깊숙이 안일한 곳에 있어 사람의 소리를 듣지 못하는 것이다.

詳說

○ 慶源輔氏曰 : "栖遲于家, 而偃仰自適."31)

---

29) 七感反 : 『시전대전(詩傳大全)』에도 동일하게 되어 있다
30) 音西 : 『시전대전(詩傳大全)』에도 동일하게 되어 있다
31) 『시전대전(詩傳大全)』에 경원 보씨의 말로 실려 있다.

경원 보씨가 말하였다 : "집에서 편안히 누웠다가 일어났다가 하면서 자적하는 것이다."32)

朱註

鞅掌, 失容也, 言事煩勞, 不暇爲儀容也.
앙장(掌)은 모양을 잃는 것이니, 일이 번거롭고 수고로워 모양을 낼 겨를이 없다는 말이다.

[2-6-1-6]

或湛樂飮酒, 或慘慘畏咎,

은 즐거워서 술을 마시는데, 혹은 참참(慘慘)히 허물을 두려워하며,

詳說

○ 音耽.
'담(湛)'의 음은 '탐(耽)'이다.

或出入風議, 或靡事不爲.

혹은 출입하며 거리낌 없이 말하는데, 혹은 하지 않는 일이 없도다.

詳說

○ 音諷.33)
'풍(風)'의 음은 '풍(諷)'이다.

○ 叶, 魚羈反.34)
'의(議)'는 협운으로 음은 '어(魚)'와 '기(羈)'의 반절이다.

---

32) 『시전대전(詩傳大全)』에는 "경원 보씨가 말하였다 : '…. 혹은 근심으로 아파하며 극도로 수고하고, 혹은 집에서 편안히 누웠다가 일어났다가 하면서 자적하며, 혹은 나라에서 번거롭게 수고하며 용의도 내지 못하고, ….'(慶源輔氏曰 : …. 或憂慘, 而自極劬勞, 或栖遲于家, 而偃仰自適, 或煩勞于國, 而儀容不整, ….)"라고 되어 있다.
33) 音諷 : 『시전대전(詩傳大全)』에도 동일하게 되어 있다
34) 叶, 魚羈反 : 『시전대전(詩傳大全)』에도 동일하게 되어 있다

○ 樂, 音洛.
'락(樂)'은 음이 '락(洛)'이다.

朱註
賦也. 咎, 猶罪過也. 出入風議, 言親信而從容也.
부(賦)이다. 구(咎)는 죄과(罪過)와 같다. 출입하며 거리낌 없이 말한다는 것은 가까워서 믿고 침착하다는 말이다.

詳說
○ 七容反
'종(從)'은 '칠(七)'과 '용(容)' 반절이다.

○ 或議己之咎.
혹 자신의 허물을 말하는 것이다.

朱註
北山六章, 三章章六句, 三章章四句.
「북산」은 6장으로 3장은 장이 6구이고, 3장은 장이 4구이다.

詳說
○ 新安胡氏曰："大東言賦之不均, 北山言役之不均."[35]
신안 호씨가 말하였다 : "「대동」에서는 세금이 공평하지 않음을 말하였고, 「북산」에서는 부역이 공평하지 않음을 말하였다."[36]

[2-6-2-1]
無將大車. 祇自塵兮.
큰 수레를 떠밀고 가지 말지어다. 스스로 먼지만 뒤집어쓸 뿐이니라.

---

35) 『시전대전(詩傳大全)』에 신안 호씨의 말로 실려 있다.
36) 『시전대전(詩傳大全)』에는 "신안 호씨가 말하였다 : 「보전」에서 말하였다. 「대동」에서는 세금이 공평하지 않음을 말하였고, 「북산」에서는 부역이 공평하지 않음을 말하였다.(新安胡氏曰：補傳云, 大東言賦之不均, 北山言役之不均.)"라고 되어 있다.

詳說

○ 音支.37)

'기(祇)'의 음은 '지(支)'이다.

無思百憂. 祇自疧兮.

온갖 시름을 생각하지 말지어다. 스스로 병만 들뿐이니라.

詳說

○ 劉氏曰 : "當作疧, 與瘽同, 眉貧反."38)

유씨가 말하였다 : "'저(疧)'는 '저(疧)'로 해야 하니, '민(瘽)'과 같은 것으로 음은 '미(眉)'와 '빈(貧)'의 반절이다."

朱註

興也. 將, 扶進也. 大車, 平地任載之車, 駕牛者也. 祇, 適, 疧,

흥(興)이다. 장(將)은 붙들고 나아감이다. 대거(大車)는 평지에서 짐을 싣는 수레로 소를 멍에 한다. 지(祇)는 다만이고. 저(疧)는

詳說

○ 釋文曰 : "都禮反."39)

『석문』에서 말하였다 : "'저(疧)'는 '도(都)'와 '례(禮)'의 반절이다."

○ 此字, 又見白華. 然如此, 則韻不叶.

이 글자는 또 「백화」에 있다. 그러나 이와 같이 하면 운이 불협이다.

朱註

病也. ○ 此亦行役勞苦而憂思者之作. 言將大車, 則塵污之, 思百憂

병듦이다. ○ 이것 또한 부역을 나가 노고하면서 근심하는 자가 지은 것이다. 큰 수레를 떠밀고 가면 먼지가 더럽히고 온갖 시름을 생각하면

---

37) 音支 : 『시전대전(詩傳大全)』에도 동일하게 되어 있다.
38) 『시전대전(詩傳大全)』에 유씨의 말로 동일하게 실려 있다.
39) 『시전대전(詩傳大全)』에 『석문』의 말로 거의 동일하게 실려 있다.

詳說

○ 慶源輔氏曰 : "王事家事, 所可憂者, 不一, 故曰百憂戒之, 以無思者, 言姑置之可也."40)

경원 보씨가 말하였다 : "왕의 일과 집안의 일은 근심해야 하는 것이 일치하지 않기 때문에 '온갖 시름은 생각하지 말라는 것으로 경계한다.'라고 했으니, 잠시 접어놓아도 된다는 말이다."41)

朱註

則病及之矣.
병이 미친다는 말이다.

詳說

○ 一作也.
'의(矣)'자는 어떤 판본에는 '야(也)'자로 되어 있다.

[2-6-2-2]

無將大車. 維塵冥冥.

큰 수레를 떠밀고 가지 말지어다. 먼지가 자욱하리라.

詳說

○ 冥, 莫迥反.42)
'명(冥)'은 협운으로 음은 '막(莫)'과 '형(迥)'의 반절이다.

無思百憂. 不出于熲

---

40) 『시전대전(詩傳大全)』에 경원 보씨의 말로 실려 있다.
41) 『시전대전(詩傳大全)』에는 "경원 보씨가 말하였다 : '가서 부역을 하는 자는 나아가면 왕의 일에 때가 있어 미치지 못할까 염려되고, 물러나면 집안일에 여러 실마리가 있어 의외의 근심이 있을까 염려되니, 근심할 것이 진실로 하나로 해서 감당할 수 없다. 그러므로 「온갖 시름은 생각하지 말라는 것으로 경계한다.」라고 했으니, 잠시 접어놓고 생각하지 않아도 되고, 그렇게 하지 않으면 스스로 병만 들뿐이라는 말이다.'(慶源輔氏曰 : 夫行役者, 進而有王事之期程, 唯恐其有不及之悔. 退而有家事之多端, 唯恐其有意外之虞, 所可憂者, 固不一而足矣. 故曰百憂戒之, 以無思者, 言姑置, 勿以爲念可也, 不然, 適所以自病而已矣.)"라고 되어 있다.
42) 冥, 莫迥反 : 『시전대전(詩傳大全)』에도 동일하게 되어 있다

온갖 시름을 생각하지 말지어다. 근심에서 벗어나지 못하리라.

> 詳說

○ 音耿.

'경(熲)'의 음은 '경(耿)'이다.

> 朱註

興也. 冥冥, 昏晦也. 熲, 與耿, 同小明也,

흥(興)이다. 명명(冥冥)은 어두움이다. 경(熲)은 경(耿)과 같은 것을 조금 밝음이니,

> 詳說

○ 憂貌.

'소명(小明)'은 근심하는 모양이다.

> 朱註

在憂中, 耿耿然, 不能出也.

근심 속에 있어서 경경연(耿耿然)히 벗어날 수가 없는 것이다.

> 詳說

○ 釋末句.

끝 구를 풀이한 것이다.

[2-6-2-3]

> 無將大車. 維塵雝兮.

큰 수레를 떠밀고 가지 말지어다. 먼지가 가리우리라.

> 詳說

○ 上平, 二音.

'옹(雝)'은 상성과 평성 두 음이다.

無思百憂. 祇自重兮.

온갖 시름을 생각하지 말지어다. 다만 스스로 거듭 하리라.

詳說

○ 上平, 二音.

'중(重)'은 상성과 평성 두 음이다.

朱註

興也. 雝, 猶蔽也, 重猶累也.

흥(興)이다. 옹(雝)은 폐(蔽)와 같고 중(重)은 누(累)와 같다.

詳說

○ 上聲.

'루(累)'는 상성이다.

○ 言反益其憂也.

도리어 근심만 더한다는 말이다.

朱註

無將大車, 三章, 章四句.

「무장대거」는 3장으로 장은 4구이다.

[2-6-3-1]

明明上天, 照臨下土. 我征徂西, 至于艽野,

명명하신 상천이 하토를 비추고 굽어보시느니라.
내 길을 떠나 서쪽으로 가서 구야에 이르니,

詳說

○ 音求.43)

---

43) 音求 : 『시전대전(詩傳大全)』에도 동일하게 되어 있다

'구(艽)'의 음은 '구(求)'이다.

○ 叶, 上與反.44)
'야(野)'는 협운으로 음은 '상(上)'과 '여(與)'의 반절이다.

|二月初吉, 載離寒暑. 心之憂矣, 其毒大苦.|

2월 초하루로 추위와 더위를 겪었도다.
마음의 근심이여 그 독이 너무도 쓰도다.

詳說
○ 音泰.45)
'태(大)'의 음은 '태(泰)'이다.

|念彼共人, 涕零如雨.|

저 공인(恭人)을 생각하여 눈물을 비 오듯이 흘리노라.

詳說
○ 音恭, 下章並同.46)
'공(共)'의 음은 '공(恭)'이다.

|豈不懷歸, 畏此罪罟.|

어찌 돌아감을 생각하지 않으리오마는 이 죄망을 두려워해서이니라.

詳說
○ 音罟.47)
'고(罟)'의 음은 '고(罟)'이다.

---

44) 叶, 上與反 :『시전대전(詩傳大全)』에도 동일하게 되어 있다
45) 音泰 :『시전대전(詩傳大全)』에도 동일하게 되어 있다
46) 音恭, 下章並同 :『시전대전(詩傳大全)』에도 동일하게 되어 있다
47) 音古 :『시전대전(詩傳大全)』에도 동일하게 되어 있다

朱註

賦也. 征, 行, 徂, 往也. 芃野, 地名, 蓋遠荒之地也. 二月, 亦以夏正數之,
建卯月也. 初吉, 朔日也.

부(賦)이다. 정(征)은 길을 감이고, 조(徂)는 감이다. 구야(野)는 지명(地名)으로 아득히 먼 땅이다. 2월도 하나라 정월로 센 것으로 건묘(建卯)의 달이다. 초길(初吉)은 초하루이다.

詳說

○ 西荒.
'원황(遠荒)'은 서쪽의 거친 곳이다.

○ 音征
'정(正)'의 음은 '정(征)'이다.

○ 上聲
'수(數)'는 상성이다.

○ 照七月註
「7월」의 주를 참조하라.

○ 孔氏曰 : "君子擧事尚早, 故以朔爲吉日."[48]
공씨가 말하였다 : "군자가 거사하기에는 아직 이르기 때문에 초하루를 길일로 한 것이다."[49]

○ 離, 歷也.
본문의 '리(離)'는 지난다는 것이다.

---

[48] 『시전대전(詩傳大全)』에 공씨의 말로 실려 있다.
[49] 『시전대전(詩傳大全)』에는 "공씨가 말하였다 : '군자가 거사하기에는 아직 이르기 때문에 초하루를 길일로 한 것이다. 『주례』에서 정월의 길일도 초하루이다.'(孔氏曰 : 君子擧事尚早, 故以朔爲吉. 周禮正月之吉, 亦朔日也.)"라고 되어 있다.

朱註

毒, 言心中如有藥毒也.

독(毒)은 심중(心中)에 약독(藥毒)이 있는 것과 같다는 말이다.

詳說

○ 慶源輔氏曰 : "如中藥之毒而甚苦."50)

경원 보씨가 말하였다 : "심중의 독처럼 아주 쓰다."51)

朱註

共人, 僚友之處者也.

공인(共人)은 같은 관리로 있는 자이다.

詳說

○ 上聲, 下同.

'처(處)'는 상성으로 아래에서도 같다.

○ 在朝恭職.

조정에서 직책이 있는 자이다.

○ 慶源輔氏曰 : "卽靖共爾位之僚友."52)

경원 보씨가 말하였다 : "곧 공손한 내 지위의 벼슬아치 친구들이다."53)

朱註

懷, 思, 罟, 網也.

회(懷)는 생각함이요, 고(罟)는 그물이다.

---

50) 『시전대전(詩傳大全)』에 경원 보씨의 말로 실려 있다.
51) 『시전대전(詩傳大全)』에는 "경원 보씨가 말하였다 : '행보가 멀고 시간이 오래되었기 때문에 그 마음의 근심은 심중의 독처럼 아주 쓴 것이다. ….'(慶源輔氏曰 : 言其涉行之遠, 歷時之久, 故其心之憂, 如中藥之毒, 而甚苦也. ….)"라고 되어 있다.
52) 『시전대전(詩傳大全)』에 경원 보씨의 말로 실려 있다.
53) 『시전대전(詩傳大全)』에는 "경원 보씨가 말하였다 : 행보가 멀고 시간이 오래되었기 때문에 그 마음의 근심은 심중의 독처럼 아주 쓴 것이다. 곧 공손한 내 지위의 벼슬아치 친구들이다.(慶源輔氏曰 : 言其涉行之遠, 歷時之久, 故其心之憂, 如中藥之毒, 而甚苦也. 共人, 卽靖共爾位之僚友也. ….)"라고 되어 있다.

> 詳說

○ 慶源輔氏曰 : "以罪加人, 如網罟之取物, 而物不及知也." [54]
경원 보씨가 말하였다 : "죄를 가지고 사람들에게 가하는 것이 거물로 물고기를 잡는데 물고기가 모르는 것과 같다." [55]

> 朱註

○ **大夫以二月西, 征至于歲暮, 而未得歸. 故呼天而訴之, 復念其僚友之處者,**
대부가 2월에 서쪽으로 가서 한 해가 저물어도 돌아올 수가 없었다. 그러므로 하늘을 불러 하소연하고, 다시 같은 관리 친구 중에 있는 자를 생각하면서

> 詳說

○ 去聲.
'호(呼)'는 거성이다.

○ 慶源輔氏曰 : "上天照臨, 宐無不察也." [56]
경원 보씨가 말하였다 : "상천이 비추고 굽어보시니, 당연히 살피지 않음이 없다는 것이다." [57]

○ 去聲
'부(復)'는 거성이다.

○ 慶源輔氏曰 : 以罪罟譴怒反覆觀之, 處者亦豈有樂事哉. 所以思之, 而涕零也. 不言思其室家而欲歸, 乃言思其僚友者, 善

---

54) 『시전대전(詩傳大全)』에 경원 보씨의 말로 실려 있다.
55) 『시전대전(詩傳大全)』에는 "경원 보씨가 말하였다 : '…. 바로 알 수 없는 죄가 두려워 감히 돌아가지 못한다는 것이다. 너의 죄망은 그들이 죄를 가지고 사람들에게 가하는 것이 거물로 물고기를 잡는데, 물고기가 모르는 것과 같다는 말이다'(.慶源輔氏曰 : …. 正以畏不測之罪, 而不敢歸. 爾罪罟, 言其以罪而加人, 如網罟之取物, 而物有不及知者也. ….)"라고 되어 있다.
56) 『시전대전(詩傳大全)』에 경원 보씨의 말로 실려 있다.
57) 『시전대전(詩傳大全)』에는 "경원 보씨가 말하였다 : '명명하신 상천이 하토를 비추고 굽어보시며 당연히 살피지 않음이 없기 때문에 호소하며 하소연하는 것이다.'(慶源輔氏曰 : 明明上天, 照臨下土, 宜無不察也, 故呼而訴之.)"라고 되어 있다.

爲辭也. 然室家之思, 固亦在其中矣.58)

경원 보씨가 말하였다 : "죄망과 죄책이 반복하는 것으로 보니, 편안히 있는 자도 어찌 즐거운 일이 있겠는가? 그래서 생각하며 눈물을 흘리는 것이다. 식구들이 그리워 돌아가고 싶다고 말하지 않고 이에 같은 관리로 있는 자들을 생각한다는 것은 말을 잘 한 것이다. 그렇지만 식구들을 생각하는 것이 진실로 또한 그 속에 있는 것이다."59)

朱註

且自言其畏罪, 而不敢歸也.
또 죄를 두려워하여 감히 돌아가지 못한다고 스스로 말한 것이다.

詳說

○ 新安胡氏曰 : "此詩西征之大夫, 寄其僚友之處者."60)
신안 호씨가 말하였다 : "이 시는 서쪽으로 간 대부가 같은 관료가 편안히 있는 것에 의탁한 것이다."61)

[2-6-3-2]
昔我往矣, 日月方除,
옛날 내가 갈 때에는 일월이 바야흐로 새로워지더니

---

58) 『시전대전(詩傳大全)』에 경원 보씨의 말로 실려 있다.
59) 『시전대전(詩傳大全)』에는 "경원 보씨가 말하였다 : '…. 자신이 부역간 것은 진실로 수고롭고 고통스럽지만 이른바 죄망과 죄책이 반복하는 것으로 보니, 편안히 있는 자도 어찌 즐거운 일이 있겠는가? 이 때문에 생각하며 비 오듯이 눈물을 흘리는 것이고 또 스스로 내가 또한 어찌 돌아가 서로 함께 일을 할 것을 생각하지 않겠으며, 바로 알 수 없는 죄가 두려워 감히 돌아가지 못한다고 말한 것이다. 너의 죄망은 그들이 죄를 가지고 사람들에게 가하는 것이 거물로 물고기를 잡는데, 물고기가 모르는 것과 같다는 말이다. 식구들이 그리워 돌아가고 싶다고 말하지 않고 이에 같은 관리로 있는 자들을 생각한다는 것은 말을 잘 한 것이다. 그렇지만 식구들을 생각하는 것이 진실로 또한 그 속에 있는 것이다.'(慶源輔氏曰 : …. 己之征役, 固勞苦矣, 然以其所謂罪罟, 譴怒盛急, 反覆觀之, 則僚友之處者, 亦豈有樂事哉. 此所以思之, 而涕零如雨, 又自言我亦豈不懷歸而相與共哉. 正以畏不測之罪, 而不敢歸. 爾罪罟, 言其以罪加人, 如網罟之取物, 而物有不及知者也. 不言思其室家而欲歸, 乃言思其僚友者, 善爲辭也. 然室家之思, 固亦在其中矣.)"라고 되어 있다.
60) 『시전대전(詩傳大全)』에는 신안 여씨의 말로 실려 있다.
61) 『시전대전(詩傳大全)』에는 "신안 여씨가 말하였다 : '이 시는 아마 서쪽으로 간 대부가 같은 관료가 편안히 있는 것에 의탁한 것일 것이다.'(新安呂氏曰 : 此詩, 豈西征之大夫, 寄其僚友之處者乎.)"라고 되어 있다.

|詳說|

○ 去聲.

'제(除)'는 거성이다.

|曷云其還. 歲聿云莫.|

언제나 돌아갈꼬? 이 해가 저물었도다.

|詳說|

○ 音慕.62)

'모(莫)'의 음은 '모(慕)'이다.

|念我獨兮, 我事孔庶. 心之憂矣. 憚我不暇.|

생각컨대 나 혼자인데도 내 일이 심히 많도다.
마음에 근심함이여! 수고로워 내 겨를이 없노라.

|詳說|

○ 丁佐反.63)

'탄(憚)'의 음은 '정(丁)'과 '좌(佐)'의 반절이다.

○ 叶, 胡故反.64)

'가(暇)'는 협운으로 음은 '호(胡)'와 '고(故)'의 반절이다.

|念彼共人, 睠睠懷顧.|

저 공인(共人)을 생각하여 권권(睠睠)히 생각하며 돌아보노라.

|詳說|

○ 音眷.65)

---

62) 音慕 : 『시전대전(詩傳大全)』에도 동일하게 되어 있다
63) 丁佐反 : 『시전대전(詩傳大全)』에도 동일하게 되어 있다
64) 叶, 胡故反 : 『시전대전(詩傳大全)』에도 동일하게 되어 있다
65) 音眷 : 『시전대전(詩傳大全)』에도 동일하게 되어 있다

'권(睠)'의 음은 '권(眷)'이다.

豈不懷歸, 畏此譴怒.
어찌 돌아감을 생각하지 않으리오마는 이 죄책을 두려워해서이니라.

朱註
賦也. 除, 除舊, 生新也.
부(賦)이다. 제(除)는 옛 것을 제거하고 새 것을 내는 것이니,

詳說
○ 寒.
'구(舊)'는 추위이다.

○ 煥.
'신(新)'은 따뜻함이다.

朱註
謂二月初吉也.
2월 초하루를 이른다.

詳說
○ 照上章.
위의 장을 참조하라.

朱註
庶衆, 憚
서(庶)는 많음이고, 탄(憚)은

詳說
○ 諺音誤, 與大東自相矛盾.

'탄(憚)'은 『언해』의 음이 잘못되었으니, 「대동」과 저절로 서로 모순이 된다.

朱註
勞也. 睠睠勤厚之意. 譴怒, 罪責也. ○ 言昔以是時往, 今未知何時可還, 而歲已暮矣. 蓋身獨而事衆, 是以勤勞而不暇也
수고로움이다. 권권(睠睠)은 근후(勤厚)의 뜻이다. 견노(譴怒)는 죄책이다.○ 옛날에는 '이때에 갔었는데, 지금은 어느 때에나 돌아갈지 알 수 없으며, 이 해도 이미 저물었다. 몸은 혼자이고, 일은 많으니, 이 때문에 근로하며 겨를이 없다.'는 말이다.

[2-6-3-3]
昔我往矣, 日月方奧,

옛날 내가 갈 때에는 일월이 막 따뜻해지더니,

詳說
○ 音郁.
'욱(奧)'의 음은 '욱(郁)'이다.

曷云其還. 政事愈蹙.

언제나 돌아갈꼬? 정사가 더욱 급박해지도다.

詳說
○ 音蹴
'축(蹙)'의 음은 '축(蹴)'이다.

歲聿云莫, 采蕭穫菽. 心之憂矣, 自詒伊戚.

이 해가 저문지라 쑥을 뜯고 콩을 수확하노라.
마음의 근심함이여, 스스로 근심을 끼쳤도다.

詳說

○ 叶, 子六反.66)
 '척(戚)'은 협운으로 음은 '자(子)'와 '육(六)'의 반절이다.

念彼共人, 興言出宿. 豈不懷歸, 畏此反覆.
저 공인(共人)을 생각하며 일어나서 나가 잠을 자노라.
어찌 돌아감을 생각하지 않으리오마는 이 반복함을 두려워해서이니라.

詳說
○ 音福.
 '복(覆)'의 음은 '복(福)'이다.

朱註
賦也. 奧, 煖,
부(賦)이다. 욱(奧)은 따뜻함이고,

詳說
○ 燠通.
 '욱(奧)'은 '욱(燠)'과 통한다.

○ 孔氏曰 : "卽春溫, 亦謂二月也."67)
 공씨가 말하였다 : "곧 봄의 따뜻함은 또한 2월을 말하는 것이다."

朱註
蹙, 急, 詒, 遺,
축(蹙)은 급박함이며, 이(詒)는 끼침이고,

詳說
○ 去聲, 下同.

---
66) 叶, 子六反 : 『시전대전(詩傳大全)』에도 동일하게 되어 있다
67) 『시전대전(詩傳大全)』에 공씨의 말로 동일하게 실려 있다.

거성으로 아래에서도 같다.

朱註
戚, 憂, 興, 起也. 反覆, 傾側, 無常之意也. ○ 言以政事愈急, 是以至此歲暮,
척(戚)은 근심이며, 흥(興)은 일어남이다. 반복(反覆)은 기울기가 무상하다는 뜻이다.
○ 정사(政事)가 더욱 급박해졌기 때문에 이 해가 저문 때에도

詳說
○ 慶源輔氏曰 : "采蕭穫菽, 歲暮之事.68)
경원 보씨가 말하였다 : "쑥을 뜯고 콩을 수확하는 것은 세모의 일이다."

朱註
而猶不得歸, 又自咎其不能見幾遠去,
오히려 돌아갈 수가 없다고 말하고, 또 기미를 보고는 멀리 떠나지 못하고

詳說
○ 補此句

朱註
而自遺此憂, 至於不能安寢, 而出宿於外也.
스스로 이런 근심이 남으니, 편안히 잠 잘 수 없어 밖에 나가서 자게 되는 것을 스스로 허물한 것이다.

詳說
○ 鄭氏曰 : "憂不能宿於內."69)
정씨가 말하였다 : "근심으로 안에서 잘 수 없는 것이다."70)

---

68) 『시전대전(詩傳大全)』에 경원 보씨의 말로 동일하게 실려 있다.
69) 『시전대전(詩傳大全)』에 정씨의 말로 실려 있다.
70) 『시전대전(詩傳大全)』에는 "정씨가 말하였다 : '밤에 누웠다가 일어나 밖에서 자는 것은 근심으로 안에

○ 疊山謝氏曰 : "又不止於睠睠懷顧矣."71)
  첩산 사씨가 말하였다 : "또 권권히 생각하며 돌아보는 것에 멈춰 있지 못하는 것이다."72)
○ 以上三章, 自歎之意, 下二章, 勉人之辭.
  이상의 세 장은 스스로 탄식하는 의미이고, 아래의 두 장은 사람을 힘쓰게 하는 말이다.

[2-6-3-4]

嗟爾君子, 無恆安處. 靖共爾位, 正直是與, 神之聽之, 式穀以女.

아, 너희 군자들은 편안히 거처함을 떳떳하게 여기지 말지어다.
네 지위를 조용히 하고 공손히 하여 정직한 사람을 도와주면,
신(神)이 네 소원을 들어주어 복록(福祿)을 너에게 주리라.

詳說

○ 音汝.73)
  '여(女)'의 음은 '여(汝)'이다.

朱註

賦也. 君子, 亦指其僚友也.
부(賦)이다. 군자도 같은 관원을 가리킨 것이다.

詳說

○ 疊山謝氏曰 : "卽共人."74)
  첩산 사씨가 말하였다 : "곧 공인(共人)이다."75)

서 잘 수 없기 때문이다.'(鄭氏曰 : 夜卧起宿於外, 憂不能宿于内也.)"라고 되어 있다.
71) 『시전대전(詩傳大全)』에 첩산 사씨의 말로 실려 있다.
72) 『시전대전(詩傳大全)』에는 "첩산 사씨가 말하였다 : '일어나가 나가 잠을 자는 것은 또 권권히 생각하며 돌아보는 것에 멈춰 있지 못하는 것이다.'(疊山謝氏曰 : 興言出宿, 又不止于睠睠懷顧矣.)"라고 되어 있다.
73) 音汝 : 『시전대전(詩傳大全)』에도 동일하게 되어 있다
74) 『시전대전(詩傳大全)』에 첩산 사씨의 말로 실려 있다.
75) 『시전대전(詩傳大全)』에는 "첩산 사씨가 말하였다 : '곧 이른바 공인(共人)이다.'(疊山謝氏曰 : 卽所謂共

朱註

恆, 常也. 靖, 與靜同.

항(恆)은 떳떳함이다. 정(靖)은 정(靜)과 같다.

詳說

○ 疊山謝氏曰 : "靖, 如自靖之靖, 凡事謀之於心而安也. 共, 如溫恭朝夕之共, 凡事共敬而不敢慢也. 君子本共, 又勉之以靖共也."76)

첩산 사씨가 말하였다 : "'정(靖)' 스스로 고요해진다고 할 때의 고요함과 같으니, 마음에서 일삼고 도모하여 편안한 것이다. '공(共)'은 조석으로 따뜻하고 공손하게 한다고 할 때의 공손함과 같으니, 섬김이 공손하고 공경하여 감히 함부로 하지 않는 것이 다. 군자는 공손을 근본으로 하고 또 힘써 고요하고 공손한 것이다."77)

朱註

與, 猶助也. 穀, 祿也. 以, 猶與也. ○ 上章, 旣自傷悼, 此章, 又戒其僚友

여(與)는 조(助)와 같다. 곡(穀)은 녹(祿)이다. 이(以)는 여(與)와 같다. ○ 위의 장에서 이미 스스로 서글퍼하였고, 여기의 장에서 또 같은 관원들에게 경계하여

詳說

○ 上下章, 辭意頓殊, 故特明之.

상하의 장에서 문사가 자주 달라지기 때문에 특별히 밝힌 것이다.

朱註

曰, 嗟爾君子, 無以安處爲常, 言當有勞時

"아! 너희 군자들은 편안히 거처함을 떳떳하게 여기지 말라."라고 하였으니, '당

人也.)"라고 되어 있다.
76) 『시전대전(詩傳大全)』에 첩산 사씨의 말로 실려 있다.
77) 『시전대전(詩傳大全)』에는 "첩산 사씨가 말하였다 : '정(靖) 스스로 고요하고 스스로 나아간다고 할 때의 고요함과 같으니, 마음에서 일삼고 도모하여 편안한 것이다. 공(共)은 조석으로 따뜻하고 공손하게 한다고 할 때의 공손함과 같으니, 섬김이 공손하고 공경하여 감히 함부로 하지 않는 것이 다. 군자는 공손을 근본으로 하고 또 힘써 고요하고 공손한 것이다.'(疊山謝氏曰 : 靖, 如自獻之靖, 凡事謀之心而安也. 共, 如溫共朝夕之共, 凡事共敬而不敢慢也. 君子本共, 又勉之以靖共也.)"라고 되어 있다.

연히 수고로울 때가 있으니,

詳說
○ 上聲.
'처(處)'는 상성이다.

○ 行役.
가서 부역을 하는 것이다.

朱註
勿懷安也.
편안함을 생각하지 말라.

詳說
○ 添二句.
두 구를 더했다.

朱註
當靖共爾位, 惟正直之人是助,
마땅히 네 지위를 조용히 하고 공손히 하여 오직 정직한 사람을 도와준다면

詳說
○ 補人字.
'인(人)'자를 더했다.

朱註
則神之聽之, 而以穀祿與女矣.
신(神)이 너의 소원을 들어주어 곡록(穀祿)을 너에게 줄 것이다.'는 말이다.

詳說
○ 以.

'이(以)'는 본문의 '식(以)'이다.

○ 與小宛之式穀, 不同.
「소완(小宛)」의 '식곡(式穀)'78)과는 같지 않다.

[2-6-3-5]
嗟爾君子, 無恆安息. 靖共爾位, 好是正直.

아! 너희 군자들은 편안히 쉼을 떳떳하게 여기지 말지어다.
네 지위를 조용히 하고 공손히 하여 정직한 사람을 좋아하면,

詳說
○ 去聲.
'호(好)'는 거성이다.

神之聽之, 介爾景福.

신이 네 소원을 들어주어 큰 복을 크게 해주리라.

詳說
○ 叶, 筆力反.79)
'복(福)'은 협운으로 음은 '필(筆)'과 '력(力)'의 반절이다.

朱註
賦也. 息, 猶處也.
부(賦)이다. 식(息)은 처(處)와 같다.

詳說
○ 上聲.

---

78) 「소완(小宛)」에 "너의 아들을 가르쳐서 선(善)을 하는 것을 본받게 하라.(敎誨爾子, 式穀似之.)"라는 말이 있다.
79) 叶, 筆力反:『시전대전(詩傳大全)』에도 동일하게 되어 있다.

'처(處)'는 상성이다.

|朱註|
好是正直, 愛此正直之人也.
호시정직(好是正直)은 이 정직(正直)한 사람을 사랑하는 것이다.

|詳說|
○ 補人字.
'인(人)'자를 더했다.

|朱註|
介景, 皆大也.
개(介)와 경(景)은 모두 큰 것이다.

|詳說|
○ 與介眉壽之介, 不同.
'장수를 기원한다.'고 할 때의 '기원한다.(介)'와는 같지 않다.

|朱註|
小明五章, 三章章十二句, 二章章六句.
「소명」은 5장으로 3장은 장이 12구이고, 2장은 장이 6구이다.

|詳說|
○ 韻異, 故不以合爲一章
운이 다르기 때문에 합해서 하나의 장으로 하지 않은 것이다.

○ 定宇陳氏曰 : "此詩因己之久役於外, 而思僚友之安處於內者, 於己無賢勞之恨, 而謂憂戚之自詒, 於彼無憎疾之辭, 而勉以正直之是助, 哀而不傷, 怨而不怒, 視北山, 稍庶幾焉. 豈賦北山者, 有父母, 故其辭極哀怨, 賦小明者, 無父母, 故其辭頗和平也歟."80)

정우 진씨가 말하였다 : "이 시에서 자신이 오래도록 밖에서 부역하면서 같은 관료가 안에서 편하게 있는 것을 생각한 것은 자신에게 현명하게 수고하는 한이 없어 스스로 근심을 끼쳤다는 것이고, 저들에게는 미워하는 말이 없어 힘써 정직한 사람을 돕는다는 것이니, 슬퍼하면서도 마음을 상하는 것이 아니고, 원망하면서도 노하지 않은 것으로 「북산」과 비교하면 다소 다행스러운 것이다. 어찌 「북산」을 부(賦)한 것은 부모가 있기 때문에 말이 극히 슬프고 원망하는 것이겠으며, 「소명」을 부(賦)한 것은 부모가 없기 때문에 그 말이 더욱 화평한 것이겠는가?"

○ 廬陵歐陽氏曰 : "大明小明, 是名篇者, 偶爲誌別耳了, 不關詩義也.81)

여름 구양씨가 말하였다 : "「대명」과 「소명」은 편명으로 한 것이 우연히 다르게 기록되었던 것으로 시의 의미와는 무관한 것이다."82)

[2-6-4-1]

鼓鐘將將, 淮水湯湯,

종을 치기를 장장(將將)히 하는데. 회수(淮水)는 넘실넘실 흐르니,

詳說

○ 音搶.

'장(將)'의 음은 '창(搶)'이다.

○ 音傷.83)

'상(湯)'의 음은 '상(傷)'이다.

---

80) 『시전대전(詩傳大全)』에 정우 진씨의 말로 실려 있다.
81) 『시전대전(詩傳大全)』에 여름 구양씨의 말로 거의 동일하게 실려 있다.
82) 『시전대전(詩傳大全)』에는 "여름 구양씨가 말하였다 : '「대아」에서는 밝고 밝게 위에 있어 「대명」이라고 하고, 「소아」에서는 명명하신 상천이어서 「소명」이라고 한 것은 본래 편명으로 한 것이 우연히 다르게 기록되었던 것으로 시의 의미와는 무관한 것이다.'(廬陵歐陽氏曰 : 大雅, 明明在上, 謂之大明, 小雅, 明明上天, 謂之小明, 自是名篇者, 偶爲誌別爾了, 不關詩義也.)"라고 되어 있다.
83) 音傷 : 『시전대전(詩傳大全)』에도 동일하게 되어 있다

憂心且傷. 淑人君子, 懷允不忘.

마음에 근심하고 또 슬퍼하노라. 선인인 군자여 그리워 진실로 잊지 못하도다.

朱註

賦也. 將將, 聲也. 淮水, 出信陽軍桐柏山, 至楚州漣水軍, 入海. 湯湯, 沸騰之貌. 淑, 善, 懷, 思, 允, 信也. ○ 此詩之義, 未詳. 王氏曰, 幽王鼓鐘淮水之上, 爲流連之樂,

부(賦)이다. 장장(將將)은 소리이다. 회수(淮水)는 신양군(信陽軍) 동백산(桐柏山)에서 나와 초주(楚州) 연수군(漣水軍)에 이르러 바다로 들어간다. 상상(湯湯)은 비등하는 모양이다. 숙(淑)은 선함이고, 회(懷)는 그리워함이며, 윤(允)은 '진실로'이다. ○ 이 시(詩)의 뜻은 상세하지 않다. 왕씨(王氏)는 "유왕(幽王)이 회수(淮水)가에서 종을 치며 유련(流連)의 즐거움 때문에

詳說

○ 毛氏曰 : "淫樂."

모씨가 말하였다 : "음란한 즐거움이다."

朱註

久而忘反,

오래도록 돌아올 줄을 모르니,

詳說

○ 流連忘反, 見孟子梁惠王.

유련으로 돌아오기를 잊은 것은 『맹자』「양혜왕」에 있다.[84]

朱註

聞者, 憂傷, 而思古之君子,

---

84) 유련으로 돌아오기를 잊은 것은 『맹자』「양혜왕」에 있다 : 『맹자』「양혜왕하」에 "배를 띄우고 물의 흐름을 따라 한없이 내려가서 돌아오기를 잊는 것을 유(流)라 하고, 물의 흐름을 따라 한없이 거슬러 올라가서 돌아오기를 잊는 것을 연(連)이라 하며, 짐승을 쫓아 사냥하기를 무한정 하는 것을 황(荒)이라 하고, 술을 즐겨 마시기를 싫증 내지 않고 무한정 하는 것을 망(亡)이라 한다.(從流下而忘反, 謂之流, 從流上而忘反, 謂之連, 從獸無厭, 謂之荒, 樂酒無厭, 謂之亡.)"라는 말이 있다.

듣는 자가 근심하고 서글퍼서 옛 군자를 그리워

詳說

○ 補古字.

'고(古)'자를 더하였다.

朱註

不能忘也.

잊지 못한 것이다."라고 하였다.

詳說

○ 慶源輔氏曰 : "言其傷今思古, 而信不忘也.85)

경원 보씨가 말하였다 : "지금을 근심하고 옛날을 그리워하며 진실로 잊지 못하는 것이다."86)

[2-6-4-2]

鼓鐘喈喈, 淮水湝湝, 憂心且悲.

종을 치기를 개개(喈喈)히 하는데, 회수(淮水)가 넘실넘실 흐르니 마음에 근심하고 또 슬퍼하노라.

詳說

○ 音皆, 叶居奚反.87)

'개(喈)'의 음은 '개(皆)'이고, 협운으로 음은 '거(居)'와 '해(奚)'의 반절이다.

○ 音諧, 叶賢雞反.88)

---

85) 『시전대전(詩傳大全)』에 경원 보씨의 말로 실려 있다.
86) 『시전대전(詩傳大全)』에는 "경원 보씨가 말하였다 : '「진실로 잊지 못하도다.」는 것은 지금을 근심하고 옛날을 그리워하며 진실로 잊지 못하는 것이다.'(慶源輔氏曰 : 懷允不忘, 言其傷今思古, 而信不能忘也.)"라고 되어 있다.
87) 音汝 : 『시전대전(詩傳大全)』에도 동일하게 되어 있다
88) 音汝 : 『시전대전(詩傳大全)』에는 다소 다르게 되어 있다

'해(湝)'의 음은 '해(諧)'이고, 협운으로 음은 '현(賢)'과 '계(雞)'의 반절이다.[89]

淑人君子, 其德不回.

선인인 군자여 그 덕이 간사하지 않도다.

詳說

○ 叶, 呼爲反.[90]
'회(回)'는 협운으로 음은 '호(呼)'와 '위(爲)'의 반절이다.[91]

朱註

賦也. 喈喈, 猶將將, 湝湝, 猶湯湯. 悲, 猶傷也. 回, 邪也.
부(賦)이다. 개개(喈喈)는 장장(將將)과 같고 해해(湝湝)는 상상(湯湯)과 같다. 비(悲)는 상(傷)과 같다. 회(回)는 간사함이다.

詳說

○ 慶源輔氏曰 : "樂所以象德, 其德不回, 則古之君子, 樂與德稱也."[92]
경원 보씨가 말하였다 : "덕을 본뜬 것을 즐거워하고, 그 덕이 간사하지 않으니, 옛 군자는 즐거움이 덕에 걸맞은 것이다."[93]

[2-6-4-3]

鼓鐘伐鼛, 淮有三洲, 憂心且妯.

종을 치고 큰북을 치는데 회수(淮水)에 세 모래섬이 있으니, 마음에 근심하고 또 울렁거리노라.

---

89) 『시전대전(詩傳大全)』에는 "'개(湝)'의 음은 '호(戶)'와 '개(皆)'의 반절이고, 협운으로 음은 '현(賢)'과 '계(雞)'의 반절이다.(戶皆反, 叶賢雞反.)"라고 되어 있다.
90) 叶, 呼爲反 : 『시전대전(詩傳大全)』에는 다소 다르게 되어 있다
91) 『시전대전(詩傳大全)』에는 "'회(回)'는 협운으로 음은 '호(乎)'와 '위(爲)'의 반절이다.(叶, 乎爲反.)"라고 되어 있다.
92) 『시전대전(詩傳大全)』에 경원 보씨의 말로 실려 있다.
93) 『시전대전(詩傳大全)』에는 "경원 보씨가 말하였다 : '슬픔이 상심보다 심하고 덕을 본뜬 것을 즐거워하며, 그 덕이 간사하지 않으니, 옛 군자는 즐거움이 덕에 걸맞은 것이다.(慶源輔氏曰 : 悲甚於傷, 樂所以象德, 其德不回, 則古之君子, 樂與德稱也.)"라고 되어 있다.

詳說

○ 音高, 叶居尤反.94)

'고(鼛)'음은 '고(高)'이고, 협운으로 음은 '거(居)'와 '우(尤)'의 반절이다.95)

○ 音抽.

'축(妯)'의 음은 '추(抽)'이다.

淑人君子, 其德不猶

선인인 군자여 그 덕이 이와 같지 않도다.

朱註

賦也. 鼛, 大鼓也. 周禮

부(賦)이다. 고(鼛)는 큰 북이다. 『주례(周禮)』에는

詳說

○ 考工記, 韗人.

「고공기(考工記)」「운인(韗人)」이다.

朱註

作皐, 云皐鼓尋有四尺.

고(皐)로 되어 있으며, "고고(皐鼓)는 한 길 네 자이다."라고 하였다.

詳說

○ 安成劉氏曰 : "鼓人注云, 長丈二尺, 卽尋有四尺也."96)

안성 유씨가 말하였다 : "「고인(鼓人)」의 주에 '길이는 한 길 두 자이다.'라고 했으니, 곧 한 길 네 척인 것이다."97)

---

94) 音高, 叶居尤反 : 『시전대전(詩傳大全)』에는 다소 다르게 되어 있다
95) 『시전대전(詩傳大全)』에는 "'고(鼛)'음은 '고(古)'와 '모(毛)'의 반절이고, 협운으로 음은 '거(居)'와 '우(尤)'의 반절이다.(古毛反, 叶居尤反.)"라고 되어 있다.
96) 『시전대전(詩傳大全)』에 안성 유씨의 말로 실려 있다.
97) 『시전대전(詩傳大全)』에는 "안성 유씨가 말하였다 : 「집전」에서 인용한 「고공기(考工記)」「운인(韗人)」은 문장이다. 그러나 「지관」「고인(鼓人)」에서 고고(鼛鼓)로 역사를 고무하는 것에서는 글자가 또한 '고(鼛)

朱註

三洲, 淮上地.

삼주(三洲)는 회수(淮水)가의 땅이다.

詳說

○ 東萊呂氏曰 : "作詩者, 賦, 當時所見也."98)

동래 여씨가 말하였다 : "시를 지은 자가 부(賦)한 것은 당시의 소견이다."

朱註

蘇氏曰 : 始言湯湯, 水盛也, 中言湝湝, 水流也, 終言三洲, 水落而洲見也. 言幽王之久於淮上也. 妯, 動.

소씨(蘇氏)가 말하였다. "처음에 상상(湯湯)을 말한 것은 물이 성대함이고, 중간에 해해(湝湝)를 말함은 물이 흐름이며, 마지막에 세 모래섬을 말한 것은 수위가 떨어져 모래섬이 나타난 것이니, 유왕(幽王)이 회수(淮水)가에 오래 있었음을 말한 것이다." 추(妯)는 동(動)함이다.

詳說

○ 音現.

'현(見)'의 음은 '현(現)'이다.

○ 慶源輔氏曰 : "妯甚於悲, 謂常動而不息也."99)

경원 보씨가 말하였다 : "웅렁거림이 슬픔보다 심하니, 언제나 움직이면서 쉬지 않는 것을 말한다."100)

朱註

'로 되어 있다. 주에서 '길이는 한 길 두 자이다.'라고 했으니, 곧 한 길 네 척인 것이다.'(安成劉氏曰 : 集傳所引, 周禮考工記韗人, 文也. 然地官鼓人, 又云, 以鼖鼓, 鼓役事, 則字亦作鼖矣. 注云, 長丈二尺, 即尋有四尺也.)'라고 되어 있다.

98) 『시전대전(詩傳大全)』에 동래 여씨의 말로 동일하게 실려 있다.
99) 『시전대전(詩傳大全)』에 경원 보씨의 말로 실려 있다.
100) 『시전대전(詩傳大全)』에는 "경원 보씨가 말하였다 : '큰북은 악기의 큰 것을 들어 말한 것으로 즐김이 성대함을 드러낸 것이다. 웅렁거림이 슬픔보다 심하니, 언제나 움직이면서 쉬지 않는 것을 말한다.(慶源輔氏曰 : 伐鼖, 舉樂器之大者言之, 以見其樂之盛也. 妯甚於悲謂常動而不息也. ….)"라고 되어 있다.

猶, 若也, 言不若今王之荒亂也.

유(猶)는 같음이니, 지금 왕의 어지럽고 음란함과 같지 않음을 말한 것이다.

[2-6-4-4]

鼓鐘欽欽, 鼓瑟鼓琴, 笙磬同音, 以雅以南, 以籥不僭.

북을 치기를 흠흠(欽欽)히 하거늘 비파를 타고 거문고를 타며 생(笙)과 경(磬)이 음(音)을 함께 하니 이아(二雅)와 이남(二南)과 약무(籥舞)가 어지럽지 않도다.

詳說

○ 叶, 尼心反.101)

'남(南)'은 협운으로 음은 '니(尼)'와 '심(心)'의 반절이다.

○ 音藥.

'약(籥)'의 음은 '약(藥)'이다.

○ 子念反, 叶七心反.102)

'참(僭)'의 음은 '자(子)'와 '념(念)'의 반절이고, 협운으로 음은 '칠(七)'과 '심(心)'의 반절이다.

朱註

賦也. 欽欽,

부(賦)이다.

詳說

○ 諺音誤.

'흠(欽)'은 『언해』의 음이 잘못되었다.

朱註

---

101) 叶, 尼心反 : 『시전대전(詩傳大全)』에도 동일하게 되어 있다.
102) 子念反, 叶七心反 : 『시전대전(詩傳大全)』에도 동일하게 되어 있다

亦聲也. 磬, 樂器, 以石爲之. 琴瑟在堂,
흠흠(欽欽) 또한 소리이다. 경(磬)은 악기이니, 돌로 만든다. 금슬(琴瑟)은 당(堂)에 있고,

>詳說
>○ 堂上.
>'당(堂)'은 당상이다.

>朱註
>笙磬在下.
>생경(笙磬)은 하(下)에 있다.

>詳說
>○ 堂下.
>'하(下)'는 당하이다.

朱註
同音, 言其和也.
동음(同音)은 그 화음을 이룸을 말한다.

>詳說
>○ 四者, 皆和.
>네 가지가 모두 화음을 이루는 것이다.

朱註
雅, 二雅也,
아(雅)는 이아(二雅)이고,

>詳說
>○ 正雅.

정아(正雅)이다.

|朱註|

南, 二南也, 籥, 籥舞也.
남(南)은 이남(二南)이며, 약(籥)은 약무(舞)이다.

|詳說|

○ 文舞.
　문무(文舞)이다.

|朱註|

僭, 亂也. 言三者, 皆不僭也. ○ 蘇氏曰, 言幽王之不德, 豈其樂非古歟. 樂則是而人則非也.
참(僭)은 어지러움이니, 세 가지가 모두 어지럽지 않다는 말이다.○ 소씨(蘇氏)가 말하였다. "유왕의 부덕함이 어찌 음악이 옛 음악이 아니기 때문이겠는가? 음악은 바르지만 사람은 잘못되었음을 말한 것이다."

|詳說|

○ 諺音誤.
　'참(僭)'은 『언해』의 음이 잘못되었다.

○ 以論釋之.
　경문의 의미 설명으로 풀이했다.

○ 濮氏曰 : "孟子告齊王者, 可以觀矣."[103]
　복씨가 말하였다 : "맹자가 제왕에게 고한 것을 봐야 한다."[104]

|朱註|

---

103) 『시전대전(詩傳大全)』에 복씨의 말로 실려 있다.
104) 『시전대전(詩傳大全)』에는 "복씨가 말하였다 : '단지 때가 옛날뿐이 아니라, 그 음악을 들음에 심정이 상한 것을 봐야 하니, 맹자가 제왕에게 고한 것을 봐야 할 것이다.'(濮氏曰 : 但時非古之時, 聞其樂, 祇見其可傷也. 孟子告齊宣王者, 可以觀矣.)"라고 되어 있다.

鼓鐘四章, 章五句.
「고종」은 4장이고, 장은 5구이다.

此詩之義, 有不可知者
이 시의 뜻은 알 수 없는 점이 있으니,

詳說
○ 旣云未詳, 又云不可知, 終始疑之之意也.
이미 자세하지 않다고 말한 다음에 또 '알 수 없다.'고 하였으니, 시종으로 의문이 된다는 의미이다.

朱註
今姑釋其訓詁名物, 而略以王氏蘇氏之說解之, 未敢信其必然也.
이제 우선 그 훈고(訓)와 명물(名物)로 해석하고 대략 왕씨(王氏)와 소씨(蘇氏)의 말을 가지고 해석하였으나, 반드시 그러한지는 함부로 믿을 수가 없다.

詳說
○ 二氏, 亦依舊說耳.
두 사람도 구설을 따른 것이다.

○ 廬陵歐陽氏曰 : "詩書史記, 皆無幽王東至淮徐之事."105)
여릉 구양씨가 말하였다 : "『시경』과 『서경』『사기』에는 모두 유왕이 동쪽으로 회서(淮徐)에 왔다는 것은 없다."106)

○ 嚴氏曰 : "古事亦有不見於史, 而因經以見者, 詩卽史也."107)
엄씨가 말하였다 "옛날 일은 또한 『사기』에 없는데 경에 있는 것도 있으니, 『시경』이 바로 『사기』이다."108)

---

105) 『시전대전(詩傳大全)』에 신안 호씨가 구공의 말을 인용하는 것으로 실려 있다.
106) 『시전대전(詩傳大全)』에는 "여릉 구양씨가 말하였다 : '구공이 말하였다 : …. 그러나 『시경』과 『서경』『사기』를 두루 참고해도 모두 유왕이 동쪽으로 순수한 일이 없다. … 애초에 유왕이 동쪽으로 회서(淮徐)에 왔다는 것은 없다. ….'(新安胡氏曰 : 歐公云, …. 然旁考詩書史記, 皆無幽王東巡之事, …. 初無幽王東至淮徐之事. ….)"라고 되어 있다.
107) 『시전대전(詩傳大全)』에 신안 호씨가 엄씨의 말을 인용하는 것으로 실려 있다.

[2-6-5-1]

楚楚者茨, 言抽其棘,

무성한 찔레 밭에 그 가시를 제거함은

詳說

○ 敕留反109)

'추(抽)'의 음은 '칙(敕)'과 '류(留)'의 반절이다.

自昔何爲. 我蓺黍稷.

예부터 어째서 하였는고? 우리에게 서직(黍稷)을 심게 하려 해서였네.

詳說

○ 音藝.110)

'예(蓺)'의 음은 '예(藝)'이다.

我黍與與, 我稷翼翼,

내 기장이 무성하고 내 피가 무성하며

詳說

○ 音餘.111)

'여(與)'의 음은 '여(餘)'이다.

我倉旣盈, 我庾維億, 以爲酒食, 以饗以祀,

내 창고가 이미 가득하고 내 노적(露積)이 수없이 많아
술과 밥을 장만하여 올리고 제사하며,

---

108) 『시전대전(詩傳大全)』에는 "신안 호씨가 말하였다 : '엄씨가 「옛날 일은 또한 『사기』에 없는데 경에 있는 것도 있으니, 『시경』이 바로 『사기』이다.」라고 했으니, 그 말은 진실로 당연하지만 그 시문에서도 그것이 유왕임을 분명히 말하지는 않았다. ….(新安胡氏曰 : …. 嚴氏, 謂古事, 亦有不見於史, 而因經以見者, 詩即史也, 其論固當然, 而詩文, 亦不明言其爲幽王也. ….)"라고 되어 있다.
109) 敕留反 : 『시전대전(詩傳大全)』에도 동일하게 되어 있다.
110) 音藝 : 『시전대전(詩傳大全)』에도 동일하게 되어 있다.
111) 音餘 : 『시전대전(詩傳大全)』에도 동일하게 되어 있다.

詳說

○ 叶, 逸織反.112)

'사(祀)'는 협운으로 '일(逸)'과 '직(織)'의 반절이다.

以妥以侑, 以介景福.

편안히 모시고 권하여 큰 복을 크게 하도다.

詳說

○ 湯果反.113)

'타(妥)'의 음은 '탕(湯)'과 '과(果)'의 반절이다.

○ 音又, 叶夷益反.114)

'유(侑)'의 음은 '우(又)'이고, 협운으로는 '이(夷)'와 '익(益)'의 반절이다.

○ 叶, 筆力反.115)

'복(福)'은 협운으로 '필(筆)'과 '력(力)'의 반절이다.

朱註

賦也. 楚楚, 盛密貌. 茨, 蒺藜也.

부(賦)이다. 초초(楚楚)는 성하고 빽빽한 모양이다. 자(茨)는 질려(藜)이다.

詳說

○ 詳見牆有茨註.

자세한 것은 「장유자(牆有茨)」의 주에 있다.

朱註

抽, 除也.

---

112) 叶, 逸織反 :『시전대전(詩傳大全)』에도 동일하게 되어 있다.
113) 湯果反 :『시전대전(詩傳大全)』에도 동일하게 되어 있다.
114) 音又, 叶夷益反 :『시전대전(詩傳大全)』에도 동일하게 되어 있다.
115) 叶, 筆力反 :『시전대전(詩傳大全)』에도 동일하게 되어 있다.

추(抽)는 제거함이다.

> 詳說

○ 拔去.
뽑아 없애는 것이다.

> 朱註

我爲有田祿.
아(我)는 전록(田祿)을 소유하여

> 詳說

○ 公田之入.
공전의 수입이다.

> 朱註

而奉祭祀者之自稱也. 與與翼翼, 皆蕃盛貌. 露積
제사를 받드는 자의 자칭(自稱)이다. 여여(與與)와 익익(翼翼)은 모두 번성한 모양이다. 노적(露積)을

> 詳說

○ 如字, 又音恣.
'적(積)'은 본래의 음 대로 읽고, 또 '자(恣)'가 음이기도 하다.

> 朱註

曰庾,
유(庾)라 하고,

> 詳說

○ 孔氏曰 : "周語云, 野有庾積.[116]

---

116) 『시전대전(詩傳大全)』에 공씨의 말로 실려 있다.

공씨가 말하였다 : "『주어』에서 '밖에 경적이 있다.'라고 하였다."117)

朱註
十萬曰億.
10만(萬)을 억(億)이라 한다.

詳說
○ 毛氏曰 : "萬萬."
모씨는 말하였다 : "만만(萬萬)"이다.

朱註
饗, 獻也. 妥, 安坐也, 禮
향(饗)은 올림이다. 타(妥)는 자리를 편안히 함이니, 『예기(禮記)』에서

詳說
○ 禮記, 郊特牲.
『예기(禮記)』「교특생(郊特牲)」이다.

朱註
曰詔妥尸
"고하여 시동을 편안히 모시도록 한다."라고 하였으니,

詳說
○ 禮記注曰, "尸始入, 祝詔主人, 拜安尸, 使之坐."118)
『예기』의 주에서 말하였다 : "시동이 처음 들어오면 축이 주인에게 고하고는 시동에게 절하고 편하게 앉게 한다."119)

---

117) 『시전대전(詩傳大全)』에는 "공씨가 말하였다 : '곡식을 쌓아놓은 것이기 때문에 노적이락도 하였다. 『주어』에서 「밖에 경적이 있다.」라고 하였다.'(孔氏曰 : …, 是積粟也, 故曰露積. 周語云, 野有庾積.)"라고 되어 있다.
118) 『시전대전(詩傳大全)』에 『예기(禮記)』「교특생(郊特牲)」의 주의 말로 실려 있다.
119) 『시전대전(詩傳大全)』에는 "『예기』「교특생」의 주에서 말하였다 : '시동이 처음 들어오면 축이 주인에게 고하고는 시동에게 편하게 앉게 한다.'(禮記郊特牲注曰, 尸始入祝, 則詔主人, 以安尸使之坐.)"라고 되어 있다.

朱註

蓋祭祀, 筮族人之子爲尸,
제사 지낼 때에 족인(族人)의 아들을 점쳐 시동으로 삼고는

詳說

○ 廬陵李氏曰 : "曲禮云, 爲人子者, 祭祀不爲尸, 則尸筮無父者, 皆用孫之倫, 有爵者爲之."[120]
여릉 이씨가 말하였다 : "「곡례」에서 말하였다. : '자식은 제사에 시동이 되지 않으니, 아버지가 없는 자로 점을 쳐서 하는데 모두 손자들로 하고 벼슬이 있는 자로 한다.'라고 하였다."

朱註

旣奠迎之,
이미 주식(酒食)을 올리고 맞이하여,

詳說

○ 儀禮少牢曰 : "祝設几于筵上, 祝酌奠主人, 西面再拜, 祝出迎尸于廟門外."[121]
『의례(儀禮)』「소뢰(少牢)」에서 말하였다 : "축이 대자리 위에 궤를 놓고는 축이 주인에게 술을 따르고 서쪽으로 향해 재배하며, 축이 나가 시동을 묘문의 밖으로 맞이한다."[122]

○ 禮記祭統曰 : "君迎牲, 而不迎尸, 別嫌也."[123]
『예기(禮記)』「제통(祭統)」에서 말하였다 : "임금은 희생은 맞이하나 시동은 맞이하지 않으니 혐의를 피하려는 것이다."

---

120) 『시전대전(詩傳大全)』에 여릉 이씨의 말로 동일하게 실려 있다.
121) 『시전대전(詩傳大全)』에 경원 보씨의 말로 실려 있다.
122) 『시전대전(詩傳大全)』에는 "『의례(儀禮)』「소뢰례(少牢禮)」에서 말하였다 : '축이 대자리 위에 궤를 놓고는 축이 주인에게 술을 따르고 서쪽으로 향해 재배하며, 축이 나가 시동을 묘문의 밖으로 맞이하면 시동이 들어와 대자리로 올라가니, 축과 주인이 모두 절하고 편안하게 한다. 시동은 말하거나 답배를 하지 않고 마침내 앉는다.'儀禮少牢曰 : 祝設几於筵上, 祝酌奠主人, 西面再拜, 祝出迎尸於廟門外, 尸入升筵, 祝主人皆拜妥尸. 尸不言答拜遂坐.)"라고 되어 있다.
123) 『예기주소(禮記注疏)』「제통(祭統)」에 동일하게 되어 있다.

朱註
使處神坐, 而拜以安之也. 侑, 勸也. 恐尸或未飽, 祝侑之曰, 皇尸未實也
신(神)의 자리에 앉히고 절하여 편안하게 하는 것이다. 유(侑)는 권함이니, 시동이 혹시라도 배부르지 못할까 걱정되어 축(祝)이 권하면서 "황시(皇尸)가 충만하지 못하시다."라고 한다.

詳說

○ 上聲.
'처(處)'는 상성이다.

○ 去聲.
'좌(坐)'는 거성이다.

○ 一作未或.
'혹미(或未)'는 어떤 판본에는 '미혹(未或)'으로 되어 있다.

○ 大也
'황(皇)'은 크다.

○ 猶飽也.
'실(實)'은 배부름이다.

○ 見少牢.
「소뢰」에 있다.

朱註
介, 大也, 景, 亦大也. ○ 此詩, 述公卿有田祿者,
개(介)는 크고, 경(景)도 크다. ○ 이 시(詩)는 공경(公卿)으로서 전록(田祿)을 소유한 자가

詳說

○ 朱子曰 : "此詩在小雅, 而非天子之詩, 故止得以公卿言之, 蓋皆畿內諸侯矣."124)

주자가 말하였다 : "이 시는「소아」에 있고, 천자의 시가 아니기 때문에 단지 공경으로 말했으니, 대개 모두 기내의 제후이다."

朱註

力於農事, 以奉其宗廟之祭. 故言蒺藜之地, 有抽除其棘者, 古人何乃爲此事乎. 蓋將使我於此, 蓺黍稷也

농사에 힘써서 그 종묘의 제사를 받듦을 기술하였다. 그러므로 "질려가 자라는 땅에 그 가시나무를 제거하니, 옛 사람들은 어찌하여 이러한 일을 하였는가? 이것은 우리가 여기에 서직을 심게 하도록 하려는 것이다.

詳說

○ 補使字.

'사(使)'자를 더하였다.

○ 慶源輔氏曰 : "首四句推本而言, 以見其不忘所自也."125)

경원 보씨가 말하였다 : "처음 네 구는 근본을 미뤄 말하였으니, 자신이 어디에서 왔는지 잊지 않음을 드러낸 것이다."126)

朱註

故我之黍稷, 旣盛, 倉庾旣實,

그러므로 나의 서직(黍稷)이 이미 풍성하여 창고와 노적(露積)이 이미 꽉 찼으니,

---

124) 『시전대전(詩傳大全)』에 주자의 말로 거의 비슷하게 실려 있다.
125) 『시전대전(詩傳大全)』에 경원 보씨의 말로 실려 있다.
126) 『시전대전(詩傳大全)』에는 "경원 보씨가 말하였다 : '처음 네 구는 근본을 미뤄 말하였으니, 자신이 어디에서 왔는지 잊지 않음을 드러낸 것이다. 왕씨는 내 창고가 이미 가득하니, 저장할 곳이 없다고 여겼으니, 노적이 수 없이 많아 그 수가 억에 이른 것이 여기에 해당한다. 그러나 이것은 또한 심하게 한 말로 충분하다는 것을 드러낸 의미일 뿐이다.(慶源輔氏曰 : 首四句推本而言, 以見其不忘所自也. 王氏以爲我倉旣盈, 則無所蔵之, 而露積爲庾, 其數至億者, 是也. 然此亦甚言之, 以見有餘之意耳.)라고 되어 있다.

詳說

○ 慶源輔氏曰 : "億, 甚言之, 以見有餘之意耳."127)

경원 보씨가 말하였다 : "억은 심하게 한 말로 충분하다는 것을 드러낸 의미일 뿐이다."128)

朱註

則爲酒食, 以饗祀妥侑, 而介大福也

술과 밥을 만들어 올리고 제사하며 편안히 모시고 권유하여 큰 복을 크게 한다."라고 한 것이다.

[2-6-5-2]

濟濟蹌蹌, 絜爾牛羊,

제제(濟濟)하고 창창(蹌蹌)한지라 네 소와 양을 정갈히 마련하여

詳說

○ 上聲.129)

'제(濟)'는 상성이다.

○ 音槍.130)

'창(蹌)'은 음이 '창(槍)'이다.

以往烝嘗, 或剝或亨,

가서 증(烝)제사를 지내며 상(嘗)제사를 지내니, 혹은 짐승의 가죽을 벗기고 혹은 희생을 삶으며,

詳說

---

127) 『시전대전(詩傳大全)』에 경원 보씨의 말로 실려 있다.
128) 『시전대전(詩傳大全)』에는 "경원 보씨가 말하였다 : '…. 그러나 이것은 또한 심하게 한 말로 충분하다는 것을 드러낸 의미일 뿐이다.(慶源輔氏曰 : …. 然此亦甚言之, 以見有餘之意耳.)라고 되어 있다.
129) 上聲 : 『시전대전(詩傳大全)』에도 동일하게 되어 있다.
130) 音槍 : 『시전대전(詩傳大全)』에도 동일하게 되어 있다.

○ 音烹, 叶鋪郎反.131)
　'팽(亨)'의 음은 '팽(烹)'이고, 협운으로 음은 '포(鋪)'와 '랑(郎)'의 반절이다.

|或肆或將. 祝祭于祊,|

혹은 진설하고 혹은 받들어 올리도다. 축관이 방(祊)에서 제(祭)하니,

|詳說|

○ 補彭反, 叶補光反.132)
　'팽(祊)'의 음은 '보(補)'와 '팽(彭)'의 반절이다.

|祀事孔明, 先祖是皇,|

제사하는 일이 심히 갖추어져 선조가 이에 크게 강림하시며

|詳說|

○ 叶, 謨郎反.133)
　'명(明)'은 협운으로 '모(謨)'와 '랑(郎)'의 반절이다.

|神保是饗, 孝孫有慶,|

신보가 이에 흠향하시네. 효손이 경사가 있어

|詳說|

○ 叶, 虛良反.134)
　'향(饗)'은 협운으로 '허(虛)'와 '량(良)'의 반절이다.

○ 叶, 袪羊反.135)
　'경(慶)'에서의 '거(袪)'와 '양(羊)'의 반절이다.

---

131) 音烹, 叶鋪郎反:『시전대전(詩傳大全)』에도 동일하게 되어 있다.
132) 補彭反, 叶補光反:『시전대전(詩傳大全)』에도 동일하게 되어 있다.
133) 叶, 謨郎反:『시전대전(詩傳大全)』에도 동일하게 되어 있다.
134) 叶, 虛良反:『시전대전(詩傳大全)』에도 동일하게 되어 있다.
135) 叶, 袪羊反:『시전대전(詩傳大全)』에도 동일하게 되어 있다.

報以介福, 萬壽無疆.
큰 복으로써 갚아주니, 만수무강하리로다.

朱註
賦也. 濟濟, 蹌蹌, 言有容也.
부(賦)이다. 제제(濟濟), 창창(蹌蹌)은 용의(容儀)가 있음을 말한 것이다.

詳說
○ 慶源輔氏曰 : "與祭之人, 皆有容儀也."136)
경원 보씨가 : "제사지내는 사람들과 용의가 있는 것이다."137)

○ 絜潔同.
'깨끗하다(絜潔)'는 것과 같다.

朱註
冬祭曰烝, 秋祭曰嘗.
겨울 제사를 증(烝)이라 하고, 가을 제사를 상(嘗)이라 한다.

詳說
○ 已見天保.
「천보」에 이미 있다.

朱註
剝解剝其皮也. 亨, 煮熟之也. 肆, 陳之也,
박(剝)은 그 가죽을 벗기는 것이고, 팽(亨)은 삶아서 익히는 것이다. 사(肆)는 진설함이고,

---

136) 『시전대전(詩傳大全)』에 경원 보씨의 말로 실려 있다.
137) 『시전대전(詩傳大全)』에는 "경원 보씨가 : '옛날의 제사는 사람들을 쓰는 것이 아주 많다. 여기에서 제제(濟濟)와 창창(蹌蹌)은 제사지내는 사람들과 용의가 있는 것이다.'(慶源輔氏曰 : 古之祭祀, 用人甚多. 此言濟濟蹌蹌者, 謂凡與祭之人, 皆有容儀也.)"라고 되어 있다.

|詳說|

○ 音, 渚.
　'자(煮)'의 음은 '저(渚)'이다.

○ 鄭氏曰 : "肆其骨體於俎."[138]
　정씨가 말하였다 : "골체를 도마에 진설하는 것이다."[139]

|朱註|

將, 奉持而進之也.
장(將)은 받들어 잡아서 올리는 것이다.

|詳說|

○ 捧通.
　'봉(奉)'은 '봉(捧)'과 통한다.

○ 慶源輔氏曰 : "剝亨肆將, 各有其人, 皆蒙濟濟蹌蹌一句."[140]
　경원 보씨가 말하였다 : "짐승의 가죽을 벗기고 희생을 삶으며 진설하고 받들어 올리며 각기 그 사람들이 있으니, 모두 제제하고 창창하다는 한 구를 이어 받은 것이다."

祊, 廟門內也, 孝子不知神之所在,
방(祊)은 묘문(廟門)의 안이니, 효자가 신이 계신 곳을 알지 못하기

|詳說|

○ 諺音用叶.
　'팽(祊)'은 『언해』에서는 음을 협운으로 사용한 것이다.

---

[138] 『시전대전(詩傳大全)』에 미산 소씨의 말로 실려 있다.
[139] 『시전대전(詩傳大全)』에는 "미산 소씨가 말하였다 : '眉山蘇氏曰 : '사(肆)는 골체를 도마에 진설하는 것을 말한다.(肆, 謂陳其骨體於俎也.)"라고 되어 있다.
[140] 『시전대전(詩傳大全)』에 경원 보씨의 말로 동일하게 실려 있다.

○ 出禮記郊特牲.

『예기』「교특생」이 출처이다.

朱註

故使祝博求之於門內待賓客之處也.

축관이 문 안의 빈객(賓客)을 기다리는 곳에서 널리 찾게 하는 것이다.

詳說

○ 安成劉氏曰 : "在寢, 謂之宁, 在廟謂之祊."141)

안성 유씨가 말하였다 : "침소에 있는 것을 저(宁)라고 하고 묘문에 있는 것을 방(祊)이라고 한다."142)

○ 慶源輔氏曰 : "祭祊, 求諸陰陽之間143)

경원 보씨가 말하였다 : "방에서 제사하는 것은 음양의 사이에서 찾는 것이다."144)

朱註

孔, 甚也. 明, 猶備也, 著也, 皇, 大也, 君也.

공(孔)은 심함이다. 명(明)은 비(備)와 같고, 저(著)와 같으며, 황(皇)은 크게 여기고 군주로 여김이다.

詳說

○ 慶源輔氏曰 : "所以尊之也."145)

---

141) 『시전대전(詩傳大全)』에 안성 유씨의 말로 실려 있다.
142) 『시전대전(詩傳大全)』에는 "안성 유씨가 말하였다 : '문안에서 손님을 기다리는 곳은 아마 곧 큰문의 안이고 병풍을 두른 바깥이니, 임금이 생시에 조회하며 손님을 바로 보는 곳이다. 침소에 있는 것을 저(宁)라고 하고 묘문에 있는 것을 방(祊)이라고 한다. 아마도 신이 혹 여기에 있을 수 있기 때문에 축관이 여기에서 제사지내게 하는 것이다.'(安成劉氏曰 : 門內待賓之處, 恐即大門之內, 屛墻之外, 人君生時所宁, 立見賓之地. 在寢, 謂之宁, 在廟, 謂之祊. 恐其神或在此, 故使祝祭於其處也.)"라고 되어 있다.
143) 『시전대전(詩傳大全)』에 경원 보씨의 말로 실려 있다.
144) 『시전대전(詩傳大全)』에는 "경원 보씨가 말하였다 : '제사에서 강신으로 울창주를 붓는 것은 음에서 구하는 것이고, 쑥을 태우는 것은 양에서 구하는 것이다. 방에서 찾으며 제사를 지내는 것은 음양의 사이에서 찾는 것이다. 대개 혼은 가지 않는 곳이 없고, 신은 없는 곳이 없으니, 찾는 준비가 이와 같은 것이다.'(慶源輔氏曰 : 王氏曰, 凡祀, 祼鬯, 則求諸陰, 焫蕭, 則求諸陽, 索祭祀於祊, 則求諸陰陽之間, 蓋魂無不之, 神無不在, 求之之備, 如此.)"라고 되어 있다.

경원 보씨가 말하였다 : "존경하기 때문이다."146)

保, 安也. 神保, 蓋尸之嘉號, 楚辭所謂靈保, 亦以巫降神之稱也.
보(保)는 편안함이다. 신보(神保)는 시동의 아름다운 칭호로『초사(楚辭)』에서 이른바 영보(靈保)라는 것이니, 또한 무당으로 신(神)이 내린 자의 칭호이다.

詳說

○ 朱子曰 : "神降而託於巫, 身則巫, 而心則神也.147)
주자가 말하였다 : "신이 내려 무당에게 의탁하니, 몸은 무당이고, 마음은 신이다."148)

○ 安成劉氏曰 : "祖考之神, 降而安於尸之身, 故因以號之."149)
안성 유씨가 말하였다 : "조고의 신이 시동의 몸에 내려와 편안하기 때문에 그래서 말했던 것이다."

朱註

孝孫, 主祭之人也. 慶, 猶福也.
효손은 주제하는 사람이다. 경(慶)은 복(福)과 같다.

[2-6-5-3]
執爨踖踖, 爲俎孔碩,

부엌에서 지키기를 공경히 하는데, 도마에 담은 제육(祭肉)이 매우 크다.

詳說

○ 音竄.150)

---

145)『시전대전(詩傳大全)』에 경원 보씨의 말로 실려 있다.
146)『시전대전(詩傳大全)』에는 "경원 보씨가 말하였다 : '임금은 곳집과 같으니, 임금으로 부르는 것은 존경하기 때문이다.'(慶源輔氏曰 : 君也者, 如府, 君之謂. 所以尊之也.)"라고 되어 있다.
147)『시전대전(詩傳大全)』에 주자의 말로 실려 있다.
148)『시전대전(詩傳大全)』에는 "주자가 말하였다 : '영보는 무당이다. 신이 내려 무당에게 의탁하니, 몸은 무당이고, 마음은 신이다. 지금 시에서 무당을 말하지 않았으니, 당연히 곧 시동일 것이다.'(朱子曰 : 靈保, 神巫也. 神降而託於巫, 蓋身則巫, 而心則神也. 今詩中不說巫, 當便是尸也.)"라고 되어 있다.
149)『시전대전(詩傳大全)』에 안성 유씨의 말로 거의 비슷하게 실려 있다.

'찬(爨)'의 음은 '찬(竄)'이다.

○ 七亦反, 叶七略反.151)
'적(踖)'의 음은 '칠(七)'과 '역(亦)'의 반절이. 협운으로 음은 '칠(七)'과 '략(略)'의 반절이다.

○ 叶, 常約反.152)
'석(碩)'의 음은 협운으로 '상(常)'과 '약(約)'의 반절이다.

|或燔或炙, 君婦莫莫,|

혹은 고기를 굽고 혹은 간을 구우며, 군부(君婦)가 공경하게 하고 정갈하게 하며

|詳說|

○ 音煩.153)
'번(燔)'의 음은 '번(煩)'이다.

○ 之赦反, 叶陟略反.154)
'적(炙)'의 음은 '지(之)'와 '칙(赦)'의 반절이다.

○ 音麥, 叶木各反.155)
'막(莫)'의 음은 '맥(麥)'이고, 협운으로 음은 '목(木)'과 '각(各)'의 반절이다.

|爲豆孔庶. 爲賓爲客,|

두(豆)에 담기를 매우 많이 하였도다. 빈객(賓客)이 된 자들이

|詳說|

---

150) 音竄 : 『시전대전(詩傳大全)』에도 동일하게 되어 있다.
151) 七亦反, 叶七略反 : 『시전대전(詩傳大全)』에도 동일하게 되어 있다.
152) 叶, 常約反 : 『시전대전(詩傳大全)』에도 동일하게 되어 있다.
153) 音煩 : 『시전대전(詩傳大全)』에도 동일하게 되어 있다.
154) 之赦反, 叶陟略反 : 『시전대전(詩傳大全)』에도 동일하게 되어 있다.
155) 音麥, 叶木各反 : 『시전대전(詩傳大全)』에도 동일하게 되어 있다.

○ 叶, 陟略反.156)

'서(庶)'는 협운으로 '척(陟)'과 '략(略)'의 반절이다.

○ 叶, 克各反.157)

'객(客)'은 협운으로 '극(克)'과 '각(各)'의 반절이다.

|獻酬交錯, 禮儀卒度,|

술잔을 권함이 교착하며, 예의가 모두 법도에 맞고,

|詳說|

○ 市由反.158)

'수(酬)'의 음은 '시(市)'와 '유(由)'의 반절이다.

○ 叶, 徒洛反.159)

'도(度)'의 음은 '도(徒)'와 '락(洛)'의 반절이다.

|笑語卒獲, 神保是格,|

웃고 말함이 모두 마땅하기에 신보(神保)가 이에 강림하는지라

|詳說|

○ 叶, 黃郭反.160)

'획(獲)'은 협운으로 '황(黃)'과 '곽(郭)'의 반절이다.

○ 叶, 剛鶴反.161)

'격(格)'은 협운으로 '강(剛)'과 '학(鶴)'의 반절이다.

---

156) 叶, 陟略反: 『시전대전(詩傳大全)』에도 동일하게 되어 있다.
157) 叶, 克各反: 『시전대전(詩傳大全)』에도 동일하게 되어 있다.
158) 市由反: 『시전대전(詩傳大全)』에도 동일하게 되어 있다.
159) 叶, 徒洛反: 『시전대전(詩傳大全)』에도 동일하게 되어 있다.
160) 叶, 黃郭反: 『시전대전(詩傳大全)』에도 동일하게 되어 있다.
161) 叶, 剛鶴反: 『시전대전(詩傳大全)』에도 동일하게 되어 있다.

|報以介福, 萬壽攸酢.|

큰 복으로써 보답하고 만수(萬壽)로 주는 것이로다.

|朱註|

賦也. 爨, 竈也.
부(賦)이다. 찬(爨)은 부엌이다.

|詳說|

○ 毛氏曰 : "饔爨廩爨."162)
　　모씨가 말하였다 : "옹찬(饔爨)과 늠찬(廩爨)이다."

○ 孔氏曰 : 饔爨以煮肉, 廩爨以炊米, 見少牢.163)
　　공씨가 말하였다 : "옹찬으로 고기를 굽고, 늠찬으로 밥을 짓는다는 것은 「소뢰」에 있다."164)

|朱註|

踖踖, 敬也. 俎, 所以載牲體也. 碩, 大也. 燔, 燒肉也. 炙, 炙肝也.
척척(踖踖)은 공경함이다. 조(俎)는 제기(祭器)에 희생의 몸을 올려놓는 것이다. 석(碩)은 큼이다. 번(燔)은 불에 굽는 것이고, 적(炙)은 간을 구운 것이니,

|詳說|

○ 朱子曰 : "燔, 火燒之名, 炙, 遠火之稱. 以難熟者, 近火, 易熟者, 遠之, 故肝炙而肉燔也."165)
　　주자가 말하였다 : "번(燔)은 불에 익힌다는 이름이고, 적(炙)은 먼 불로 익힌다는 명칭이다. 익히기 어려운 것은 불에 가까이 하고 익히기 쉬운 것은 불에

---

162) 『시전대전(詩傳大全)』에 모씨의 말로 거의 동일하게 실려 있다.
163) 『시전대전(詩傳大全)』에 공씨의 말로 실려 있다.
164) 『시전대전(詩傳大全)』에는 "공씨가 말하였다 : '옹찬으로 고기를 굽고, 늠찬으로 밥을 짓는다. 「소뢰」에서 '옹찬은 문의 동남북 위에 있고, 늠찬은 옹찬의 북에 있다.(孔氏曰 : 饔爨以煮肉, 廩爨以炊米, 少牢云, 饔爨在門東南北上. 廩爨在饔爨之北.)"라고 되어 있다.
165) 『시전대전(詩傳大全)』에 주자의 말로 거의 동일하게 실려 있다.

서 멀리하기 때문에 간은 적(炙)하는 것이고, 고기는 번(燔)하는 것이다."

朱註
皆所以從獻也.
모두 따라 올리는 것이다.

詳說
○ 去聲, 下並同.
'종(從)'은 거성으로 아래에서고 나란히 같다.

○ 從於獻也.
술을 올리는 것에 따라 하는 것이다.

朱註
特牲主人獻尸, 賓長以肝從, 主婦獻尸.
「특생(特牲)」에 "주인이 시동에게 술을 올리면 손님 중에 어른이 간을 따라 올리며, 주부가 시동에게 술잔을 올리면,

詳說
○ 儀禮.
『의례(儀禮)』의 「특생(特牲)」이다.
○ 上聲, 下同.
'장(長)'은 상성으로 아래에서도 같다.

○ 亞獻.
아헌이다.

朱註
兄弟以燔從, 是也.
형제들이 불고기를 가지고 따른다."는 것이 여기에 해당한다.

詳說

○ 廬陵李氏曰 : "羞肝亦以俎."166)
여릉 이씨가 말하였다 : "간도 제기에 올려놓는 것이다."

朱註

君婦, 主婦也. 莫莫
군부(君婦)는 주제자(主祭者)의 아내이다. 막막(莫莫)은

詳說

○ 諺音用叶.
'막(莫)'은 『언해』의 음에서는 협운으로 사용된 것이다.

朱註

淸靜而敬至也.
청정하게 해서 공경이 지극한 것이다.

詳說

○ 臨川王氏曰 : "執爨, 賤者也. 賤者, 蹌蹌, 則貴者, 可知也. 君婦, 尊者也. 尊者, 莫莫則, 卑者可知也."167)
임천 왕씨가 말하였다 : "부엌에서 지키는 것은 천한 자들이다. 천한 자들이 공경히 한다면 귀한 자들은 알만하다. 군부(君婦)는 존귀한 자이다. 존귀한 자가 공경하게 한다면 비천한 자들은 알만하다."

朱註

豆, 所以盛內羞庶羞
두(豆)는 내수(內羞)와 서수(庶羞)를 담는 것이니,

詳說

---

166) 『시전대전(詩傳大全)』에 여릉 이씨의 말로 동일하게 실려 있다.
167) 『시전대전(詩傳大全)』에 임천 왕씨의 말로 동일하게 실려 있다.

○ 音成.

'성(盛)'의 음은 성(成)이다.

○ 廬陵李氏曰 : "內羞, 穀物, 庶羞, 牲物."168)

여릉 이씨가 말하였다 : "내수는 곡물이고, 서수는 희생이다."

朱註

主婦, 薦之也. 庶, 多也. 賓客, 筮而戒之, 使助祭者

주부가 이것을 올린다. 서(庶)는 많음이다. 빈객(賓客)은 점을 치고 제계해서 제사를 돕게 하는 자이니,

詳說

○ 慶源輔氏曰 : "四爲字, 皆有爲之之意, 故云筮而戒之, 使助祭者."169)

경원 보씨가 말하였다 : "네 번의 '위(爲)'자는 모두 무엇인가 함이 있다는 의미이기 때문에 '점을 치고 제계해서 제사를 돕게 하는 자이다.'라고 한 것이다."170)

朱註

旣獻尸, 而遂與之相獻酬也. 主人酌賓, 曰獻, 賓飮主人, 曰酢, 主人又自飮, 而復

이미 시동에게 술을 올리고는 마침내 서로 술잔을 올리고 권하는 것이다. 주인이 손에게 술을 따라 권함을 헌(獻)이라 하고, 빈객이 주인에게 술을 마시게 함을 작(酢)이라 하며, 주인이 또 스스로 마시고 다시

詳說

---

168) 『시전대전(詩傳大全)』에 여릉 이씨의 말로 동일하게 실려 있다.
169) 『시전대전(詩傳大全)』에 경원 보씨의 말로 실려 있다.
170) 『시전대전(詩傳大全)』에는 "경원 보씨가 말하였다 : '「도마에 담은 제육·두에 담다·빈객이 된 자」라고 할 때의 네 번의 '위(爲)'자의 의미는 모두 무엇인가 함이 있다는 의미이기 때문에 선생은 빈객이 된 것을 풀이하여 「점을 치고 제계해서 제사를 돕게 하는 자이다.」라고 한 것이다.(慶源輔氏曰 : 爲俎爲豆爲實爲客, 四爲字之意, 皆有爲之之意, 故先生鮮爲實爲客云, 筮而戒之, 使助祭者是也.)"라고 되어 있다.

○ 去聲.
  '음(飮)'은 거성이다.

○ 去聲
  '부(復)'는 거성이다.

朱註
飮賓曰酬. 賓受之奠於席前, 而不擧, 至旅而後, 少長相勸, 而交錯以徧也.
빈(賓)에게 술을 마시게 함을 수(酬)라 한다. 빈(賓)이 이것을 받아서 자리 앞에 올리고 마시지 않다가 무리에게 이른 뒤에야 젊은이와 어른이 서로 권하며 교착해서 두루 하는 것이다.

詳說
○ 去聲.
  '음(飮)'은 거성이다.

○ 猶飮也.
  '거(擧)'는 '마신다'는 것과 같다.

○
  '려(旅)'는 '려수(旅酬)'이다.
○ 去聲.
  '소(少)'는 거성이다.

○ 見特牲.
  「특생」에 있다.

○ 安成劉氏曰 : "衆賓衆兄弟, 交錯以徧, 交錯猶東西也.171)
  안성 유씨가 말하였다 : "여러 손님들과 여러 형제들이 교착해서 두루 하니,

---

171) 『시전대전(詩傳大全)』에 아성 유씨의 말로 실려 있다.

교착은 동으로 하고 서로 하는 것과 같다."172)

朱註

卒, 盡也. 度, 法度也.
졸(卒)은 모두이다. 도(度)는 법도(法度)이다.

詳說

○ 慶源輔氏曰 : "禮儀, 盡合法度."173)
　　경원 보씨가 말하였다 : "예의가 모두 법도에 합하는 것이다."174)

朱註

獲, 得其宜也.
획(獲)은 그 마땅함을 얻는 것이다.

詳說

○ 鄭氏曰 : "於旅也語."175)
　　정씨가 말하였다 : "무리들과 말하는 것이다."176)

朱註

格, 來, 酢, 報也.
격(格)은 옴이요, 작(酢)은 갚음이다.

詳說

○ 如飮之, 報獻也

---

172) 『시전대전(詩傳大全)』에는 "안성 유씨가 말하였다 : '…. 여러 손님들과 여러 형제들이 교착해서 두루 하는 것이 모두 처음의 의식과 같다. 교착은 동으로 하고 서로 하는 것과 같다.'(安成劉氏曰 : …. 其衆賓及衆兄弟, 交錯以徧, 皆如初儀. 交錯猶東西也.)"라고 되어 있다.
173) 『시전대전(詩傳大全)』에 경원 보씨의 말로 실려 있다.
174) 『시전대전(詩傳大全)』에는 "경원 보씨가 말하였다 : 「예의가 모두 법도에 맞다.」는 것은 예의가 모두 법도에 합한다는 것이다. ….'(慶源輔氏曰 : 禮儀卒度, 言其禮儀盡合法度也. ….)"라고 되어 있다.
175) 『시전대전(詩傳大全)』에는 여릉 이씨의 말로 실려 있다.
176) 『시전대전(詩傳大全)』에는 "여릉 이씨가 말하였다 : 「웃고 말함이 모두 마땅하다.」는 것은 옛날에는 무리와 말하는 것이다.'(廬陵李氏曰 : 笑語得宜者, 古者於旅也語)"라고 되어 있다.

마시게 하는 것은 권하는 것을 갚음과 같다.

[2-6-5-4]

我孔熯矣, 式禮莫愆,

내 힘이 심히 다하였으나 예를 행함에 어그러짐이 없기에

詳說

○ 音善.177)

'선(熯)'의 음은 '선(善)'이다.

○ 叶, 起巾反.178)

'건(愆)'은 협운으로 음은 '기(起)'와 '건(巾)'의 반절이다.

工祝致告, 徂賚孝孫,

공축(工祝)이 신의 뜻을 전하여 아뢰기를 가서 효손에게 주심에

詳說

○ 叶, 須倫反.179)

'손(孫)'은 협운으로 음은 '수(須)'와 '륜(倫)'의 반절이다.

苾芬孝祀, 神嗜飲食,

향기로운 효사(孝祀)에 신(神)이 음식을 즐긴지라,

詳說

○ 音必.180)

'필(苾)'의 음은 '필(必)'이다.

---

177) 音善 : 『시전대전(詩傳大全)』에도 동일하게 되어 있다.
178) 音叶, 起巾反 : 『시전대전(詩傳大全)』에도 동일하게 되어 있다.
179) 叶, 須倫反 : 『시전대전(詩傳大全)』에도 동일하게 되어 있다.
180) 音必 : 『시전대전(詩傳大全)』에도 동일하게 되어 있다.

○ 叶, 逸織反.181)

'사(祀)'는 협운으로 음은 '일(逸)'과 '직(織)'의 반절이다.

卜爾百福, 如幾如式,

너에게 백복(百福)을 내리되 기약한 시기와 같게 하고 법식과 같게 하며

詳說

○ 叶, 筆力反.182)

'복(福)'의 음은 '필(筆)'과 '력(力)'의 반절이다.

○ 音機.183)

'기(幾)'의 음은 '기(機)'이다.

既齊既稷, 既匡既敕, 永錫爾極, 時萬時億.

이미 정제하고 이미 빨리 하며 이미 바로하고 이미 삼가서
길이 너에게 극(極)을 줌에 이에 만억(萬億)으로 한다 하시니라.

朱註

賦也. 燊

부(賦)이다. 선(燊)은

詳說

○ 諺音誤.

'선(燊)'은 『언해』의 음이 잘못되었다.

朱註

竭也. 善其事曰工. 苾芬, 香也. 卜, 予也.

다함이다. 그 일을 잘하는 것을 공(工)이라 한다. 필분(苾芬)은 향기로움이다. 복(卜)은 줌

---

181) 叶, 逸織反:『시전대전(詩傳大全)』에도 동일하게 되어 있다.
182) 叶, 筆力反:『시전대전(詩傳大全)』에도 동일하게 되어 있다.
183) 音機:『시전대전(詩傳大全)』에도 동일하게 되어 있다.

이다.

> 詳說

○ 音與.
  '여(予)'의 음은 '여(與)'이다.

幾, 期也, 春秋傳
기(幾)는 시기이니, 『춘추전』에서

> 詳說

○ 左定元年.
  『좌전』「정공」원년이다.

> 朱註

曰易幾而哭, 是也. 式, 法, 齊, 整, 稷, 疾, 匡, 正, 勑, 戒, 極, 至也. ○ 禮行旣久, 筋力竭矣, 而式禮莫愆,
"시기를 바꾸어 곡(哭)한다."라고 한 것이 여기에 해당한다. 식(式)은 법이고, 제(齊)는 정제함이며, 직(稷)은 빠름이고, 광(匡)은 바름이며, 칙(勑)은 경계함이고, 극(極)은 지극함이다. ○ 예를 행하기를 이미 오래하여 근력이 다하였는데, 예를 행함에 어그러짐이 없으니,

> 詳說

○ 式, 語辭, 如式微之式. 諺解釋作以義.
  '식(式)'은 어조사로 '식미(式微)'에서의 '식(式)'과 같다.[184] 『언해』에서는 풀이를 '의(義)'로 했다.

> 朱註

敬之至也. 於是, 祝致神意, 以嘏主人,
공경함이 지극한 것이다. 이에 축(祝)이 신의 뜻을 전하여 주인에게 복을 내리기를

---

[184] 「식미(式微)」의 "쇠미하고 쇠미한데 어이하여 돌아가지 않는고?(式微式微, 胡不歸?)"라는 구절의 주자 주에서 "식(式)은 발어사이다.(式, 發語辭.)"라고 되어 있다.

詳說

○ 音假.
'하(嘏)'의 음은 '가(假)'이다.

○ 慶源輔氏曰 : "徂, 往也. 賚, 予也, 所以重釋上句. 致告之義, 如言以其所致告者, 往而予孝孫也. 集傳失解此二字."185)
경원 보씨가 말하였다 : "'조(徂)'는 감이고 '뢰(賚)'는 줌이니 위의 구절을 거듭 해석하기 위한 것으로 '신의 뜻을 전하여 아뢴다.'는 의미는 아뢸 것을 가서 효손에게 준다는 말이다. 「집전」에서는 여기 두 글자를 해석한 것이다."186)

朱註

曰爾飮食芳潔,
"너의 음식이 향기롭고 깨끗하기

詳說

○ 嗜猶言飽也.
'기(嗜)'는 포식했다고 말하는 것과 같다.

朱註

故報爾以福祿, 使其來如幾, 其多如法.
때문에 너에게 복록으로써 보답하여 그 옴이 기약한 시기와 같게 하고 그 많음이 법식과 같게 한다.

詳說

○ 其指福.
'기(其)'는 복을 가리킨다.

---

185) 『시전대전(詩傳大全)』에 경원 보씨의 말로 실려 있다.
186) 『시전대전(詩傳大全)』에는 "경원 보씨가 말하였다 : '가서 효손에게 주심에' 구절에 대해 정씨가 조(徂)를 감으로, 뢰(賚)를 줌으로 여긴 것은 위의 구절을 거듭 해석하기 위함이니. 신의 뜻을 전하여 아뢴다는 의미는 아뢸 것을 가서 효손에게 준 것이라는 말이다. 「집전」에서는 여기 두 글자의 의미를 잃었다.'(慶源輔氏曰 : 徂賚孝孫, 鄭氏以爲徂, 往也, 賚, 予也, 所以重釋上句, 致告之義, 如言以其所致告者, 往而予孝孫也. 集傳失解此二字.)"라고 되어 있다.

○ 補來多字.
'래(來)'자와 '다(多)'자를 더하였다.

○ 法之目甚多.
법식의 조목은 아주 많다.

朱註

爾禮容莊敬,
너의 예(禮)스러운 모양이 씩씩하고 공경하기

詳說
○ 慶源輔氏曰 : "解旣齊二句."187)
경원 보씨가 말하였다 : "'이미 정제하고' 두 구를 해석했다."188)

朱註

故報爾以衆善之極,
때문에 너에게 여러 선의 지극함으로써 보답하여

詳說
○ 補善字.
'선(善)'자를 더하였다.

○ 慶源輔氏曰 : "解永錫句."189)
경원 보씨가 말하였다 : "'길이 준다.'는 구를 해석했다."190)

---

187) 『시전대전(詩傳大全)』에 경원 보씨의 말로 실려 있다.
188) 『시전대전(詩傳大全)』에는 "경원 보씨가 말하였다 : '「예(禮)스러운 모양이 씩씩하고 공경한다.」는 것은 「이미 정제하고 이미 빨리 하며 이미 바로하고 이미 삼간다.」는 두 구를 해석했다. ….(慶源輔氏曰 : 禮容莊敬, 鮮旣齊旣稷, 旣匡旣敕二句. ….)"라고 되어 있다.
189) 『시전대전(詩傳大全)』에 경원 보씨의 말로 실려 있다.
190) 『시전대전(詩傳大全)』에는 "경원 보씨가 말하였다 : '「예(禮)스러운 모양이 씩씩하고 공경한다.」는 것은 「이미 정제하고 이미 빨리 하며 이미 바로하고 이미 삼간다.」는 두 구를 해석했다. 그러므로 「너에게 여러 선의 지극함으로써 보답한다.」는 것은 「길이 너에게 극(極)을 준다.」는 한 구를 해석한 것이고, ….(慶源輔氏曰 : 禮容莊敬, 鮮旣齊旣稷旣匡旣敕二句. 故報爾以衆善之極, 鮮永錫爾極一句, ….)"라고 되어 있다.

> 朱註

使爾無一事, 而不得乎此,
내가 한 가지 일이라도 여기에서 뜻을 얻지 못함이 없게 하여

> 詳說

○ 慶源輔氏曰 : "解時萬句."191)
  경원 보씨가 말하였다 : "'이에 만으로' 구절을 해석했다."192)

> 朱註

各隨其事,
각기 그 일에 따라

> 詳說

○ 善.
  '사(事)'는 선함이다.

> 朱註

而報之以其也.
그 유(類)로써 보답한다."라고 한 것이다.

> 詳說

○ 福祿.
  '유(類)'는 복록이다.

○ 此句, 論也.
  이 구는 경문의 의미 설명이다.

---

191) 『시전대전(詩傳大全)』에 경원 보씨의 말로 실려 있다.
192) 『시전대전(詩傳大全)』에는 "경원 보씨가 말하였다 : 「(예(禮)스러운 모양이 씩씩하고 공경한다.」는 것은 「이미 정제하고 이미 빨리 하며 이미 바로하고 이미 삼간다.」는 두 구를 해석했다. 그러므로 「너에게 여러 선의 지극함으로써 보답한다.」는 것은 「길이 너에게 극(極)을 준다.」는 한 구를 해석한 것이고, 「내가 한 가지 일이라도 여기에서 뜻을 얻지 못함이 없게 한다.」는 것은 「이에 만억(萬億)으로 한다.」는 한구를 해석했다.'(慶源輔氏曰 : 禮容莊敬, 鮮旣齊旣稷旣匡旣敕二句. 故報爾以衆善之極, 鮮永錫爾極一句, 使爾無一事而不得乎此, 鮮時萬時億一句.)"라고 되어 있다.

○ 廬陵李氏曰 : "工祝致告以下, 皆序嘏主人之詞."193)

여릉 이씨가 말하였다 : "'공축(工祝)이 신의 뜻을 전하여 아뢴다.' 이하는 모두 서(序)에서 주인에게 복을 내린다는 말을 해석한 것이다."

朱註

少牢嘏辭

「소뢰(少牢)」의 복을 내리는 사(詞)

詳說

○ 儀禮少牢曰 : "佐食取黍授尸, 尸執以命祝, 祝受以嘏主人."194)

『의례』「속뢰」에서 말하였다 : "좌식이 기장을 취해 시동에게 주고, 시동은 그것을 가지고 축관에게 명하면 축관이 받아서 주인에게 복을 내린다."195)

朱註

曰, 皇尸命工祝, 承致多福無疆于女孝孫, 來女孝孫, 使女受祿于天, 宜稼于田, 眉壽萬年, 勿替引之, 此大夫之禮也.

"황시(皇尸)가 공축(工祝)에게 명함에 무궁한 다복을 네 효손에게 전하여 이루어서 네 효손에게 주노니, 네가 하늘에서 봉록 받게 하여 토지에 농사가 잘되며 미수만년(眉壽萬年)을 누려, 중단하지 않고 이어나가리라."라고 하였으니, 이것은 대부의 예이다.

詳說

○ 儀禮注曰, "猶傳也."196)

『의례』의 주에서 말하였다 : "'승(承)'은 전한다는 말과 같다."

---

193) 『시전대전(詩傳大全)』에 여릉 이씨의 말로 동일하게 실려 있다.
194) 『시전대전(詩傳大全)』에 경원 보씨의 말로 실려 있다.
195) 『시전대전(詩傳大全)』에는 "「속뢰」에서 말하였다 : '주인이 시동에게 술을 올리고, 시동이 주인에게 잔을 돌리고, 좌식이 기장을 취해 시동에게 주며, 시동은 그것을 가지고 축관에게 명하면 축관이 받아서 동북면으로 가서 주인에게 복을 내리며 말하는 것이다.'(少牢曰 : 主人酳尸, 尸酢主人, 佐食取黍授尸, 尸執以命祝, 祝受以東北面嘏主人曰, 云云.)"라고 되어 있다.
196) 『시전대전(詩傳大全)』에 주의 말로 동일하게 실려 있다.

○ 音汝, 下並同.
　'여(女)'의 음은 '여(汝)'로 아래에서도 나란히 같다.

○ 儀禮注曰 : "讀曰釐, 賜也."197)
　『의례』의 주에서 말하였다 : "'래(來)'는 '이(釐)'로 읽고 내린다는 의미이다."

○ 禧同.
　'래(來)'는 고한다는 것과 같다.

○ 此引大夫之腶禮, 以推於公卿也.
　여기에서는 대부의 복을 내리는 예를 인용해서 공경에게 옮기는 것이다.

○ 安成劉氏曰 : "羊豕曰少牢. 少牢饋食諸侯之大夫祭禮也. 此詩爲天子公卿之禮, 故有潔爾牛羊之文."198)
　안성 유씨가 말하였다 : "양과 돼지를 소뢰라고 한다. 소뢰는 제후에게 대접하는 대부의 제례이다. 이 시에서는 천자의 공경을 위한 예이기 때문에 네 소와 양을 정결하게 하라는 말이 있는 것이다."199)

[2-6-5-5]

禮儀旣備, 鐘鼓旣戒,

예의가 이미 구비되고 종과 북을 이미 울려

詳說

○ 㐲, 蒲北反.200)
　'비(備)'는 협운으로 음은 '포(蒲)'와 '북(北)'의 반절이다.

---

197) 『시전대전(詩傳大全)』에 주의 말로 동일하게 실려 있다.
198) 『시전대전(詩傳大全)』에 안성 유씨의 말로 실려 있다.
199) "안성 유씨가 말하였다 : '양과 돼지를 소뢰라고 한다. 소뢰는 제후에게 대접하는 대부의 제례이다.『곡례』에서 또 「제사에서 대부는 구하여 얻은 소를 사용한다.」라고 하였는데, 천자의 대부를 말한다. 이 시에서는 천자의 공경을 위한 예이기 때문에 네 소와 양을 정결하게 하라는 말이 있는 것이다.'(安成劉氏 : 羊豕曰少牢. 少牢饋食諸侯之大夫祭禮也. 曲禮又曰, 凡祭大夫以索牛者, 謂天子之大夫也. 此詩爲天子公卿之禮, 故有絜爾牛羊之文也.)"라고 되어 있다.
200) 㐲, 蒲北反:『시전대전(詩傳大全)』에도 동일하게 되어 있다.

○ 叶, 訖力反.201)

'계(戒)'는 협운으로 음은 '흘(訖)'과 '력(力)'의 반절이다.

|孝孫徂位, 工祝致告.|

효손이 자리로 가니 공축(工祝)이 시동의 뜻을 전하여 고하도다.

|詳說|

○ 叶, 力入反.202)

'위(位)'는 협운으로 음은 '력(力)'과 '입(入)'의 반절이다.

○ 叶, 古得反.203)

'고(告)'는 협운으로 음은 '고(古)'와 '득(得)'의 반절이다.

|神具醉止, 皇尸載起, 鼓鐘送尸, 神保聿歸. 諸宰君婦, 廢徹不遲.|

신이 모두 취한지라 황시(皇尸)가 일어남에
종을 쳐 시동을 전송하니 신보(神保)가 돌아가시도다.
제재(諸宰)와 군부(君婦)가 제상을 치우기를 더디지 않게 하니

|詳說|

○ 直列反.204)

'철(徹Z)'의 음은 '직(直)'과 '렬(列)'의 반절이다.

|諸父兄弟, 備言燕私.|

제부(諸父)와 형제(兄弟)가 갖추어 잔치해서 사사로운 은혜를 다하도다.

---

201) 叶, 訖力反:『시전대전(詩傳大全)』에도 동일하게 되어 있다.
202) 叶, 力入反:『시전대전(詩傳大全)』에도 동일하게 되어 있다.
203) 叶, 古得反:『시전대전(詩傳大全)』에도 동일하게 되어 있다.
204) 直列反:『시전대전(詩傳大全)』에도 동일하게 되어 있다.

> 詳說

○ 叶, 思夷反.205)

'사(私)'는 협운으로 음은 '사(思)'와 '이(夷)'의 반절이다.

> 朱註

賦也. 戒, 告也.
부(賦)이다. 계(戒)는 고함이다.

> 詳說

○ 慶源輔氏曰 : "樂無不奏也."206)

경원 보씨가 말하였다 : "음악을 연주하지 않음이 없는 것이다."207)

> 朱註

徂位, 祭事旣畢, 主人往阼階下西面之位也. 致告, 祝傳尸意, 告利成於主人,
저위(徂位)는 제사를 이미 마치고 나면 주인이 동편 계단의 아래 서향의 자리로 가는 것이다. 치고(致告)는 축(祝)이 시동의 뜻을 전달하여 이성(利成)을 주인에게 고하는 것이니,

> 詳說

○ 一作祀.

'사(事)'는 어떤 판본에는 '사(祀)'로 되어 있다.

○ 少牢曰 : "祝出西階東面, 告利成."208)

「소뢰」에서 말하였다 : "축이 서쪽 계단으로 나가 동쪽으로 향하여 이성(利

---

205) 叶, 思夷反 : 『시전대전(詩傳大全)』에도 동일하게 되어 있다.
206) 『시전대전(詩傳大全)』에 경원 보씨의 말로 실려 있다.
207) 『시전대전(詩傳大全)』에는 "경원 보씨가 말하였다 : '「예의가 이미 구비되었다.」는 것은 예를 거행하지 않음이 없다는 말이다. 「종과 북을 이미 울렸다.」는 것은 음악을 연주하지 않음이 없다는 말이다. 이와 같다면 제사의 일이 끝난 것이다.'(慶源輔氏曰 : 禮儀旣備, 言其禮之無不擧也. 鍾鼓旣戒, 言其樂之無不奏也. 如此, 則祭事以畢矣.)"라고 되어 있다.
208) 『시전대전(詩傳大全)』에 「소뢰」의 말로 실려 있다.

成)을 고하는 것이다."209)

○ 上下章致告, 各爲一事.
상하의 장에서 고한 것이 각기 하나의 일이다.

朱註
言孝子之利養, 成畢也.
효자의 순한 봉양이 잘 이루어지고 끝났다는 말이다.

詳說
○ 去聲
'양(養)'은 거성이다.

○ 少牢注曰 : "利, 猶養也, 成, 畢也."210)
「소뢰」의 주에서 말하였다 : "「이(利)는 봉양과 같고, 성(成)은 마침이다."211)

朱註
於是神醉, 而尸起, 送尸而神歸矣. 曰皇尸者, 尊稱之也. 鼓鐘者, 尸出入, 奏肆夏也.
이에 신(神)이 취하여 시동이 일어나거든 그를 전송하니, 신(神)이 돌아가는 것이다. 황시(皇尸)라고 말한 것은 존칭(尊稱)한 것이다. 종을 친다는 것은 시동이 출입할 때에 사하(肆夏)를 연주하는 것이다.

詳說

---

209) 『시전대전(詩傳大全)』에는 "「소뢰」에서 말하였다 : '주인이 동편 계단의 위로 나가 서서 서쪽으로 향하고, 축이 서쪽 계단으로 나가 동쪽으로 향하여 이성(利成)을 고한다. 주에서 「이(利)는 봉양과 같고, 성(成)은 마침이다.」라고 하였다.'(少牢曰 : 主人出立於阼階上西面, 祝出西階東面, 告利成. 注曰. 利猶養也. 成, 畢也.)"라고 되어 있다.
210) 『시전대전(詩傳大全)』에 「소뢰」의 말과 함께 실려 있다.
211) 『시전대전(詩傳大全)』에는 "「소뢰」에서 말하였다 : '주인이 동편 계단의 위로 나가 서서 서쪽으로 향하고, 축이 서쪽 계단으로 나가 동쪽으로 향하여 이성(利成)을 고한다. 주에서 「이(利)는 봉양과 같고, 성(成)은 마침이다.」라고 하였다.'(少牢曰 : 主人出立於阼階上西面, 祝出西階東面, 告利成. 注曰. 利猶養也. 成, 畢也.)"라고 되어 있다.

○ 具俱同, 猶盡也.
  '구(具)'와 '구(俱)'는 같은 것으로 모두 와 같다.

○ 出周禮大司樂.
  『주례』「대사악」이 출처이다.

○ 肆夏, 見周頌時邁註.
  '사하(肆夏)'는 「주송」「시매(時邁)」의 주에 있다.

○ 周禮鐘師注曰, "先擊鐘, 次擊鼓, 以奏時邁."212)
  『주례』「종사(鐘師)」의 주에서 말하였다 : "먼저 종을 치고 이어 북을 울리고는 시매를 연주한다."

○ 按, 鼓鐘, 諺釋恐違鐘師注.
  살펴 보건대, '고종(鼓鐘)'는 『언해』의 해석이 '「종사(鐘師)」의 주와 어긋나는 것 같다.

朱註

鬼神無形, 言其醉而歸者, 誠敬之至, 如見之也. 諸宰, 家宰非一人之稱也. 廢, 去也.
귀신은 형체가 없는데, 취하여 돌아갔다고 말한 것은 정성과 공경이 지극하여 보는 듯한 것이다. 제재(諸宰)는 가재(家宰)로 한 사람을 일컬음이 아니다. 폐(廢)는 제거함이다.

詳說

○ 起
  '귀(歸)'는 본문의 '기(起)'이다.

○ 鄭氏曰 : "諸宰徹諸饌, 君婦簜豆而已."213)

---

212) 『흠정시경전설휘찬(欽定詩經傳說彙纂)』에 류근이 「종사」의 주의 말을 인용한 것으로 동일하게 실려 있다.
213) 『시전대전(詩傳大全)』에 유씨의 말로 동일하게 실려 있다.

정씨가 말하였다 : "제재(諸宰)가 제찬(諸饌)을 치우는 것은 군부(君婦)의 변두(籩豆)일 뿐이다."

朱註
不遲, 以疾爲敬, 亦不留神惠之意也.
'더디지 않게 한다.'는 것은 빨리함을 공경으로 여기는 것이니, 또한 신의 은혜를 머물려 두지 않으려는 뜻이다.

詳說
○ 又見論語鄕黨註.
또 『논어』「향당」의 주에 있다.214)

朱註
祭畢, 旣歸賓客之俎
제사를 마쳐 이미 빈객에게 조(俎)를 돌리고는

詳說
○ 先補此句.
먼저 이 구를 더했다.

朱註
同姓則留與之燕,
동성(同姓)들은 머물러 함께 잔치하여

詳說
○ 見儀禮.
『의례』에 있다.

---

214) 또 『논어』「향당」의 주에 있다 : 『논어』「향당」에 "나라에서 제사지내고 받은 고기는 밤을 재우지 않으셨으며, 집에서 제사지낸 고기는 3일을 넘기지 않으셨으니, 3일이 지나면 먹지 못하기 때문이다.((祭於公, 不宿肉, 祭肉, 不出三日, 出三日, 不食之矣)"라는 말이 있고, 그 주에서 "나라 제사에 조제(助祭)하고 얻은 고기는 돌아오는 즉시 나누어주고 밤을 넘기를 기다리지 않으셨으니, 신의 은혜를 지체하지 않은 것이다.(助祭於公, 所得胙肉, 歸卽頒賜, 不俟經宿者, 不留神惠也.)"라고 하였다.

朱註

以盡私恩, 所以尊賓客, 親骨肉也.
사사로운 은혜를 다하니, 빈객을 높이고 골육을 친히 하는 것이다.

詳說

○ 此句, 論也.
이 구는 경문의 의미 설명이다.

[2-6-5-6]
樂具入奏, 以綏後祿.

악기를 모두 들여와 연주하니 뒤의 봉록을 편안히 누리도다.

詳說

○ 叶, 音族.215)
'주(奏)'는 협운으로 음은 '족(族)'이다.

爾殽旣將, 莫怨具慶,

네 안주를 이미 올리니 원망하는 이 없이 모두 경하하는지라.

詳說

○ 叶, 祛羊反.216)
'경(慶)'은 협운으로 '거(祛)'와 '양(羊)'의 반절이다.

旣醉旣飽, 小大稽首,

이미 취하고 이미 배불러 크고 작은 사람들이 머리를 조아리고 말하기를

詳說

○ 叶, 補苟反.217)

---
215) 叶, 音族:『시전대전(詩傳大全)』에도 동일하게 되어 있다.
216) 叶, 祛羊反:『시전대전(詩傳大全)』에도 동일하게 되어 있다.

'포(飽)'는 협운으로 음은 '보(補)'와 '구(苟)'의 반절이다.

神嗜飲食, 使君壽考.

신이 음식을 즐기시어 임금이 수고하게 하도다.

詳說

○ 叶, 去九反.218)

'고(考)'는 협운으로 음은 '거(去)'와 '구(九)'의 반절이다.

孔惠孔時, 維其盡之.

심히 순하고 심히 때에 맞아 그 극진하였으니,

詳說

○ 叶, 子忍反.219)

'진(盡)'은 협운으로 음은 '자(子)'와 '인(忍)'의 반절이다.

子子孫孫, 勿替引之.

자자손손이 중단하지 않고 길이 이어나가리로다.

詳說

○ 天帝反.220)

'체(替)'의 음은 '천(天)'과 '제(帝)'의 반절이다.

朱註

賦也. 凡廟之制, 前廟以奉神, 後寢以藏衣冠,

부(賦)이다. 모든 사당의 제도는 앞에는 사당이 있어 신을 받들고 뒤에는 정침이 있어 의관을 보관하게 하여

---

217) 叶, 補苟反 : 『시전대전(詩傳大全)』에도 동일하게 되어 있다.
218) 叶, 去九反 : 『시전대전(詩傳大全)』에도 동일하게 되어 있다.
219) 叶, 子忍反 : 『시전대전(詩傳大全)』에도 동일하게 되어 있다.
220) 天帝反 : 『시전대전(詩傳大全)』에도 동일하게 되어 있다.

詳說

○ 安成劉氏曰 : "皆南向. 寢以藏遺衣冠, 祭時, 則授尸以服之."221)

안성 유씨가 말하였다 : "모두 남쪽이다. 정침에는 의관을 보관해 놓고, 제사 때에 시동에게 주어서 입힌다."222)

朱註

祭於廟, 而燕於寢. 故於此將燕, 而祭時之樂, 皆入奏於寢也.

사당에서 제사하고 정침에서 잔치한다. 그러므로 이때 잔치하려 하면서 제사 때의 악기를 모두 정침으로 들여와 연주하는 것이다.

詳說

○ 補寢字.

'침(寢)'자를 더하였다.

○ 孔氏曰 : 上章云備言燕私, 此章卽言燕私之事.223)

공씨가 말하였다 : "앞의 장에서는 '갖추어 잔치해서 사사로운 은혜를 다한다.'고 하였으니, 여기의 장에서 곧 잔치해서 은혜를 다하는 일에 대해 말한 것이다."

朱註

且於祭旣受祿矣, 故以燕爲將受後祿, 而綏之也.

또 제사에 이미 복을 받았기 때문에 잔치하는 것을 뒤의 복을 받아 편안히 누리는 것으로 여긴 것이다.

詳說

○ 再受福.

---

221) 『시전대전(詩傳大全)』에 안성 유씨의 말로 실려 있다.
222) 『시전대전(詩傳大全)』에는 "안성 유씨가 말하였다 : '모두 남쪽이다. …, 별도로 정침으로 해서 조상의 의관을 보관해 놓고, 제사 때에 시동에게 주어서 입힌다. ….(安成劉氏曰 : "廟及寢, 皆南向. …, 別爲寢, 以藏祖宗之遺衣冠, 祭時, 則授尸以服之. ….)"라고 되어 있다.
223) 『시전대전(詩傳大全)』에 공씨의 말로 동일하게 실려 있다.

복을 받는 것은 거듭 복을 받는 것이다.

○ 安其人.
그 사람을 편안하게 하는 것이다.

朱註

爾殽旣進
네 안주를 이미 올려

詳說
○ 將,
'진(進)'은 본문에서 '장(將)'이다.

朱註
與燕之人, 無有怨者, 而皆歡慶醉飽, 稽首而言曰, 向者之祭, 神旣嗜君之飮食矣.
잔치에 참여한 자들이 원망하는 이 없이 모두 기뻐하고 경하하며 취하고 배불러 머리를 조아리고 "지난번 제사에 신이 이미 임금의 음식을 즐겨 드셨다.

詳說
○ 去聲.
'여(與)'는 거성이다.

○ 小大, 猶老少也.
크고 작은 사람들은 노인과 젊은이와 같다.

○ 上章祝之言也, 此則與燕者之言也.
위의 장에서 축의 말이 여기에서는 잔치에 참여한 자들의 말이다.

朱註
是以使君壽考也. 又言, 君之祭祀,

이 때문에 임금이 수고(壽考)하게 하도다."라고 하고, 또 말하기를 "임금의 제사가

> [詳說]

○ 補此句.
　이 구를 더하였다.

> [朱註]

甚順甚時, 無所不盡,
심히 순하고 심히 때에 맞아 극진하지 않은 바가 없으니,

> [詳說]

○ 董氏曰 : "內盡禮, 外盡物."224)
　동씨가 말하였다 : "안으로 예를 극진하게 하고 밖으로 사람에게 지극하게 하는 것이다."

> [朱註]

子子孫孫, 當不廢而引長之也.

자자손손이 폐하지 않고 길이 이어나가야 하리라."라고 한 것이다.

> [朱註]

楚茨六章, 章十二句.
「초자」는 6장으로 장은 12구이다.

> [詳說]

○ 首章言農事以總祭祀, 次章之祭祊, 三章之獻酬, 四章之告嘏, 五章之送尸, 六章之私燕, 是祭禮之次序也.
　첫 장에서는 농사를 말해 제사를 총괄하였으니, 2장의 방에서 제함과 3장의 술잔을 권함과 4장의 아뢰고 복을 내림과 5장의 시동을 보냄과 잔치에서 사

---

224) 『시전대전(詩傳大全)』에 동씨의 말로 동일하게 실려 있다.

사로운 은혜를 다하는 것은 제사 예에서의 순서이다.

`朱註`
呂氏曰 : 楚茨, 極言祭祀所以事神受福之節, 致詳致備, 所以推明先王, 致力於民者盡,
여씨(呂氏)가 말하였다 : "「초자(楚茨)」에서는 제사에 신을 섬기고 복을 받는 절차를 지극히 말하여 상세함을 다하고 구비함을 다했으니, 선왕들이 백성들에게 힘쓰기를 극진히 하면,

`詳說`
○ 首章.
첫 장이다.

`朱註`
則致力於神者詳.
신에게 힘쓰기가 상세함을 미루어 밝힌 것이다.

`詳說`
○ 下五章.
아래의 다섯 장이다.

`朱註`
觀其威儀之盛物品之豐, 所以交神明逮羣下
그 위의)의 성대함과 물품의 풍부함을 보면, 신명을 사귀고 여러 아랫사람들에게 미쳐서

`詳說`
○ 安成劉氏曰 : "獻酬燕私."
안성 유씨가 말하였다 : "술잔을 권함과 잔치해서 사사로운 은혜를 다하는 것이다."

朱註

至於受福, 無疆者, 非德盛政修, 何以致之.

복을 받음이 무강하니, 덕이 성대하고 정사가 닦여지지 않았다면 어떻게 이것을 이룰 수 있었겠는가?"

詳說

○ 安成劉氏曰 : "威儀之盛, 此德盛所致也, 物品之豊, 此政修所致也. 內外兩盡, 本末兼備."225)

안성 유씨가 말하였다 : "위의의 성대함은 이 덕이 성대해서 도달한 것이고, 물품의 풍부함은 이 정사가 닦여서 이룬 것이니, 내외 양면으로 극진하고 본말이 겸비된 것이다."226)

○ 又曰 : "周禮樂師之敎樂儀, 大馭之馭玉輅, 記玉藻, 言君子佩玉, 皆曰行以肆夏, 趨以采齊, 或謂采齊卽楚茨也."227)

또 말하였다 : "『주례』에서 악사의 음의(樂儀)를 가르침과 태어의 옥로(玉輅)를 몬다는 것으로『예기』「옥조」에서 군자가 옥을 노리개로 찬 것을 말하면서 '걸어갈 때는 「사하」로 하고, 종종걸음 할 때에는 「채제」로 하고 한다.'라고 하였다. 어떤 이는 「채제」가 곧 「초자」라고 하였다."

[2-6-6-1]

信彼南山, 維禹甸之.

진실로 저 남산을 우임금이 다스리셨도다.

詳說

○ 音殿, 叶徒鄰反.228)

---

225)『시전대전(詩傳大全)』에 안성 유씨의 말로 실려 있다.
226)『시전대전(詩傳大全)』에는 : '안성 유씨가 말하였다 : '시에서「제제하고 창창함」과 …,「정제하고 빨리함」은 위의의 성대함으로 이 덕이 성대해서 도달한 것이고,「창고와 노적의 쌓임」과「음식의 향기로움」은 이 물품의 풍부함으로 이 정사가 닦여서 이룬 것이니, 덕과 정사·위의와 사물은 내외 양면으로 극진하고 본말이 겸비된 것이다. ….(安成劉氏曰 : 詩中言濟濟蹌蹌, …, 齊稷匡敕者, 威儀之盛, 此德盛所致也. 倉庾之積, 食之苾芬者, 物品之豊, 此政修所致也. 德與政, 儀與物, 內外兩盡, 而本末兼備. ….)"라고 되어 있다.
227)『시전대전(詩傳大全)』에 안성 유씨의 말로 동일하게 실려 있다.

'전(甸)'의 음은 '전(殿)'이고 협운으로는 '도(徒)'와 '린(鄰)'의 반절이다.229)

畇畇原隰, 曾孫田之.

개간된 언덕과 습지를 증손이 농사짓는지라.

詳說

○ 音勻.
'균(畇)'의 음은 '균(勻)'이다.

○ 叶, 地因反.230)
'전(田)'은 협운으로 음은 '지(地)'와 '인(因)'의 반절이다.

我疆我理, 南東其畝.

내 큰 경계를 내고 작은 길을 내니 이랑을 남쪽으로 하고 동쪽으로 하도다.

詳說

○ 叶, 滿彼反.231)
'무(畝)'는 협운으로 '만(滿)'과 '피(彼)'의 반절이다.232)

朱註

賦也. 南山, 終南山也. 甸, 治也. 畇畇, 墾辟貌.
부(賦)이다. 남산(南山)은 종남산(終南山)이다. 전(甸)은 다스림이다. 균균(畇畇)은 개간된 모양이다.

詳說

---

228) 音殿. 叶徒鄭反:『시전대전(詩傳大全)』에는 다소 다르게 되어 있다.
229)『시전대전(詩傳大全)』에는 "'전(甸)'의 음은 '전(田)'과 '견(見)'의 반절이고, 협운으로 '도(徒)'와 '린(鄰)'의 반절이다.(田見反. 叶徒鄰反.)"라고 되어 있다.
230) 叶, 地因反:『시전대전(詩傳大全)』에도 동일하게 되어 있다.
231) 叶, 滿彼反:『시전대전(詩傳大全)』에는 다소 다르게 되어 있다.
232)『시전대전(詩傳大全)』에는 "'무(畝)'는 협운으로 '포(蒲)'와 '피(彼)'의 반절이다.(叶, 蒲彼反.)"라고 되어 있다.

○ 佃通.

　'전(甸)'은 '전(佃)'과 통한다.

○ 闢同.233)

　'벽(辟)'은 '벽(闢)'과 같다.234)

○ 孔氏曰 : "墾耕其地, 闢除其萊."235)

　공씨가 말하였다 : "그 땅을 개간하여 갈고, 묵은 풀은 열어 제거한다."236)

朱註

曾孫, 主祭者之稱. 曾, 重也, 自曾祖以至無窮, 皆得稱之也.
증손(曾孫)은 주제자(主祭者)의 칭호이다. 증(曾)은 거듭이니, 증조에서 무궁한 윗대까지 모두 칭할 수 있다.

詳說

○ 不得皆稱曾祖, 而得皆稱曾孫也.

　모두 증조라고 할 수 없어도 모두 증손이라고 할 수 있다.

朱註

疆者, 爲之大界也. 理者, 定其溝塗也. 畝, 壟也. 長樂劉氏曰 : 其遂東入于溝, 則其畝南矣, 其遂南入于, 溝則其畝東矣.
강(疆)은 큰 경계를 만드는 것이요, 이(理)는 도랑과 길을 정하는 것이다. 묘(畝)는 두둑이다. 장락유씨(長樂劉氏)가 말하였다. "그 작은 도랑이 동쪽으로 흘러 봇도랑으로 들어가면 이랑을 남쪽으로 낸 것이고, 그 작은 도랑이 남쪽으로 흘러 봇도랑으로 들어가면 그 이랑을 동쪽으로 낸 것이다."

詳說

---

233) 闢同 : 『시전대전(詩傳大全)』에는 다소 다르게 되어 있다.
234) 『시전대전(詩傳大全)』에는 "'벽(辟)'의 음은 '벽(闢)'이다.(音闢)"라고 되어 있다.
235) 『시전대전(詩傳大全)』에 공씨의 말로 실려 있다.
236) 『시전대전(詩傳大全)』에는 "공씨가 말하였다 : '그 땅을 개간하여 갈고, 묵은 풀은 열어 제거하여 부드러운 밭으로 만든다.'(孔氏曰 : 墾耕其地, 闢除其萊, 以成柔田也.)"으로 되어 있다.

○ 音洛.
'락(樂)'의 음은 '락(洛)'이다.

詳說
○ 名彝, 字執中
장락유씨(長樂劉氏)의 이름은 이(彝)이고 자는 집중(執中)이다.

○ 大全曰 : "周禮土田之制, 百畝爲夫, 夫間有遂, 十夫有溝."237)
『대전』에서 말하였다 : "『주례』전지의 제도에 백묘가 부(夫)이고 부(夫) 사이에 수(遂)가 있으며, 십부(夫)에 구(溝)가 있다."238)

朱註
○ 此詩大指, 與楚茨略同,
이 시의 큰 취지는 「초자(楚茨)」와 대략 같으니,

詳說
○ 慶源輔氏曰 : "亦述公卿有田祿者, 力於農事, 以奉宗廟之祭也."239)
경원 보씨가 말하였다 : "또한 공경으로 전록이 있는 자는 힘써 농사를 지서 종묘의 제사를 받들어야 하는 것에 대해 기술했다."240)

朱註
此卽其篇首四句之意也.

---

237) 『시전대전(詩傳大全)』에 경원 보씨의 말로 실려 있다.
238) 『시전대전(詩傳大全)』에는 "『주례』전지의 제도에 백묘가 부(夫)이고 부(夫) 사이에 수(遂)가 있으며, 십부(夫)에 구(溝)가 있다. 수(遂)는 깊이와 넓이가 각기 두 척이고, (溝)는 깊이와 넓이가 각기 사 척이다.(周禮, 土田之制, 百畝爲夫, 夫間有遂, 十夫有溝. 遂則深廣, 各二尺, 溝則深廣, 各四尺.)"라고 되어 있다.
239) 『시전대전(詩傳大全)』에 실려 있다.
240) 『시전대전(詩傳大全)』에는 "경원 보씨가 말하였다 : '여기에서 시에서도 시인이 공경으로 전록이 있는 자는 힘써 농사를 지서 종묘의 제사를 받들어야 하는 것에 대해 기술했다.'(慶源輔氏曰 : 此詩, 亦是詩人述公卿有田祿者, 力於農事, 以奉宗廟之祭也.)"라고 되어 있다.

이것은 바로 그 편의 머리 네 구의 뜻이다.

|詳說|

○ 禹昔人也.
　우는 옛날 사람이다.

|朱註|

|言信乎, 此南山者, 本禹之所治.|
"진실로 이 남산은 본래 우(禹)임금이 다스리던 곳이다.

|詳說|

○ 董氏曰 : "雍州之山, 荆歧旣旅, 終南惇物, 則禹固治之矣."241)
　동씨가 말하였다 : "옹주의 산은 형기의 기려와 종남의 돈물이니, 우가 진실로 다스렸던 것이다."

○ 華谷嚴氏曰 : "平水土, 理溝洫"242)
　화곡 엄씨가 말하였다 : "수토를 다스리고 봇도랑을 다스리는 것이다."243)

○ 安成劉氏曰 : "其見於小雅, 則有此詩, 大雅則曰, 豐水東注, 維禹之績, 曰奕奕梁山, 維禹甸之, 魯頌則曰, 纘禹之績, 商頌則曰, 禹敷下土方, 曰設都于禹之績, 可以見禹功也."244)
　안성 유씨가 말하였다 : "그것이 「소아」에 있는 것으로는 이 시에 있는 것이고, 「대아」에서는 '풍수가 동쪽으로 흐른 것을 생각하면 우의 공이로다.'라고 한 것이며, '하늘 높이 솟은 양산을 우가 다스렸다.'라고 한 것이고, 「노송」에서는 '우임금의 전통을 이으셨도다.'라고 한 것이며, 「상송」에서는 '우임금께서 하토의 지방을 다스리사'라고 한 것이고, '우임금이 다스릴 곳에 도읍을 세우게 하시니'라고 한 것이니, 우임금의 공을 알 수 있다."245)

---

241) 『시전대전(詩傳大全)』에 동씨의 말로 동일하게 실려 있다.
242) 『시전대전(詩傳大全)』에 화곡 엄씨의 말로 실려 있다.
243) 『시전대전(詩傳大全)』에는 "화곡 엄씨가 말하였다 : '수의 우환을 다스리고 봇도랑을 다스리는 것이다. (華谷嚴氏曰 : 言禹甸之, 則平水患, 理溝洫, 皆在其中.)"라고 되어 있다.
244) 『시전대전(詩傳大全)』에 안성 유씨의 말로 실려 있다.

朱註

故其原隰墾闢, 而我得田之. 於是爲之疆理, 而順其地勢水勢之所宜,
그러므로 그 언덕과 습지를 개간하여 내가 농사지을 수 있는 것이다. 이에 경계와 작은 길을 내어 지세와 수세의 마땅한 것에 따라

詳說

○ 豐城朱氏曰 : "疆之所以順, 地勢之所宜也, 理之所以順, 水勢之所宜也."246)
풍성 주씨가 말하였다 : "경계의 순조로운 것이 지세의 마땅한 것이고, 이치의 순조로운 것이 수세의 마땅한 것이다."

朱註

或南其畝, 或東其畝也.
혹은 그 이랑을 남쪽으로 하고, 혹은 그 이랑을 동쪽으로 한다."라고 말한 것이다.

[2-6-6-2]

上天同雲, 雨雪雰雰,

상천이 일색으로 먹구름이 낀지라 함박눈이 펄펄 내리는데,

詳說

○ 去聲.

---

245) 『시전대전(詩傳大全)』에는 "안성 유씨가 말하였다 : '우가 수토를 다스리니, 위대한 순임금이 그 공을 아름답게 여겨「천지가 평평하게 이루어져 만세가 영원히 의지할 것이다.」라고 하였는데, 이제 시에서 상고할 수 있으니 더욱 믿을 수 있다. 그것이 「소아」에 있는 것으로는 이 시에 있는 것이고, 「대아」에서는 「풍수가 동쪽으로 흐른 것을 생각하면 우의 공이로다.」라고 한 것이며, 또 「하늘 높이 솟은 양산을 우가 다스렸다.」라고 한 것이고, 「노송」에서는 「우임금의 전통을 이으셨도다.」라고 한 것이며, 「상송」에서는 「우임금께서 하토의 지방을 다스리사」라고 한 것이고, 또 「우임금이 다스릴 곳에 도읍을 세우게 하시니」라고 한 것이니, 우임금의 공이 사람들의 마음에 있는 것을 알 수 있고, 사람들의 마음으로 앎을 근본으로 한 것임을 알 수 있다.'(安成劉氏曰 : 禹平水土, 大舜美其功, 曰地平天成, 萬世永賴. 今考於詩尤信也. 其見於小雅, 則有此詩, 大雅則曰, 豐水東注, 維禹之績, 又曰, 奕奕梁山, 維禹甸之. 魯頌則曰, 纘禹之緒, 商頌則曰, 禹敷下土方, 又曰, 設都于禹之績, 可以見禹功之在人心, 可以見人心之知所本也.)"라고 되어 있다.
246) 『시전대전(詩傳大全)』에 풍성 주씨의 말로 동일하게 실려 있다.

'우(雨)'는 거성이다.

○ 敷云反.247)
'분(雰)'의 음은 '부(敷)'와 '운(云)'의 반절이다.

益之以霢霂, 旣優旣渥,

보슬비로써 더하니 이미 넉넉하고 충분하며,

詳說

○ 音麥.
'맥(霢)'의 음은 '맥(麥)'이다.

○ 音木.248)
'목(霂)'의 음은 '목(木)'이다.

○ 叶, 烏谷反.249)
'악(渥)'은 협운으로 '오(烏)'와 '곡(谷)'의 반절이다.

旣霑旣足, 生我百穀.

이미 젖고 흡족하여 우리 백곡(百穀)을 자라게 하도다.

朱註

賦也. 同雲, 雲一色也, 將雪之候如此. 雰雰, 雪貌. 霢霂, 小雨貌. 優渥霑足, 皆饒洽之意也. 冬有積雪, 春而益之以小雨, 潤澤則饒洽矣.

부(賦)이다. 동운(同雲)은 구름이 한 빛깔인 것으로 눈이 올 징후가 이와 같은 것이다. 분분(雰雰)은 눈이 내리는 모양이고, 맥목(霢霂)은 보슬비가 내리는 모양이다. 우(優), 악(渥), 점(霑), 족(足)은 모두 넉넉하고 흡족한 뜻이다. 겨울에 쌓인 눈이 있고, 봄이 되어 보슬비까지 더하며 윤택하게 하면 수분이 넉넉하고 흡

---

247) 敷云反 : 『시전대전(詩傳大全)』에도 동일하게 되어 있다.
248) 音木 : 『시전대전(詩傳大全)』에도 동일하게 되어 있다.
249) 叶, 烏谷反 : 『시전대전(詩傳大全)』에도 동일하게 되어 있다.

족한 것이다.

詳說

○ 並雪與雨而言.
눈과 비를 아울러서 말한 것이다.

○ 廬陵彭氏曰 : "上章言地利, 此章言天時. 俗云, 蝗産子於地中, 冬有雪寒氣, 深入於地, 至春夏, 蝗不能出矣. 一雪入地三尺, 三雪, 則入地九尺, 故三白爲豊年之兆."250)
여릉 팽씨가 말하였다 : "위의 장에서는 지리(地利)에 대해 말하였고, 여기의 장에서는 천시(天時)에 대해 말하였다. 세속에서 '황충이 땅속에 새끼를 낳음에 겨울에 눈의 차가운 기운이 있으면 깊이 땅으로 들어갔다가 봄과 여름에 황충이 땅으로 나올 수 없다. 한 번 눈이 오면 땅으로 3척을 들어가 세 번 눈이 오면 땅으로 9척을 들어가기 때문에 세 번 눈이 내림은 풍년의 징조인 것이다.'라고 한다."251)

[2-6-6-3]

疆場翼翼, 黍稷彧彧,

강역이 정연해서 서직(黍稷)이 무성하니,

詳說

○ 音亦.252)
'역(場)'의 음은 '역(亦)'이다.

○ 音郁, 叶于逼反.253)

---

250) 『시전대전(詩傳大全)』에 여릉 팽씨의 말로 실려 있다.
251) 『시전대전(詩傳大全)』에는 "여릉 팽씨가 말하였다 : '위의 장에서는 지리(地利)에 대해 말하였고, 여기의 장에서는 천시(天時)에 대해 말하였다. 세속에서 「황충이 땅속에 새끼를 낳음에 봄과 여름이 되어 땅으로 나오는데, 만약 겨울에 눈의 차가운 기운이 밀어닥치면 땅으로 깊이 들어가 봄과 여름에 나올 수 없다. 한 번 눈이 오면 땅으로 3척을 들어가니, 세 번 눈이 오면 땅으로 9척을 들어가기 때문에 세 번 눈이 내림은 풍년의 징조인 것이다.」라고 한다.'(廬陵彭氏曰 : 上章言地利, 此章言天時. 俗云, 蝗産子於地中, 至春夏而出地, 若冬有雪寒氣逼之, 深入於地, 春夏不能出矣. 一雪入地三尺, 三雪則入地九尺, 故三白爲豊年之兆也.)"라고 되어 있다.
252) 音亦 : 『시전대전(詩傳大全)』에도 동일하게 되어 있다.

'욱(彧)'의 음은 '욱(郁)'이고, 협운으로 '우(于)'와 '핍(逼)'의 반절이다.254)

|曾孫之穡. 以爲酒食, 畀我尸賓, 壽考萬年.|
증손의 농사로다. 술과 밥을 만들어
우리 시동과 손님에게 올리니 수고(壽考)가 만년을 누리리로다.

|詳說|

○ 音祕.
'비(畀)'의 음은 '비(祕)'이다.

○ 叶, 尼因反.255)
'년(年)'의 음은 '니(尼)'에서의 'ㄴ'과 '인(因)'에서의 'ㅣ'을 합한 '닌'이다.

|朱註|
|賦也. 場, 畔也. 翼翼, 整飭貌, 彧彧, 茂盛貌. 畀與也 ○ 言其田整飭,|
부(賦)이다. 역(場)은 두둑이다. 익익(翼翼)은 정칙(整飭)한 모양이요, 욱욱(彧彧)은 무성한 모양이다. 비(畀)는 줌이다. ○ 그 토지(土地)가 정칙(整飭)하고

|詳說|

○ 經界不紊.
경계가 어지럽지 않은 것이다.

|朱註|
而穀茂盛者,
곡식이 무성한 것은

|詳說|

---

253) 音郁, 叶于逼反:『시전대전(詩傳大全)』에는 다소 다르게 되어 있다.
254) 『시전대전(詩傳大全)』에는 "'욱(彧)'의 음은 '어(於)'에서의 'ㅇ'과 '육(六)'에서의 'ㅠ'을 합한 '육'이고, 협운으로 '어(於)'에서의 'ㅇ'과 '핍(逼)'에서의 'ㅣㅂ'을 합한 '입'이다.(於六反, 叶於逼反.)"라고 되어 있다.
255) 叶, 尼因反:『시전대전(詩傳大全)』에도 동일하게 되어 있다.

○ 慶源輔氏曰 :"此章首句, 重言首章之意, 二句, 重言二章之意."256)

경원 보씨가 말하였다 :"여기 장의 첫 구에서는 첫 장의 의미를 거듭 말하였고, 둘째 구에서는 2장의 의미를 거듭 말하였다."257)

朱註
皆曾孫之穡也,
모두 증손의 농사이니,

詳說
○ 安成劉氏曰 :"詩人本欲言此章之事, 而先言首章次章."258)
안성 유씨가 말하였다 :"시인은 본래 이 장의 일을 말하고 싶어 먼저 첫 장과 둘째 장을 말한 것이다."259)

朱註
於是, 以爲酒食, 而獻之於尸及賓客也,
이에 술과 밥을 만들어 시동과 빈객에게 올리는 것이고,

詳說
○ 丘氏曰 :"此祭始終用酒食之事."260)
구씨가 말하였다 :"이것은 제사에서 처음부터 끝까지 술과 음식을 쓰는 일이다."

---

256) 『시전대전(詩傳大全)』에 경원 보씨의 말로 실려 있다.
257) 『시전대전(詩傳大全)』에는 "경원 보씨가 말하였다 :'⋯. 여기 장의 첫 구에서는 첫 장의 의미를 거듭 말하였고, 둘째 구에서는 2장의 의미를 거듭 말하였으니, 어디에서 왔는지를 잊지 않음을 알 수 있다. ⋯.'(慶源輔氏曰 : ⋯. 此章首句, 則重言首章之意, 二句, 則重言二章之意, 可見其不忘所自也. ⋯.)"라고 되어 있다.
258) 『시전대전(詩傳大全)』에 안성 유씨의 말로 실려 있다.
259) 『시전대전(詩傳大全)』에는 "안성 유씨가 말하였다 :'시인은 본래 이 장의 일을 말하고 싶어 먼저 첫 장에서 전묘의 개간과 강리(疆理), 둘째 장의 함박눈의 백곡을 자생하는 것을 말하였으니, 여기 장의 처음 두 구는 위의 장의 의미를 이어받아 말한 것이다.(安成劉氏曰 : 詩人本欲言此章之事, 而先言首章田畝之墾闢疆理, 次章雨雪之滋生百穀, 而以此章首二句, 承上章之意, 言之也.)"라고 되어 있다.
260) 『시전대전(詩傳大全)』에 구씨의 말로 실려 있다.

○ 安成劉氏曰 : "三獻尸之後, 主人有獻賓之禮."261)
안성 유씨가 말하였다 : "시동에게 세 번 올린 다음 주인이 빈객에게 올리는 예가 있다."262)

朱註
陰陽和
음양이 화합하고

詳說
○ 安成劉氏曰 : "承上章之意."263)
안성 유씨가 말하였다 : "위의 장의 의미를 이어받은 것이다."264)

朱註
萬物遂, 而人心歡悅, 以奉宗廟, 則神降之福,
만물(萬物)이 이루어져서 사람의 마음이 기쁨으로 종묘(를) 받들면 신이 복을 내리기

詳說
○ 添五句.
다섯 구를 더했다.

朱註
故壽考萬年也.
때문에 수고(壽考)가 만년을 누리게 된다는 말이다.

詳說

---

261) 『시전대전(詩傳大全)』에 안성 유씨의 말로 실려 있다.
262) 『시전대전(詩傳大全)』에는 "안성 유씨가 말하였다 : '시동에게 세 번 올린 다음 주인이 또한 빈객에게 올리는 예가 있다.(安成劉氏曰 : 三獻尸, 後主人亦有獻賓之禮.)"라고 되어 있다.
263) 『시전대전(詩傳大全)』에 안성 유씨의 말로 실려 있다.
264) 『시전대전(詩傳大全)』에는 "안성 유씨가 말하였다 : '…, 여기 장의 처음 두 구는 위의 장의 의미를 이어받아 말한 것이다.(安成劉氏曰 : …, 而以此章首二句, 承上章之意, 言之也.)"라고 되어 있다.

○ 慶源輔氏曰 : "遠不忘禹之功, 近不忘天之賜與夫孝奉宗廟, 皆可以膺受多福."265)

경원 보씨가 말하였다 : "멀리 우의 공을 잊지 않고 가까이 하늘의 하사와 종묘를 효로 받들 것을 잊지 않으니, 모두 많은 복을 받아야 하는 것이다."266)

[2-6-6-4]

中田有廬, 疆場有瓜,

밭가운데 여막(廬幕)이 있고, 강역에 오이가 있어

詳說

○ 叶, 攻乎反.267)

'과(瓜)'는 협운으로 음은 '공(攻)'과 '호(乎)'의 반절이다.

是剝是菹, 獻之皇祖,

이것을 깎아 김치를 담가 황조(皇祖)에게 올리니,

詳說

○ 側居反.268)

'조(祖)'의 음은 '측(側)'과 '거(居)'의 반절이다.

曾孫壽考, 受天之祜.

증손(曾孫)이 수고(壽考)를 누려 하늘의 복(福)을 받으리로다.

詳說

○ 叶, 孔五反.269)

---

265) 『시전대전(詩傳大全)』에 경원 보씨의 말로 실려 있다.
266) 『시전대전(詩傳大全)』에는 "경원 보씨가 말하였다 : '멀리 우의 다스리는 공을 잊지 않고 가까이 하늘의 넉넉한 하사와 종묘를 효로 받드는 제사를 잊지 않으니, 모두 많은 복을 받아 더럽히지 않는 것이다.'(慶源輔氏曰 : …. 至於遠不忘乎大禹甸治之功, 近不忘乎上天饒洽之賜, 與夫孝奉宗廟之祭, 是又皆可以膺受多福而不忝.)"라고 되어 있다.
267) 叶, 攻乎反 : 『시전대전(詩傳大全)』에도 동일하게 되어 있다.
268) 側居反 : 『시전대전(詩傳大全)』에도 동일하게 되어 있다.

'고(考)'는 협운으로 음은 '공(孔)'과 '오(五)'의 반절이다.

○ 音戶
'호(祜)'의 음은 '호(戶)'이다.

朱註
賦也. 中田, 田中也. 苴, 酢菜也. 祜, 福也. ○ 一井之田, 其中百畝爲公田, 內以二十畝分八家, 爲廬舍, 以便田事.
부(賦)이다. 중전(中田)은 밭 가운데이다. 저(苴)는 신 나물이다. 호(祜)는 복(福)이다. ○ 일정의 토지에 그 가운데 백묘가 공전이니, 그 안의 20묘를 가지고 여덟 집에 나눠 여사를 만들어서 농사일을 편하게 하다.

詳說
○ 去聲.
'초(酢)'는 거성이다.

○ 分與.
'분(分)'은 분급이다.

○ 董氏曰 : "每家, 二畝半."270)
동씨가 말하였다 : "집마다 두 묘 반이다."271)

朱註
於畔上, 種瓜, 以盡地利.
밭두둑 가에 오이를 심어서 지리(地利)를 다한다.

詳說

---

269) 叶. 孔五反 : 『시전대전(詩傳大全)』에도 동일하게 되어 있다.
270) 『시전대전(詩傳大全)』에 동씨의 말로 실려 있다.
271) 『시전대전(詩傳大全)』에는 "동씨가 말하였다 : '집마다 여사는 두 묘 반이다.'(董氏曰 : 每家廬舍, 二畝半.)"라고 되어 있다.

○ 田畯.

밭 두둑 가는 전의 경계이다.

○ 臨川王氏曰 : "地無遺利."272)

임천 왕씨가 말하였다 : "땅에서 버리는 이익이 없다."

朱註

瓜成, 剝削淹漬以爲菹, 而獻皇祖, 貴四時之異物, 順孝子之心也.

오이가 익으면 깎아 담가 김치를 만들어서 황조에게 올리니, 사시의 색다른 물건을 귀하게 여기고, 효자의 마음을 따르는 것이다.

詳說

○ 音恣.

'지(漬)'의 음은 '자(恣)'이다.

○ 貴而薦之.

귀하게 여겨 올리는 것이다.

○ 薦而後乃敢食.

올린 다음에 감히 먹는 것이다.

○ 二句論也.

두 구는 경문의 의미 설명이다.

[2-6-6-5]

祭以淸酒, 從以騂牡,

청주(淸酒)로 강신하고 이어 붉은 희생犧牲을 올려

詳說

---

272) 『시전대전(詩傳大全)』에 임천 왕씨의 말로 거의 동일하게 실려 있다.

○ 音鮮.

'성(騂)'의 음은 '성(鮮)'이다.

|享于祖考, 執其鸞刀,|

조고에게 제향하니, 그 난도(鸞刀)를 잡아

詳說

○ 叶, 去久反.273)

'고(考)'의 음은 '거(去)'와 '구(久)'의 반절이다.

|以啓其毛, 取其血膋.|

털을 헤쳐 보이고 피와 기름을 취하도다.

詳說

○ 音聊, 叶音勞.274)

'료(膋)'의 음은 '료(聊)'이고, 협운으로 음은 '노(勞)'이다.

朱註

賦也. 清酒, 清潔之酒, 鬱鬯之屬也.

부(賦)이다. 청주는 맑은 술이니, 울창주 같은 것들이다.

詳說

○ 華谷嚴氏曰 : "猶烈祖, 言清酤也."275)

화곡 엄씨가 말하였다 : "「열조(烈祖)」에서와 같으니, 맑은 술을 말한다."276)

○ 朱子曰 : "釀秬爲酒煮, 鬱金香草和之, 其氣芬芳而條暢."277)

---

273) 叶, 去久反 : 『시전대전(詩傳大全)』에도 동일하게 되어 있다.
274) 音聊, 叶音勞 : 『시전대전(詩傳大全)』에도 동일하게 되어 있다.
275) 『시전대전(詩傳大全)』에 화곡 엄씨의 말로 실려 있다.
276) 『시전대전(詩傳大全)』에는 "화곡 엄씨가 말하였다 : '「부예(鳧鷖)」에서 「네 술이 이미 맑다.」고 하고, 「열조(烈祖)」에서 「이미 맑은 술을 담아올린다.」는 것이다.'(華谷嚴氏曰 : 猶鳧鷖言爾酒既清, 烈祖既載清酤也.)"라고 되어 있다.

주자가 말하였다 : "기장을 빚어 술을 만들어 울금향의 풀을 섞으면 그 기운이 향기롭게 퍼진다."278)

朱註
騂, 赤色, 周所尙也.
성(騂)은 적색이니, 주나라에서 숭상한 것이다.

詳說
○ 孔氏曰 : "三代各用其所尙之毛色."279)
공씨가 말하였다 : "삼대에서는 각기 숭상하는 털의 색을 사용하였다."

朱註
祭禮, 先以鬱鬯灌地, 求神於陰,
제례에 먼저 울창술을 땅에 부어 음에서 신을 구하고,

詳說
○ 鄱陽董氏曰 : "灌地, 取其馨香下達."280)
파양 동씨가 말하였다 : "땅에 부어 향이 아래로 통하는 것을 취하는 것이다."281)

朱註
然後迎牲.
그런 다음 희생(犧牲)을 맞이한다.

詳說

---

277) 『시전대전(詩傳大全)』에 주자의 말로 실려 있다.
278) 『시전대전(詩傳大全)』에는 "주자가 말하였다 : '울창은 예가에서 기장을 빚어 술을 만들어 울금향의 풀을 섞으면, 그 기운이 향기롭게 퍼지는 것이라고 하였다.'(朱子曰 : 鬱鬯者, 禮家以爲釀秬爲酒煮, 鬱金香草和之, 其氣芬芳而條暢也.)"라고 되어 있다.
279) 『시전대전(詩傳大全)』에 공씨의 말로 동일하게 실려 있다.
280) 『시전대전(詩傳大全)』에 파양 동씨의 말로 실려 있다.
281) 『시전대전(詩傳大全)』에는 "파양 동씨가 말하였다 : '술을 땅에 부어 강신하는 것은 향이 아래로 통하는 것을 취하는 것이다.(鄱陽董氏曰 : 酒以灌地降神, 取其馨香下達.)"라고 되어 있다.

○ 從, 猶繼也.

본문에서 '종(從)'은 잇는다는 것과 같다.

朱註

執者, 主人親執也. 鸞刀, 刀有鈴也.

집(執)은 주인이 친히 잡는 것이다. 난도(鸞刀)는 칼에 방울이 있는 것이다.

詳說

○ 孔氏曰 : "其聲中節."282)

공씨가 말하였다 : "그 소리가 음절에 맞았다."283)

朱註

膋, 脂膏也.

요(膋)는 기름이다.

詳說

○ 孔氏曰 : "腸間脂"284)

공씨가 말하였다 : "창자 사이의 기름이다."285)

朱註

啓其毛, 以告純也,

그 털을 헤쳐보임은 순색(純色)임을 아뢰는 것이고,

詳說

○ 猶剪也.

'계(啓)'는 자르는 것과 같다.

---

282) 『시전대전(詩傳大全)』에 공씨의 말로 실려 있다.
283) 『시전대전(詩傳大全)』에는 "공씨가 말하였다 : '칼에 둥글게 방울이 있고, 그 소리가 음절에 맞았다. 요(膋)는 창자 사이의 기름이다.(孔氏曰 : 刀環有鈴, 其聲中節. 膋者, 腸間脂也.)"라고 되어 있다.
284) 『시전대전(詩傳大全)』에 공씨의 말로 실려 있다.
285) 『시전대전(詩傳大全)』에는 "공씨가 말하였다 : '…. 요(膋)는 창자 사이의 기름이다.(孔氏曰 : …. 膋者, 腸間脂也.)"라고 되어 있다.

○ 純赤.
순수하게 붉은 색이다.

朱註
取其血, 以告殺也, 取其膋, 以升臭也.
그 피를 취함은 죽임을 아뢰는 것이며, 그 기름을 취함은 냄새를 올라가게 하는 것이다.

詳說
○ 此下三句, 又申升臭義.
이 아래의 세구는 냄새가 올라가는 의미를 거듭한 것이다.

合之黍稷
이 기름에다가 서직(黍稷)을 합하여

詳說
○ 音閤
'합(合)'의 음은 '합(閤)'이다.

○ 孔氏曰 : "以脂膏合之."286)
공씨가 말하였다 : "기름을 합하는 것이다."287)

實之於蕭而燔之, 以求神於陽也.
소(蕭)에 담아 태워서 양에서 신을 구한다.

詳說
○ 置也.
'실(實)'은 두는 것이다.

---

286) 『시전대전(詩傳大全)』에 공씨의 말로 실려 있다.
287) 『시전대전(詩傳大全)』에는 "공씨가 말하였다 : '기름을 서직에 합해 소에 담고는 바로 불로 태우니, ….'(孔氏曰 : …, 以脂膏合之黍稷, 實之蕭, 乃以火燒之, ….)"라고 되어 있다.

○ 後世焚香出此.
後세의 분향이 여기에서 나왔다.

○ 疊山謝氏曰 : "祭祀之事, 各有司存, 執刀啓毛取血膋, 必躬親之, 何也. 事死如事生, 子孫之養祖考, 必身親其勞, 然後盡其心耳."288)
첩산 사씨가 말하였다 : "제사의 일에는 유사가 각기 있으니, 칼을 잡고 털을 헤쳐 보이고 피와 기름을 취함에 반드시 몸소 하는 것은 무엇 때문인가? 죽은 자를 산 자처럼 섬기며 자손이 조고를 봉양하는 것은 반드시 자신이 친히 노고한 다음에 그 마음을 다할 수 있는 것이다."289)

朱註
記曰, 周人尙臭, 灌用鬯臭,
『예기(禮記)』에 "주(周)나라 사람은 냄새를 숭상해서 땅에 술을 부어 강신할 때에 울창의 냄새를 사용하는데

詳說
○ 禮記, 郊特牲.
『예기』「교특생」이다.

○ 大全曰 : "絶句."290)
『대전』에서 말하였다 : "구로 끊는다."

朱註
鬱合鬯,

---

288) 『시전대전(詩傳大全)』에 첩산 사씨의 말로 실려 있다.
289) 『시전대전(詩傳大全)』에는 "첩산 사씨가 말하였다 : '제사의 일에는 유사가 각기 있으니, 칼을 잡고 털을 헤쳐 보이고 피와 기름을 취함에 반드시 몸소 하는 것은 무엇 때문인가? 죽은 자를 산 자처럼 섬기고 돌아가신 자를 생존한 자처럼 모시며 자손이 조고를 봉양하는 것은 반드시 자신이 친히 노고하며 그 힘을 다한 다음에 그 마음을 다할 수 있는 것이다.'(疊山謝氏曰 : 祭祀之事, 各有司存, 執刀啓毛取血膋, 必躬親之, 何也. 事死如事生, 事亡如事存, 子孫之養祖考, 必身親其勞, 自致其力, 然後盡其心焉耳.)"라고 되어 있다.
290) 『시전대전(詩傳大全)』에 동일하게 실려 있다.

울금의 즙을 창주에 합하여

> 詳說

○ 大全曰絶句.291)
　『대전』에서 말하였다 : "구로 끊는다."

○ 陳氏曰 : "和合鬯酒"
　진씨가 말하였다 : "창주에 섞어 합한다."

> 朱註

臭陰達於淵泉.
냄새가 속으로 깊은 물에 도달하게 한다.

> 詳說

○ 地中.
　깊은 물은 땅 속이다.

> 朱註

灌以圭璋, 用玉氣也,
규장(圭璋)으로써 땅에 술을 부음은 옥(玉)의 기운을 쓰는 것이고,

> 詳說

○ 陳氏曰 : "亦是尚臭."292)
　진씨가 말하였다 : "또한 냄새를 숭상하는 것이다."

> 朱註

既灌然後迎牲致陰氣也.
이미 술을 부은 뒤에 희생을 맞이함은 음기(陰氣)를 지극히 하는 것이다.

---

291) 『시전대전(詩傳大全)』에 동일하게 실려 있다.
292) 『진씨예기집설(陳氏禮記集說)』의 주에 실려 있다.

詳說
○ 陳氏曰 : "欲先致氣於陰以求神."293)
진씨가 말하였다 : "먼저 음에 기운을 보내 신에게 구하는 것이다."

朱註
蕭合黍稷臭陽達於牆屋.
쑥에 서직(黍稷)을 합하여 냄새가 겉으로 담장과 지붕에 도달하게 한다.

詳說
○ 陳氏曰 : "牆屋之間."294)
진씨가 말하였다 : "담과 집 사이이다."

朱註
故旣奠
그러므로 이미 술잔을 올린

詳說
○ 鄭氏曰 : "薦熟時"
정씨가 말하였다 : "익힌 것을 올릴 때이다."

朱註
然後焫蕭合羶薌,
연후 쑥에다가 서직을 합하여 태우는 것이니,

詳說
○ 音爇.
'설(焫)'의 음은 '설(爇)'이다.

---

293) 『진씨예기집설(陳氏禮記集説)』의 주에 실려 있다.
294) 『진씨예기집설(陳氏禮記集説)』의 주에 실려 있다.

○ 羶通.
'전(羶)'은 '형(馨)'과 통한다.

○ 香同.
'향(薌)'은 '향(香)'과 같다.

○ 陳氏曰 : "卽黍稷也."295)
진씨가 말하였다 : "곧 기장이다."

朱註
凡祭愼諸此. 魂氣歸于天, 形魄歸于地, 故祭求諸陰陽
모든 제사에서 이것을 삼간다. 혼의 기운은 하늘로 돌아가고 형백(形魄)은 땅으로 돌아가기 때문에 제사는 음양에서 구하는

詳說
○ 求字, 義止此.
구자는 의미가 여기까지이다.

朱註
之義也.
뜻이다."라고 하였다.

詳說
○ 朱子曰 : "求諸陽, 所以求其魂, 求諸陰, 所以求其魄. 商人求諸陽, 便先作樂, 周人求諸陰, 便灌鬱鬯."296)
주자가 말하였다 : "양에서 구하기 때문에 혼을 구하는 것이고, 음에서 구하기 때문에 백을 구하는 것이다. 상나라 사람들은 양에서 구했으니, 곧 음악을 짓고, 주나라 사람들은 음에서 구했으니, 울주를 부었던 것이다."297)

---
295) 『진씨예기집설(陳氏禮記集說)』의 주에 실려 있다.
296) 『시전대전(詩傳大全)』에 주자의 말로 실려 있다.
297) 『시전대전(詩傳大全)』에는 "주자가 말하였다 : '…. 옛 사람들은 …. 상나라 사람들은 양에서 구했으니, 곧 먼저 음악을 지어 발산했고, 주나라 사람들은 음에서 구했으니, 곧 불태우고 울주로 음에게 가서 구

○ 引記以實之.

『예기』를 인용해서 실증한 것이다.

[2-6-6-6]

是烝是享, 苾苾芬芬, 祀事孔明.

이에 올리며 제향하니 향기롭고 향기로워 제사가 매우 구비되었도다.

詳說

○ 叶, 虛良反.298)

'향(享)'은 협운으로 음은 '허(虛)'와 '량(良)'의 반절이다.

先祖是皇, 報以介福, 萬壽無疆.

선조가 이에 크게 강림하사 큰 복으로써 보답하니 만수무강하리로다.

詳說

○ 叶, 謨郞反.299)

'명(明)'은 협운으로 음은 '모(謨)'와 '랑(郞)'의 반절이다.

朱註

賦也. 烝, 進也. 或曰, 冬祭名.

부(賦)이다. 증(烝)은 올리는 것이다. 혹자는 '겨울제사 이름'이라 한다.

詳說

○ 華谷嚴氏曰 : "烝畀祖妣之烝, 不必謂烝嘗之烝."300)

화곡 엄씨가 말하였다 : "조상에게 올린다고 할 때의 올리는 것이니, 굳이 상제사를 지낸다고 할 때의 지내는 것으로 말할 필요는 없다."

했던 것이다.' 또 말하였다 : '…. 제사에서 양에서 구했기 때문에 혼에서 구했고, 음에서 구했기 때문에 백에서 구했던 것이다.'(朱子曰 : …. 古人, …. 商人求諸陽, 便先作樂發散, 即陽氣以求之, 周人求諸陰, 便焚燎鬱鬯, 以陰去求之, 又曰, ….祭求諸陽, 所以求其魂, 求諸陰, 所以求其魄,)"라고 되어 있다.

298) 叶, 虛良反 : 『시전대전(詩傳大全)』에도 동일하게 되어 있다.
299) 叶, 謨郞反 : 『시전대전(詩傳大全)』에도 동일하게 되어 있다.
300) 『시전대전(詩傳大全)』에 화곡 엄씨의 말로 동일하게 실려 있다.

○ 按, 若作祭名, 則於享字, 義爲疊耳.
살펴보건대, 제사의 이름을 할 것 같으면 '향(享)'에서 뜻이 중첩된다.

朱註

信南山六章, 章六句.
「신남산」은 6장이고 장은 6구이다.

[2-6-7-1]

倬彼甫田, 歲取十千.

환한 저 큰 밭에 해마다 십천(十千)을 취하도다.

詳說

○ 陟角反.301)
'탁(倬)'의 음은 '척(陟)'과 '각(角)'의 반절이다.

○ 叶, 地因反.302)
'전(田)'은 협운으로 음은 '지(地)'와 '인(因)'의 반절이다.

○ 叶, 倉新反.303)
'천(千)'의 음은 '창(倉)'과 '신(新)'의 반절이다.

我取其陳, 食我農人,

내 묵은 곡식을 취하여 우리 농부들을 먹이니,

詳說

○ 音嗣.304)
'사(食)'의 음은 '사(嗣)'이다.

---

301) 陟角反:『시전대전(詩傳大全)』에도 동일하게 되어 있다.
302) 叶, 地因反:『시전대전(詩傳大全)』에도 동일하게 되어 있다.
303) 叶, 倉新反:『시전대전(詩傳大全)』에도 동일하게 되어 있다.
304) 音嗣:『시전대전(詩傳大全)』에도 동일하게 되어 있다.

> 自古有年. 今適南畝,

예로부터 풍년이로다. 이제 남묘(南畝)에 가니,

> 詳說

○ 叶, 尼因反.305)

'년(年)'은 협운으로 음은 '니(尼)'와 '인(因)'의 반절이다.306)

○ 叶, 滿彼反.307)

'묘(畝)'는 협운으로 '만(滿)'과 '피(彼)'의 반절이다.

> 或耘或耔, 黍稷薿薿,

혹은 김매고 혹은 북돋움에 서직이 무성한데,

> 詳說

○ 音子, 叶獎里反.308)

'자(耔)'의 음은 '자(子)'이고 협운으로 음은 '장(獎)'과 '리(里)'의 반절이다.

○ 音蟻.

'의(薿)'의 음은 '의(蟻)'이다.

> 攸介攸止, 烝我髦士.

크게 여기고 그치는 것에 우리 준사(俊士)들을 나오게 하여 위로하도다.

> 詳說

○ 音毛.309)

'모(髦)'의 음은 '모(毛)'이다.

---

305) 叶, 尼因反 : 『시전대전(詩傳大全)』에는 다소 다르게 되어 있다.
306) 『시전대전(詩傳大全)』에는 "'년(年)'은 협운으로 음은 '니(泥)'에서의 'ㄴ'과 '인(因)'에서의 'ㅣ'을 합한 '닌'이다.(叶泥因反)"라고 되어 있다.
307) 叶, 滿彼反 : 『시전대전(詩傳大全)』에도 동일하게 되어 있다.
308) 音子, 叶獎里反 : 『시전대전(詩傳大全)』에도 동일하게 되어 있다.
309) 音毛 : 『시전대전(詩傳大全)』에도 동일하게 되어 있다.

朱註

賦也. 倬明貌. 甫, 大也. 十千, 謂一成之田

부(賦)이다. 탁(倬)은 밝은 모양이다. 보(甫)는 큼이다. 십천(十千)은 일성(一成)의 밭을 말하니,

詳說

○ 諺音誤.

'탁(倬)'은 『언해』의 음이 잘못되었다.

○ 鄭氏曰 : "井十爲通, 通十爲成.310)

정씨가 말하였다 : "정(井)의 열 개가 통(通)이고 통의 열 개가 성(成)이다."311)

朱註

地方十里. 爲田九萬畝, 而以其萬畝爲公田. 蓋九一之法也. 我, 食祿主祭之人也. 陳, 舊粟也. 農人私百畝, 而養公田者也.

땅이 사방(方) 10리이다. 농지 9만 묘(畝)를 만들어 1만 묘(畝)를 가지고 공전(公田)으로 삼으니, 9분의 1의 세법(稅法)이다. 아(我)는 녹(祿)을 먹는 주제자(主祭者)이다. 진(陳)은 묵은 곡식이다. 농인(農人)은 1백 묘(畝)를 사사로이 갖고 공전(公田)을 가꾸는 자이다.

詳說

○ 出孟子滕文公.

『맹자』「등문공」이 출처이다.

朱註

---

310) 『시전대전(詩傳大全)』에 정씨의 말로 실려 있다.
311) 『시전대전(詩傳大全)』에는 "정씨가 말하였다 : '정전의 법은 아홉 장정을 정으로 해서 정전의 세금을 한 장정의 몫으로 그 농토는 백 묘이다. 정의 열 개가 통이니 통의 세금은 열 장정의 몫으로 그 농토는 천 묘이다. 통의 열 개가 성인데 성은 사방 십리로 성의 세금은 백 장정의 몫으로 그 농토는 만 묘이다.'(鄭氏曰 : 井田之法, 九夫爲井, 井稅一夫, 其田百畝. 井十爲通, 通稅十夫, 其田千畝, 通十爲成, 成方十里, 成稅百夫, 其田萬畝.)"라고 되어 있다.

有年, 豐年也. 適, 往也. 耘, 除草也. 耔, 雝本也. 蓋后稷爲田, 一畝三畎, 廣尺深尺, 而播種於其中, 苗葉以上

유년(有年)은 풍년(豊年)이다. 적(適)은 감이다. 운(耘)은 풀을 제거함이요, 자(耔)는 뿌리를 북돋우는 것이다. 후직(后稷)이 밭을 만들 때에 한 이랑에 세 두둑을 만드는데, 넓이가 한 자, 깊이가 한 자로 하고는 그 가운데 파종해서 묘(苗)가 싹이 나서 이미 올라오거든

詳說

○ 音壅.
'옹(雝)'의 음은 '옹(壅)'이다.

○ 以一畝分作三畎.
한 묘를 가지고 세 두둑으로 나눈 것이다.

○ 去聲.
'광(廣)'은 거성이다.

○ 去聲.
'심(深)'은 거성이다.

○ 上聲.
'종(種)'은 상성이다.

○ 上聲.
'상(上)'은 상성이다.

○ 猶以後也
'이상(以上)'은 '이후(以後)'와 같다.

○ 潛室陳氏曰 : "苗稍壯."312)
잠실 진씨가 말하였다 : "싹이 점점 자라는 것이다."313)

稍耨壠草, 因壝其土, 以附苗根, 壠盡畎平, 則根深而能風與旱也.
차츰 두둑의 풀을 김매고 이어 그 흙을 북돋아 묘(苗)의 뿌리에 붙이니, 두둑이 다하여 고랑이 평평해지면 뿌리가 깊어져서 바람과 가뭄을 견뎌내게 된다.

詳說

○ 奴豆反.
'누(耨)'의 음은 '노(奴)'와 '두(豆)'의 반절이다.

○ 愈水以醉二反, 壞也.
'유(壝)'의 음은 '유(愈)'와 '수(水)', '이(以)'와 '취(醉)'의 두 가지 반절로, 무너뜨리는 것이다.

○ 音耐.
'내(能)'의 음은 '내(耐)'이다.

○ 除草與壅本, 只是一串事.
잡초를 제거하고 뿌리를 북돋우는 것은 하나로 이어진 일이다.

○ 見漢書食貨志.
『한서』「식화지」에 있다.

朱註

蔉, 茂盛貌. 介, 大,
의(蔉)는 무성한 모양이다. 개(介)는 큼이고,

詳說

○ 亦美也.
또한 아름다움이다.

---

312) 『시전대전(詩傳大全)』에 잠실 진씨의 말로 실려 있다.
313) '잠실 진씨가 말하였다 : '살펴보건대, …자(耔)는 뿌리를 북돋우는 것으로 싹이 점점 자란다는 말이다. …'.(潛室陳氏曰 : 按, …. 耔, 附根也, 言苗稍壯. ….)"라고 되어 있다.

朱註
烝, 進. 髦, 俊也, 俊士, 秀民也. 古者, 士出於農, 而工商不與焉.

증(烝)은 나오게 함이다. 모(髦)는 준걸스러움이니, 준사(俊士)는 빼어난 백성이다. 옛날에 선비는 농부에서 나오고 공인(工人)과 상인(商人)은 참여하지 못하였다.

詳說
○ 去聲.
'여(與)'는 거성이다.

○ 士不出於工商.
선비가 공인과 상인에게서 나오지는 않는다.

朱註
管仲曰 : 農之子恆爲農, 野處而不暱

관중(管仲)이 말하기를 "농부의 아들은 항상 농부가 되어 들에 있고 친압(親狎)하지 아니하니,

詳說
○ 上聲.
'처(處)'는 상성이다.

○ 不近於異物.
특이한 것을 가까이 하지 않는 것이다.

朱註
其秀民之能爲士者, 必足賴也.

그 빼어난 백성 중에 선비가 될 수 있는 자는 반드시 충분히 의뢰할 수 있다."라고 하였으니,

詳說

○ 國家賴之.
국가가 의뢰하는 것이다.

○ 見國語齊語.
『국어』「제어」에 있다.

朱註

卽謂此也
바로 이것을 말한 것이다.

詳說

○ 慶源輔氏曰 : "言農夫而終之以髦士, 所以重農也.314)
경원 보씨가 말하였다 : "농부이면서 빼어난 선비로 돌아가기 때문에 농사를 중요하게 여기는 것이다."

朱註

○ 此詩述公卿有田祿者, 力於農事以奉方社田祖之祭,
이 시는 공경으로서 전록을 소유한 자가 농사에 힘써서 방사(方社)와 전조(田祖)의 제사를 받듦을 기술하였다.

詳說

○ 先言方以便文.
먼저 방을 말해 글을 편하게 했다.

朱註

故言於此大田歲取萬畝之入, 以爲祿食, 及其積之久而有餘, 則又存其新, 而散其舊, 以食農人, 補不足助不給也,
그러므로 "이 큰 밭에서 해마다 만묘(萬畝)의 수입을 취하여 녹식(祿食)으로 삼

---

314) 『시전대전(詩傳大全)』에 경원 보씨의 말로 동일하게 실려 있다.

으며, 그 곡식을 쌓아놓은 지가 오래되어도 남음이 있으면, 또 새 것을 남겨두고 묵은 것을 흩어서 농부들을 먹여 부족한 이를 도와주고 넉넉하지 못한 이를 도와주니,

詳說

○ 添此句.
이 구를 더하였다.

○ 見孟子梁惠王.
『맹자』「양혜왕」에 있다.

朱註
蓋以自古有年, 是以陳陳相因,
예로부터 풍년이 들었고 이 때문에 묵고 묵음이 서로 이어져

詳說

○ 此句, 亦見漢書食貨志.
이 구도 『한서』「식화지」에 있다.

朱註
所積如此.
쌓인 것이 이와 같은 것이다.

詳說

○ 添二句.
두 구를 더하였다.

朱註
然其用之之節, 又合宜, 而有序如此,
그러나 그 쓰는 절도가 또 마땅함에 합하고 차례가 있음이 이와 같기

詳說

○ 安成劉氏曰 : "積粟有餘, 散以周農, 則用之合宜也. 於有餘之中, 又散舊而存新, 則用之有序也."315)

안성 유씨가 말하였다 : "쌓인 곡식이 남아 농부들에게 두루 주니 사용함이 마땅한 것이고, 남는 가운데 또 옛 것을 나눠주고 새 것을 보존하니, 사용함에 차례가 있는 것이다."316)

朱註

所以粟雖甚多, 而無紅腐不可食之患也.

때문에 곡식이 비록 많으나 붉게 썩어서 먹을 수 없는 폐해가 없는 것이다."라고 한 것이다.

詳說

○ 然以下, 論也.

그러나 이하는 경문의 의미 설명이다.

朱註

又言自古旣有年矣,

또 "예로부터 이미 풍년이 들었고,

詳說

○ 承上句.

위의 구를 이어받은 것이다.

朱註

今適南畝

---

315) 『시전대전(詩傳大全)』에 안성 유씨의 말로 실려 있다.
316) 『시전대전(詩傳大全)』에는 "안성 유씨가 말하였다 : '해마다 만묘의 수입을 취하니, 취함이 일정한 것이다. 쌓인 곡식이 남아 농부들에게 두루 줄 수 있으니 사용함이 마땅한 것이고, 남는 가운데 반드시 또 옛 것을 나눠주고 새 것을 보존하니, 사용함에 차례가 있는 것이다. 새것을 보존하고 옛 것을 나눠주어 붉게 썩는 폐해가 없으니, 또 함부로 하늘이 준 것을 포기하지 않음을 알겠다.(安成劉氏曰 : 歲取萬畝之入, 取之有常也. 積粟有餘, 而能散以周農, 則用之合宜也, 於有餘之中, 必散舊, 而存新, 則用之有序也. 存新散舊而無紅腐之患, 又見其不至於暴棄天物也.)"라고 되어 있다.

이제 남묘(南畝)에 감에

> 詳說

○ 豐城朱氏曰 : "巡省."317)

풍성 주씨가 말하였다 : "순성하는 것이다."318)

> 朱註

農人方且或耘或耔, 而其黍稷又已茂盛, 則是又將復有年矣.
농부들이 막 혹은 김매고 혹은 북을 돋워서 그 서직(黍稷)이 또 이미 무성하니, 이는 또 다시 풍년이 오려는 것이다.

> 詳說

○ 去聲.

'부(復)'는 거성이다.

○ 添此句.

이 구를 더했다.

> 朱註

故於其所美大止息之處,
그러므로 그 아름답고 크게 여기고 머무르는 곳에

> 詳說

○ 土地衍沃.

'미대(美大)'는 토지가 비옥한 것이다.

○ 曾孫所舍

'지식(止息)'은 증손이 머무는 곳이다.

---

317) 『시전대전(詩傳大全)』에 풍성 주씨의 말로 실려 있다.
318) 『시전대전(詩傳大全)』에는 "풍성 주씨가 말하였다 : '이제 남묘로 간다.'는 것은 순성하는 부지런함을 말한 것이다.(豐城朱氏曰 : …. 今適南畝, 言其巡省之勤也. ….)"라고 되어 있다.

○ 攸介攸止, 又見生民.
'크게 여기고 그치는 것에'라는 말은 또 「생민(生民)」에 있다.

朱註
進我髦士而勞之也.
우리 준걸스런 선비들을 나오게 하여 위로한다."라고 한 것이다.

詳說
○ 去聲.
'로(勞)'는 거성이다.

○ 補勞字.
'로(勞)'자를 더하였다.

[2-6-7-2]
以我齊明, 與我犧羊,
우리 자명(齊明)과 우리 희생 양(羊)을 가지고

詳說
○ 音咨.319)
'자(齊)'의 음은 '자(咨)'이다.

○ 叶, 謨郞反.320)
'명(明)'은 협운으로 '모(謨)'와 '랑(郞)'의 반절이다.

以社以方, 我田旣臧, 農夫之慶. 琴瑟擊鼓,
사(社)에 제사하고 방(方)에 제사하니, 우리 토지가 이미 좋음이 농부들의 복이로다. 거문고와 비파를 타며 북을 쳐서

---
319) 音咨 : 『시전대전(詩傳大全)』에도 동일하게 되어 있다.
320) 叶, 謨郞反 : 『시전대전(詩傳大全)』에도 동일하게 되어 있다.

> 詳說

○ 叶, 祛羊反.321)

'경(慶)'은 협운으로 '거(祛)'와 '양(羊)'의 반절이다.

> 以御田祖, 以祈甘雨,

전조를 맞이하여 단비를 기원하니,

> 詳說

○ 牙嫁反.322)

'어(御)'의 음은 '아(牙)'와 '가(嫁)'의 반절이다.

> 以介我稷黍, 以穀我士女.

우리 서직(黍稷)을 크게 하여 우리 사녀(士女)들을 잘 기르리로다.

> 朱註

賦也. 齊與粢同. 曲禮曰, 稷曰明粢, 此言齊明, 便文以協韻耳.

부(賦)이다. 자(齊)는 자(粢)와 같다. 『곡례(曲禮)』에서 "직(稷)을 명자(明粢)라 한다." 라고 하였는데, 여기에서 자명(齊明)이라 말한 것은 글을 편의대로 하여 운(韻)을 맞춘 것이다.

> 詳說

○ 禮記.

『곡례』는 『예기』이다.

○ 便於文勢, 且以叶韻.

어투에 편하게 하고 또 운을 맞춘 것이다.

> 朱註

---

321) 叶, 祛羊反 : 『시전대전(詩傳大全)』에도 동일하게 되어 있다.
322) 牙嫁反 : 『시전대전(詩傳大全)』에도 동일하게 되어 있다.

犧羊, 純色之羊也.
희양(犧羊)은 순색(純色)의 양(羊)이다.

詳說
○ 牲必用純, 故謂純爲犧.
희생으로는 반드시 순색을 사용하기 때문에 순색이 희생이라고 한 것이다.

朱註
社, 后土也, 以句龍氏配.
사(社)는 후토(后土)이니, 구룡씨(句龍氏)를 배향한다.

詳說
○ 孔氏曰 : "社者, 五土之神, 能生萬物. 句龍共工氏子, 能平九州有大功."323)
공씨가 말하였다 : "사(社)는 오토의 신으로 만물을 생한다. 구룡 공공씨의 자식이 구주를 평정하여 큰 공이 있다."324)

朱註
方, 秋祭四方, 報成萬物, 周禮
방(方)은 가을에 사방에 제사하여 만물을 이루어줌에 보답하는 것이니, 『주례』에서

詳說
○ 大司馬.
『주례』는 「대사마」이다.

---

323) 『시전대전(詩傳大全)』에 공씨의 말로 실려 있다.
324) 『시전대전(詩傳大全)』에는 "공씨가 말하였다 : '후토는 땅의 큰 이름이다. 정씨가 「사(社)는 오토의 신으로 만물을 생한다. 옛날에 큰 공이 있는 자는 제사에 배향했으니, 공공씨가 구주의 우두머리가 된 것을 모범으로 한 것이다. 그 자식을 구룡이라 하는데, 구주를 평정했으니, 죽음에 신으로 사(社)에 배향해서 제사하는 것이다.'(孔氏曰 : 后土者, 地之大名也. 鄭云, 社者, 五土之神, 能生萬物者也. 以古之有大功者, 配之祭. 法共工氏之霸九州也. 其子曰, 句龍, 能平九州, 死以配神社而祭之.)"라고 되어 있다.

朱註

所謂羅弊

이른바 "그물을 거두고

詳說

○ 周禮注曰 : "罔止也."325)

『주례』의 주에서 말하였다 : "그물을 거두는 것이다."326)

朱註

獻禽以祀祊,

금수(禽獸)를 바쳐 방(祊)에 제사한다."는 것이

詳說

○ 周禮注曰 : "祊當爲方聲之誤也."327)

『주례』의 주에서 말하였다 : "방(祊)은 방(方)으로 해야 하니, 소리가 잘못된 것이다."328)

朱註

是也. 臧, 善, 慶, 福, 御, 迎也. 田祖, 先嗇也, 謂始耕田者, 卽神農也. 周禮籥章, 凡國祈年于田祖, 則吹豳雅, 擊土鼓, 以樂田畯, 是也.

이것이다. 장(臧)은 좋음이고, 경(慶)은 복(福)이며, 아(御)는 맞이함이다. 전조(田祖)는 선색(先嗇)으로 처음 밭을 경작한 자를 이르니, 바로 신농(神農)이다. 『주례(周禮)』의 「약장(籥章)」에 "나라에서 전조(田祖)에 풍년을 기원하게 되면 빈아(雅)를 불어 연주하고 토고(土鼓)를 쳐서 전준(田畯)을 즐겁게 한다."는 것이 이

---

325) 『시전대전(詩傳大全)』에 『주례』「하관」「대사마」에서 주의 말로 실려 있다.
326) 『시전대전(詩傳大全)』에는 『주례』「하관」「대사마」에서 말하였다 : '「중추에 거물을 거두고 사냥한 짐승으로 방에 제사지낸다.」는 것의 주에서 라폐(羅弊)는 그물을 거두는 것이다. 가을 사냥에 그물을 쓰는 것은 모두 죽이고, 그물을 거두면 모든 사람들이 모두 작은 새를 바친다.」라고 하였다. ….'(周禮夏官大司馬曰 : 中秋獮田, 羅弊致禽以祀祊. 注云, 羅弊, 罔止也. 秋田用罔, 皆殺, 而罔止, 衆皆獻其所獲禽焉. ….)라고 되어 있다.
327) 『시전대전(詩傳大全)』에 『주례』「하관」「대사마」에서 주의 말로 실려 있다.
328) 『시전대전(詩傳大全)』에는 "『주례』「하관」「대사마」에서 말하였다 : …. 방(祊)은 방(方)으로 해야 하니, 소리가 잘못된 것이다. 가을 사냥에 사방을 주로 하여 제사하는 것은 만물을 이루어준 것에 보답하는 것이다.(周禮夏官大司馬曰 …. 祊當爲方, 聲之誤也. 秋田主祭四方, 報成萬物.)"라고 되어 있다.

것이다.

詳說
○ 諺音誤.
'아(御)'는 『언해』의 음이 잘못되었다.

○ 穡通.
'색(嗇)'은 '색(穡)'과 통한다.

○ 音洛.
'락(樂)'의 음은 '락(洛)'이다.

○ 已見豳風末.
이미 「빈풍(豳風)」의 끝에 있다.

朱註
穀, 養也, 又曰善也
곡(穀)은 기름인데, 또 '선함'이라고 하니,

詳說
○ 按, 鄭云養也毛云善也, 而此兼取兩義, 故不云或而云又.
살펴보건대, 정씨는 '기름이'라고 했고, 모씨는 '선함'이라고 했는데, 여기에서는 두 의미를 겸해 취하였기 때문에 '어떤 이'라고 하지 않고 '또'라고 한 것이다.

朱註
言倉廩實, 而知禮節也.
창고가 꽉 차 있음에 예절(禮節)을 앎을 말한 것이다.

詳說

○ 此句出管子.
　　이 구는 『관자』가 출처이다.

○ 倉廩實, 養也, 知禮節, 善也.
　　창고가 꽉 차 있음이 기름이고, 예절을 앎이 선함이다.

朱註
○ 言奉其齊盛犧牲, 以祭方社, 而曰我田之所以善者,
그 자성(齊盛)과 희생(犧牲)을 받들어 방(方), 사(社)에 제사하고 "내 토지가 좋게 된 까닭은

詳說
○ 音盛
　　'성(盛)'의 음은 '성(盛)'이다.

○ 生穀多.
　　곡식의 생산이 많은 것이다.

朱註
非我之所能致也, 乃賴農夫之福而致之耳.
내가 이룰 수 있는 것이 아니라, 바로 농부의 복에 힘입어 이루었을 뿐이다."라고 하고,

詳說
○ 以力致福.
　　힘써 복을 이룬 것이다.

朱註
又作樂以祭田祖而祈雨, 庶有以大其稷黍, 而養其民人也.
또 풍악을 일으켜 전조(田祖)의 제사로 단비를 기원해서 서직(黍稷)을 크게 하여 민인(民人)을 잘 길러줌이 있기를 바란 것이다.

詳說

○ 長也.

'대(大)'는 자라게 한다는 것이다.

○ 孔氏曰 : "秋賽社方, 春雩田祖."

공씨가 말하였다 : "가을에는 사와 방에 제사하고 봄에는 전조에게 제사한다."

○ 新安胡氏曰 : "此章分兩節, 農夫之慶以上, 秋報也, 琴瑟以下, 春祈也."329)

신안 호씨가 말하였다 : "여기의 장을 두 절로 나누면, '농부의 복' 이상은 가을에 보답하는 것이고, '거문고와 비파를 탄다.'는 것 이하는 봄에 기원하는 것이다."330)

○ 豐城朱氏曰 : "禮以備物, 故於報成之祭, 言齊明犧羊, 樂以達和, 故於祈年之祭, 言琴瑟擊鼓. 上因方社, 以見田祖也, 下舉田祖, 以見方社也. 上言農夫之慶, 歸其功於民也, 下言穀我士女, 溥其惠於下也."331)

풍성 주씨가 말하였다 : "예로 사물을 구비하기 때문에 이뤄주는 것에 보답하는 제사에서 자명과 희생 양을 말하였고, 음악으로 조화에 달하기 때문에 풍년을 기원하는 제사에서 거문고와 비파를 타며 북을 친다는 것을 말하였다. 위에서의 방과 사에 따라 전조를 드러냈고, 아래에서의 전조를 든 것으로 방과 사를 드러냈다. 위에서 농부의 복을 말해 백성에게 그 공을 돌렸으며, 아래에서 우리 사녀들을 잘 기른다는 것을 말해 아래로 그 은혜를 넓게 했다."332)

---

329) 『시전대전(詩傳大全)』에 신안 호씨의 말로 실려 있다.
330) 『시전대전(詩傳大全)』에는 『시전대전(詩傳大全)』에는 "신안 호씨가 말하였다 : '여기의 장을 두 절로 나누면, '농부의 복' 이상은 가을에 보답하는 것이고, '거문고와 비파를 타며 북을 친다.'는 것 이하는 또 봄에 기원하는 것이다.(新安胡氏曰 : 此章分兩節, 農夫之慶以上, 秋報也, 琴瑟擊鼓以下, 又是春祈也.)"라고 되어 있다.
331) 『시전대전(詩傳大全)』에 풍성 주씨의 말로 실려 있다.
332) 『시전대전(詩傳大全)』에는 "풍성 주씨가 말하였다 : "위의 다섯 구에서는 이뤄주는 것에 보답하는 제사를 말하였고, 아래 다섯 구에서는 풍년을 기원하는 제사를 말하였다. 자명과 희생은 예의 성대함이다. 예로 사물을 구비하기 때문에 이뤄주는 것에 보답하는 제사에서 그것을 말하였다. 거문고와 비파를 타며 북을 친다는 것은 음악의 성대함이다. 음악으로 조화에 달하기 때문에 풍년을 기원하는 제사에서 그것을 말하였다. 위에서의 방과 사를 말하고 전조를 말하지 않은 것은 방과 사로 말미암아 전조를 드러내는 것이고, 아래에서 전조르 말하고 방과 사를 말하지 않은 것은 전조를 들어 방과 사를 드러낸 것이

[2-6-7-3]

曾孫來止, 以其婦子,

증손이 왔을 때에 아내와 자식을 데리고

詳說

○ 叶, 獎里反.333)

'자(子)'는 협운으로 '장(獎)'과 '리(里)'의 반절이다.

饁彼南畝, 田畯至喜,

저 남묘에 밥을 내가는데, 전준(田畯)이 와서 기뻐하며

詳說

○ 音饁.

'엽(饁)'의 음은 '엽(饁)'이다.

○ 叶, 滿彼反.334)

'묘(畝)'는 협운으로 음은 '만(滿)'과 '피(彼)'의 반절이다.335)

○ 音俊.336)

'준(畯)'의 음은 '준(俊)'이다.

攘其左右, 嘗其旨否.

좌우의 것을 취해서 맛이 있는가를 맛보도다.

다. 위에서 농부의 복을 말한 것은 백성에게 그 공을 돌린 것이고, 아래에서 우리 사녀들을 잘 기른다고 말한 것은 아래로 그 은혜를 넓게 한 것이다.(豐城朱氏曰 : 上五句言, 報成之祭, 下五句言, 祈年之祭. 齊明犧羊, 禮之盛也. 禮以備物, 故於報成之祭言之. 琴瑟擊鼓, 樂之盛也. 樂以達和, 故於祈年之祭言之. 上言方社, 而不及田祖, 因方社以見田祖也, 下言田祖, 而不及方社, 舉田祖以見方社也. 上言農夫之慶, 歸其功於民也, 下言穀我士女, 溥其惠於下也.)"라고 되어 있다.

333) 叶, 獎里反 : 『시전대전(詩傳大全)』에도 동일하게 되어 있다.
334) 叶, 滿彼反 : 『시전대전(詩傳大全)』에는 다소 다르게 되어 있다.
335) 『시전대전(詩傳大全)』에는 "'묘(畝)'는 협운으로 음은 '포(蒲)'와 '피(彼)'의 반절이다.(叶, 蒲彼反.)"라고 되어 있다.
336) 音俊 : 『시전대전(詩傳大全)』에도 동일하게 되어 있다.

> 詳說

○ 音瀼.

'양(攘)'의 음은 '양(瀼)'이다.

○ 叶, 羽己反.337)

'우(右)'은 협운으로 음은 '우(羽)'와 '기(己)'의 반절이다.

○ 叶, 補美反.338)

'비(否)'는 협운으로 음은 '보(補)'와 '미(美)'의 반절이다.

|禾易長畝, 終善且有,|

벼가 잘 가꾸어져 온 이랑이 한결같으니 끝내 좋고 또 많은지라

> 詳說

○ 以豉反.339)

'이(易)'의 음은 '이(以)'와 '시(豉)'의 반절이다.

> 詳說

○ 同上.340)

위와 같다.

○ 叶, 羽己反.341)

'유(有)'는 협운으로 음은 '우(羽)'와 '기(己)'의 반절이다.

|曾孫不怒, 農夫克敏.|

증손은 노하지 않으며 농부는 민첩히 일하도다.

---

337) 叶, 羽己反 :『시전대전(詩傳大全)』에도 동일하게 되어 있다.
338) 叶, 補美反 :『시전대전(詩傳大全)』에도 동일하게 되어 있다.
339) 以豉反 :『시전대전(詩傳大全)』에도 동일하게 되어 있다.
340) 同上 :『시전대전(詩傳大全)』에도 동일하게 되어 있다.
341) 叶, 羽己反 :『시전대전(詩傳大全)』에도 동일하게 되어 있다.

詳說

○ 叶, 毋鄙反.342)

'민(敏)'은 협운으로 음은 '무(毋)'와 '비(鄙)'의 반절이다.

朱註

賦也. 曾孫, 主祭者之稱,

부(賦)이다. 증손은 주제자의 칭호로

詳說

○ 猶言主人.

주인이라고 말하는 것과 같다.

朱註

非獨宗廟爲然, 曲禮外事,

종묘(宗廟)만이 그러한 것이 아니라. 『곡례(曲禮)』「외사(外事)」에서도

詳說

○ 陳氏曰 : "宗廟之事爲內, 郊社之事爲外."343)

진씨가 말하였다 : "종묘의 일은 안이고, 교사의 일은 바깥이다."

朱註

曰曾孫某侯某, 武王禱名山大川, 曰有道曾孫周王發,

"증손(曾孫) 모후모(某侯某)라 한다."라고 하였고, 무왕이 명산대천에 기도할 때에도 '도가 있는 분의 증손인 주왕 발'이라고 한 것이

詳說

○ 此出書武成.

이것은 『서경』「무성」이 출처이다.

---

342) 叶, 毋鄙反 : 『시전대전(詩傳大全)』에도 동일하게 되어 있다.
343) 『진씨예기집설(陳氏禮記集說)』에 실려 있다.

朱註

是也. 饁, 餉, 攘, 取, 旨, 美, 易, 治.
이것이다. 엽(饁)은 밥을 먹임이고, 양(攘)은 취함이며, 지(旨)는 아름다움이고, 이(易)는 다스림이며,

詳說

○ 與易其田疇之易同.
밭 두둑을 다스린다고 할 때의 다스린다는 것과 같다.

長, 竟, 有, 多, 敏, 疾也. ○ 曾孫之來, 適見農夫之婦子來饁耘者, 於是與之
장(長)은 마침이고, 유(有)는 많음이며, 민(敏)은 빨리하는 것이다. ○ 증손이 왔을 때에 마침 농부의 아내와 자식이 와서 김매는 자에게 밥을 먹임을 보았다. 이에 그들과

詳說

○ 其.
'농부(農夫)'는 본문에서 '기(其)'이다.

○ 以.
'그들과(與之)'는 본문의 '이(以)'이다.

朱註

偕至其所
함께 그 곳에 이르니,

詳說

○ 南畝.
그곳은 본문에서 남묘이다.

朱註

而田畯亦至而喜之,
전준(田畯)이 또한 와서 보고 기뻐하며

詳說

○ 喜其用力齊.
힘써 가지런히 한 것을 기뻐한 것이다.

朱註

乃取其左右之饋
마침내 좌우의 음식을 취해서

詳說

○ 饋者, 非一.
음식을 대접하는 자가 하나가 아닌 것이다.

朱註

而嘗其旨否, 言其上下相親之甚也.
맛이 있는가 없는가를 맛보니, 상하가 서로 친하게 하기를 아주 잘 함을 말한 것이다.

詳說

○ 此句, 論也.
이 구는 경문의 의미 설명이다.

○ 慶源輔氏曰 : "農夫必有所不敢獻者, 故攘而取之, 以見上下相親, 如家人父子之無間也."344)
경원 보씨가 말하였다 : "농부는 반드시 감히 드릴 수 없는 것이 있기 때문에 취하고 취하는 것이니, 상하가 서로 친한 것이 식구들이 부자지간에 사이가

---

344) 『시전대전(詩傳大全)』에 경원 보씨의 말로 실려 있다.

없는 것과 같은 것을 드러낸 것이다."345)

朱註

旣又見其禾之易治, 竟畝如一, 而知其終當善
이미 그 벼가 잘 다스려져서 이랑이 끝난 데까지 한결같이 한 것을 보니, 그 끝내 좋고

詳說
○ 堅好.
좋음은 튼튼하게 한 것이다.

朱註

而且多. 是以曾孫不怒
또 많을 줄을 알았다. 이 때문에 증손은 노하지 않고,

詳說
○ 慶源輔氏曰:"於田畯曰喜, 於曾孫曰不怒, 互文以見意."346)
경원 보씨가 말하였다 : "전준에게서는 기뻐한다고 하고, 증손에게서는 노하지 않는다고 하였으니, 글을 번갈아서 의미를 드러낸 것이다."347)

朱註

而其農夫益以敏於其事也.
농부(農夫)는 농사일을 더욱 민첩히 한 것이다.

---

345) 『시전대전(詩傳大全)』에는 "경원 보씨가 말하였다 : '맛있으면 다행스럽게도 기뻐하고, 그렇지 않으면 맛이 없어 즐겁지 않은 것이다. 「취한다(取)」고 하지 않고 「취한다(攘)」고 한 것은 고귀한 공경으로 농부의 거친 음식을 먹기에는 저들이 반드시 감히 드릴 수 없는 것이 있기 때문에 취하고 취하는 것이니, 상하가 서로 친한 것이 식구들이 부자간에 사이가 없는 것과 같은 것을 드러낸 것이다.'(慶源輔氏曰 : 旨則幸而喜矣, 否則悵然爲之不樂也. 不曰取而曰攘者, 以公卿之貴, 而食農者之粗糲, 彼必有所不敢獻者, 故攘而取之, 以見上下相親, 如家人父子之無間也.)"라고 되어 있다.
346) 『시전대전(詩傳大全)』에 경원 보씨의 말로 실려 있다.
347) 『시전대전(詩傳大全)』에는 "경원 보씨가 말하였다 : '전준에게서는 기뻐한다고 하고, 증손에게서는 노하지 않는다고 하였으니, 글을 번갈아서 의미를 드러낸 것이다. 전준이 보고 기뻐하고 증손이 보고 노하지 않았으니, 농부는 더욱 그 일을 민첩하게 하는 것으로 감독하지 않아도 스스로 힘쓴다는 말이다. (慶源輔氏曰 : 於田畯曰喜, 於曾孫曰不怒, 互文以見意也. 田畯見之而喜, 曾孫見之而不怒, 則農夫益以敏於其事矣, 謂不待督趣而自勸也.)"라고 되어 있다.

詳說

○ 慶源輔氏曰 : "不待督趣而自勸也."348)

경원 보씨가 말하였다 : "감독하지 않아도 스스로 힘쓰는 것이다."349)

[2-6-7-4]

曾孫之稼, 如茨如梁,

증손의 농사가 이엉과 같고 수레의 끌채와 같으며,

詳說

○ 才私反.350)

'자(茨)'의 음은 '재(才)'와 '사(私)'의 반절이다.

曾孫之庾, 如坻如京,

증손의 노적이 섬과 같고 언덕과 같은지라,

詳說

○ 羊主反.351)

'유(庾)'의 음은 '양(羊)'과 '주(主)'의 반절이다.

○ 音池.

'지(坻)'의 음은 '지(池)'이다.

○ 叶, 居良反.352)

'경(京)'은 협운으로 음은 '거(居)'와 '량(良)'의 반절이다.

---

348) 『시전대전(詩傳大全)』에 경원 보씨의 말로 실려 있다.
349) 『시전대전(詩傳大全)』에는 "경원 보씨가 말하였다 : '…, 농부는 더욱 그 일을 민첩하게 하는 것으로 감독하지 않아도 스스로 힘쓴다는 말이다.(慶源輔氏曰 : …, 則農夫益以敏於其事矣, 謂不待督趣而自勸也.)"라고 되어 있다.
350) 才私反 : 『시전대전(詩傳大全)』에도 동일하게 되어 있다.
351) 羊主反 : 『시전대전(詩傳大全)』에도 동일하게 되어 있다.
352) 叶, 居良反 : 『시전대전(詩傳大全)』에도 동일하게 되어 있다.

乃求千斯倉, 乃求萬斯箱, 黍稷稻粱, 農夫之慶,

이에 천 개의 창고를 구하며 만 개의 수레 상자를 구하노니,
서직(黍稷)과 도량(稻粱)이 농부의 복이라.

詳說

○ 叶, 袪良反.353)

'경(慶)'은 협운으로 '거(袪)'와 '량(良)'의 반절이다.

報以介福, 萬壽無疆.

큰 복으로써 보답하니 만수무강하리로다.

朱註

賦也, 茨屋蓋,

부(賦)이다. 자(茨)는 지붕을 덮는 것이니,

詳說

○ 孔氏曰 : "以茅覆屋."354)

공씨가 말하였다 : "띠로 지붕을 덮는 것이다."355)

朱註

言其密比也,

그 빽빽함을 말한 것이고,

詳說

○ 毗至反.

'비(比)'의 음은 '비(毗)'와 '지(至)'의 반절이다.

---

353) 叶, 袪良反:『시전대전(詩傳大全)』에도 동일하게 되어 있다.
354) 『시전대전(詩傳大全)』에 공씨의 말로 실려 있다.
355) 『시전대전(詩傳大全)』에는 "공씨가 말하였다 : '띠로 지붕을 덮는 것을 말하니, 높이 쌓아놓은 것이 지붕을 이는 것 같다는 것이다.'(孔氏曰 : 謂以茅覆屋, 言其積聚高大, 如屋茨耳.)"라고 되어 있다.

○ 以在田時而言.
밭에 있을 때를 가지고 말한 것이다.

朱註

梁車梁
양(梁)은 수레의 양주(梁)이니,

詳說

○ 安成劉氏曰 : "小戎, 所謂梁輈也."356)
안성 유씨가 말하였다 : "「소융(小戎)」에서 이른바 양주(梁輈)이다."357)

朱註

言其穹隆也
그 높이 솟음을 말한 것이다.

詳說

○ 以納場時而言.
마당으로 거둬 들였을 때를 가지고 말한 것이다.

朱註

坻, 水中之高地也, 京, 高丘也. 箱, 車箱也. ○ 此言收成之後, 禾稼旣多, 則求倉以處之,
지(坻)는 물 가운데의 높은 땅이고, 경(京)은 높은 언덕이다. 상(箱)은 차상(車箱)이다. ○ 이것은 수확한 뒤에 벼가 이미 많으면 창고를 구하여 보관해 두고,

詳說

○ 上聲.
'처(處)'는 상성이다.

---

356) 『시전대전(詩傳大全)』에 안성 유씨의 말로 실려 있다.
357) 『시전대전(詩傳大全)』에는 "안성 유씨가 말하였다 : '「소융(小戎)」에서 이른바 양주(梁輈)가 여기에 해당한다.'(安成劉氏曰 : 小戎, 所謂梁輈, 是也.)"라고 되어 있다.

○ 藏之
　저장한다는 것이다.

朱註
求車以載之. 而言凡此黍稷稻粱, 皆賴農夫之慶,
수레를 구하여 실어감을 말하였다. 그런데 이 모든 서(黍), 직(稷), 도(稻), 양(粱)이 모두 농부의 복을 힘입어

詳說
○ 再言之, 以專歸功.
　거듭 말해 공을 오로지 돌린 것이다.

朱註
而得之, 是安報以大福, 使之萬壽無疆也. 其歸美於下, 而欲厚報之如此.
얻은 것이니, 이것은 큰 복으로 보답하여 그가 만수무강하게 해야 함을 말한 것이다. 아름다움을 아랫사람에게 돌려 후히 보답하고자 함이 이와 같은 것이다.

詳說
○ 此句, 論也.
　이 구는 경문의 의미 설명이다.

○ 七月之祝君壽, 此之願民壽, 上下交相厚矣
　「7월」에서의 임금의 장수를 빌었고, 여기서 백성의 장수를 원하는 것은 상하가 서로 두텁게 하는 것이다.

朱註
甫田四章, 章十句.
「보전」은 4장으로 장은 10구이다.

詳說
○ 此詩及大田, 在楚茨信南山之下者, 內事外事之次第當爾耳.

이 시와 「대전」이 「초자」와 「신남산」의 아래에 있는 것은 안의 일과 바깥의 일에서 순서가 그런 것일 뿐이다.

[2-6-8-1]
大田多稼, 旣種旣戒,

큰 밭에 심어야 할 벼가 많은지라 이미 씨앗을 가리고 연장을 챙겨

詳說

○ 上聲

'종(種)'은 상성이다.

旣備乃事. 以我覃耜,

이미 구비하고서 일한다. 나의 날카로운 보습으로

詳說

○ 叶, 上止反.358)

'사(事)'는 협운으로 음은 '상(上)'과 '지(止)'의 반절이다.

○ 以冉反.359)

'염(覃)'의 음은 '이(以)'와 '염(冉)'의 반절이다.

○ 叶, 養里反.360)

'사(耜)'는 협운으로 음은 '양(養)'과 '리(里)'의 반절이다.

俶載南畝, 播厥百穀,

비로소 남묘에 일하여 백곡을 파종하니

---

358) 叶, 上止反:『시전대전(詩傳大全)』에도 동일하게 되어 있다.
359) 以冉反:『시전대전(詩傳大全)』에도 동일하게 되어 있다.
360) 叶, 養里反:『시전대전(詩傳大全)』에도 동일하게 되어 있다.

詳說

○ 叶, 滿彼反.361)

'묘(畝)'는 협운으로 음은 '만(滿)'과 '피(彼)'의 반절이다.

○ 叶, 工洛反.362)

'곡(穀)'은 협운으로 음은 '공(工)'과 '락(洛)'의 반절이다.

既庭且碩, 曾孫是若.

자라는 싹이 곧고 또 큰 지라 증손의 마음을 흡족하게 하도다.

詳說

○ 叶, 常約反.363)

'석(碩)'은 협운으로 음은 '상(常)'과 '약(約)'의 반절이다.

朱註

賦也. 種, 擇其種也. 戒, 飭其具也. 覃,

부(賦)이다. 종(種)은 그 씨앗을 가림이고, 계(戒)는 그 도구를 챙김이다. 염(覃)은

詳說

○ 棪通.

'염(覃)'은 '염(棪)'과 통한다.

朱註

利, 俶, 始. 載, 事. 庭, 直. 碩, 大. 若, 順也. ○ 蘇氏曰 : 田大而種多, 故於今歲之冬,

날카로움이고, 숙(俶)은 '비로소'이며, 재(載)는 일함이고, 정(庭)은 곧음이며, 석(碩)은 큼이고, 약(若)은 순함이다. ○ 소씨가 말하였다. "밭이 커서 뿌릴 종자가

---
361) 叶, 滿彼反 : 『시전대전(詩傳大全)』에도 동일하게 되어 있다.
362) 音俊 : 『시전대전(詩傳大全)』에도 동일하게 되어 있다.
363) 音俊 : 『시전대전(詩傳大全)』에도 동일하게 되어 있다.

많다. 그러므로 금년 겨울에

> 詳說

○ 如字
'종(種)'자는 본래의 음 대로 읽는다.

○ 補此句.
이 구를 더하였다.

> 朱註

具來歲之種, 戒來歲之事,
내년에 뿌릴 종자를 마련하고 내년의 일을 챙겨

> 詳說

○ 此釋所戒, 與訓小異.
여기서 풀이한 '마련한다(戒)'는 것은 훈과 다소 다르다.

> 朱註

凡旣備矣, 然後事之, 取其利耜, 而始事於南畝,
모두 이미 갖추어지니, 그런 뒤에 농사일을 시작해서 날카로운 보습을 가지고 비로소 남묘(南畝)에서 일하여

> 詳說

○ 猶皆也.
'범(凡)'은 '개(皆)'와 같다.

○ 臨川王氏曰 : "畝大抵以南爲正, 故曰南畝."364)
임천 왕씨가 말하였다 : "묘는 대체로 남쪽을 바른 것으로 하기 때문에 '남묘'라고 한 것이다."

---

364) 『시전대전(詩傳大全)』에 임천 왕씨의 말로 동일하게 실려 있다.

朱註

旣耕而播之. 其耕之也勤, 而種之也時,
이미 갈고 파종한 것이다. 밭 갈기를 부지런히 하고, 심기를 제때에 하였기

詳說

○ 如字.
'종(種)'자는 본래의 음 대로 읽는다.

○ 添二句.
두 구루를 더하였다.

朱註

故其生者, 皆直而大, 以順曾孫之所欲.
때문에 그 싹이 난 것이 모두 곧고 커서 증손의 하고자 하는 대로 된 것이다.

詳說

○ 東萊呂氏曰 : "大田多稼, 總言之也. 以下至卒章, 自始至末, 以次陳之."365)
동래 여씨가 말하였다 : "'큰 밭에 심어야 할 벼가 많다.'는 것은 총괄해서 말한 것이다. 이하에서 끝 장까지는 시작부터 끝까지 차례로 늘어놓은 것이다."

○ 安成劉氏曰 : "此章言田事修餙, 而苗生盛美也."366)
안성 유씨가 말하였다 : "여기의 장에서는 밭일을 닦고 고쳐서 싹의 자람이 성대하고 아름답다는 것을 말하였다."

○ 豊城朱氏曰 : "此言其處己之勤, 而事上之忠也."367)
풍성 주씨가 말하였다 : "여기에서는 자신의 처신이 부지런하고 윗사람을 섬김이 충성스러움을 말하였다."368)

---

365) 『시전대전(詩傳大全)』에 동래 여씨의 말로 거의 그대로 실려 있다.
366) 『시전대전(詩傳大全)』에 안성 유씨의 말로 동일하게 실려 있다.
367) 『시전대전(詩傳大全)』에 풍성 주씨의 말로 실려 있다.
368) 『시전대전(詩傳大全)』에는 "풍성 주씨가 말하였다 : '…. 이런 것은 모두 증손이 하고자 하는 대로 된

朱註

此詩爲農夫之辭, 以頌美其上, 若以答前篇之意也
이 시는 농부의 말로 윗사람을 송축하고 찬미한 것이니, 전편에 답한 뜻인 듯하다."

詳說

○ 引用蘇說, 故序在釋末
소씨의 설을 인용하였기 때문에 차례가 해석이 끝에 있는 것이다.

[2-6-8-2]

旣方旣皁, 旣堅旣好,

이미 껍질이 생기고 반쯤 여물며 이미 단단하고 아름다우며

詳說

○ 叶, 子苟反.369)

'조(皁)'는 협운으로 음은 '자(子)'와 '구(苟)'의 반절이다.

○ 叶, 許苟反.370)

'호(好)'는 협운으로 음은 '허(許)'와 '구(苟)'의 반절이다.

不稂不莠, 去其螟螣,

가라지가 없고 피가 없거든 멸톡(螟螣)을 제거하고

詳說

○ 音郞.371)

'랑(稂)'의 음은 '랑(郞)'이다.

것이다. 여기에서는 자신의 처신이 부지런하고 윗사람을 섬김이 충성스러움을 말하였다.'(豐城朱氏曰 : … . 凡此皆以順曾孫之所欲也. 此言其處己之勤, 而事上之忠也.)"라고 되어 있다.
369) 叶, 子苟反 : 『시전대전(詩傳大全)』에도 동일하게 되어 있다.
370) 叶, 許苟反 : 『시전대전(詩傳大全)』에도 동일하게 되어 있다.
371) 音郞 : 『시전대전(詩傳大全)』에도 동일하게 되어 있다.

○ 音酉.

'유(莠)'의 음은 '유(酉)'이다.

○ 上聲.

'거(去)'는 거성이다.

○ 音冥.

'명(螟)'의 음은 '명(冥)'이다.

○ 音特.372)

'특(螣)'의 음은 '특(特)'이다.

及其蟊賊, 無害我田穉,

모적(賊)을 제거하여야 우리 밭의 어린 이삭을 해침이 없을 것이니,

詳說

○ 莫侯反.373)

'모(蟊)'의 음은 '막(莫)'과 '후(侯)'의 반절이다.

○ 音稚.374)

'치(穉)'의 음은 '치(稚)'이다.

田祖有神, 秉畀炎火.

전조(田祖)의 신은 이것을 잡아 불 속에 던질지어다.

詳說

○ 叶, 虎委反.375)

---

372) 音特:『시전대전(詩傳大全)』에도 동일하게 되어 있다.
373) 莫侯反:『시전대전(詩傳大全)』에도 동일하게 되어 있다.
374) 音稚:『시전대전(詩傳大全)』에도 동일하게 되어 있다.
375) 叶, 虎委反:『시전대전(詩傳大全)』에도 동일하게 되어 있다.

詩集傳詳說 卷之十一 149

'화(火)'는 협운으로 '호(虎)'와 '위(委)'의 반절이다.

朱註

賦也. 方, 房也, 謂孚甲始生, 而未合時也.
부(賦)이다. 방(方)은 방(房)이니, 껍질이 처음 생겨서 아직 합하지 않았을 때이다.

詳說

○ 孚通.
'부(孚)'는 '부(孚)'와 통한다.

○ 孔氏曰 : "孚者, 米外之粟皮, 甲在孚外."376)
공씨가 말하였다 : "'부(孚)'는 쌀 밖의 겉껍질이고, '갑(甲)'은 부의 바깥에 있는 것이다."377)

朱註

實未堅者曰皁.
열매가 덜 여물어 견고하지 못한 것을 조(皁)라 한다.

詳說

○ 長樂劉氏曰 : "粒生而未充滿."378)
장락 유씨가 말하였다 : "쌀알이 생겼으나 아직 꽉 차지 않은 것이다."379)

朱註

稂, 童粱, 莠, 似苗,
낭(稂)은 가라지이고, 피는 벼 이삭과 비슷한데,

---

376) 『시전대전(詩傳大全)』에 공씨의 말로 실려 있다.
377) 『시전대전(詩傳大全)』에는 "공씨가 말하였다 : '이삭에 이미 부(孚)와 갑(甲)이 있다. 부(孚)는 쌀 밖의 겉껍질이고, 갑(甲)은 부의 바깥에 있는 것으로 갑옷이 사람의 밖에 있는 것과 같다.'(孔氏曰 : 穗上已有孚甲. 孚者, 米外之粟皮, 甲者在孚外, 若鎧甲之在人表.)"라고 되어 있다.
378) 『시전대전(詩傳大全)』에 장락 유씨의 말로 실려 있다.
379) 『시전대전(詩傳大全)』에는 "장락 유씨가 말하였다 : '곡식의 알이 생겼으나 아직 꽉 차지 않은 것을 조(皁)라 한다.'(長樂劉氏曰 : 穀粒之生而未充滿, 曰皁.)"라고 되어 있다.

詳說

○ 董氏曰：“稗草也.380)
　동씨가 말하였다：“잡초이다.”381)

朱註

皆害苗之草也. 食心曰螟, 食葉曰螣, 食根曰蟊, 食節曰賊, 皆害苗之蟲也.
모두 이삭을 해치는 풀이다. 속을 파먹는 것을 명(螟)이라 하고, 잎을 먹는 것을 특(螣)이라 하며, 뿌리를 먹는 것을 모(蟊)라 하고, 마디를 먹는 것을 적(賊)이라 하니, 모두 이삭을 해치는 벌레이다.

詳說

○ 蟊音誤.
　'모(蟊)'는 『언해』의 음이 잘못되었다.

○ 蠈通.
　'적(賊)'은 '적(蠈)'과 통한다.

○ 孔氏曰：“皆蝗也.”382)
　공씨가 말하였다：“모두 황충이다.”383)

朱註

穉, 幼禾也.
치(穉)는 어린 벼이다.

詳說

○ 孔氏曰：“蟲災禾穉者, 偏甚.”384)

---

380) 『시전대전(詩傳大全)』에 동씨의 말로 실려 있다.
381) 『시전대전(詩傳大全)』에는 "동씨가 말하였다：'피는 잡초이다.'(董氏曰：莠, 稗草也.)"라고 되어 있다.
382) 『시전대전(詩傳大全)』에 공씨의 말로 실려 있다.
383) 『시전대전(詩傳大全)』에는 "공씨가 말하였다：'모두 황충이다.(孔氏曰：此四種蟲, 皆蝗也.)"라고 되어 있다.
384) 『시전대전(詩傳大全)』에 공씨의 말로 동일하게 실려 있다.

공씨가 말하였다 : "벌레가 어린 싹을 해치는 것은 아주 심하다."

朱註
○ **言其苗旣盛矣,**
"그 싹이 이미 무성하게 되어도

詳說
○ 鄭氏曰 : "擇種之善, 民力之專所致之."385)
정씨가 말하였다 : "좋은 씨를 택해 백성의 힘으로 전력해서 이룬 것이다.".386)

朱註
又必去此四蟲, 然後可以無害田中之禾, 然非人力所及也.
또 반드시 이 네 가지 벌레를 제거한 뒤에야 밭 가운데의 벼를 해치지 않을 수 있지만 인력으로 미칠 수 있는 것이 아니다.

詳說
○ 補此句.
이 구를 더했다.

○ 慶源輔氏曰 : "稂莠則人力足以除之."387)
경원 보씨가 말하였다 : "가라지와 피는 인력으로 충분히 제거할 수 있다.".388)

朱註

---

385) 『시전대전(詩傳大全)』에 정씨의 말로 실려 있다.
386) 『시전대전(詩傳大全)』에는 "정씨가 말하였다 : '좋은 씨를 택해 백성들의 전력과 사시 기후의 조화로 이룬 것이다.'(鄭氏曰 : …. 擇種之善, 民力之專, 時氣之和, 所致之.)"라고 되어 있다.
387) 『시전대전(詩傳大全)』에 경원 보씨의 말로 실려 있다.
388) 『시전대전(詩傳大全)』에는 "경원 보씨가 말하였다 : '…. 그런데 가라지와 피는 인력으로 충분히 제거할 수 있으나 황충은 인력으로 할 수 있는 것이 아니기 때문에 전조의 신이 이 네 벌레를 잡아다가 불 속에 던질 것을 바란 것이다.(慶源輔氏曰 : …. 然稂莠則人力足以除之, 蟲蝗則非人力所及也, 故願田祖之神, 持此四蟲, 付之炎火之中也.)"라고 되어 있다.

故願田祖之神, 爲我持此四蟲,
그러므로 전조(田祖)의 신(神)이 나를 위하여 이 네 가지 벌레를 잡아서

詳說
○ 有.
  '지(之)'는 본문에서의 '유(有)'이다.

○ 添此句.
  이 구를 더했다.

朱註
而付之炎火之中也.
불 가운데 던져주기를 바란다."라고 말한 것이다.

詳說
○ 害苗草, 害苗蟲, 各是別事, 故堅好之下, 又推本其苗, 時而言之.
  싹을 해치는 잡초와 싹을 해치는 벌레는 각기 다른 일이기 때문에 단단하고 아름답다는 말 아래에 그 싹에 미뤄 근본해서 때에 따라 말한 것이다.

朱註
姚崇遣使捕蝗, 引此爲證, 夜中設火, 火邊掘坑, 且焚且瘞
요숭(姚崇)이 사자(使者)를 보내어 황충(蝗蟲)을 잡을 때에 이것을 끌어다 증거로 삼고는 밤중에 불을 피우고 불가에 구덩이를 파놓아 한편으로는 불태워 죽이고, 한편으로는 묻어 죽였으니,

詳說
○ 唐相
  '요숭(姚崇)'은 당나라의 재상이다.

○ 去聲.

'사(使)'는 거성이다.

○ 於曳反
'예(瘞)'는 '어(於)'와 '예(曳)'의 반절이다.

○ 見唐書本傳.
『당서』「본전」에 있다.

朱註
蓋古之遺法如此.
옛날의 유법(遺法)이 이와 같았던 것이다.

詳說
○ 論也.
경문의 의미 설명이다.

○ 安成劉氏曰:"此章言苗旣秀實, 而願其無損也."389)
안성 유씨가 말하였다:"여기의 장에서는 싹이 이미 꽃피고 열매를 맺은 것을 말하면서 피해가 없기를 바란 것이다."

[2-6-8-3]
有渰萋萋, 興雨祁祁,

구름이 뭉게뭉게 일어나 비를 내리기를 서서히 하여

詳說
○ 音掩.
'엄(渰)'의 엄은 '엄(掩)'이다.

○ 音妻.

---

389) 『시전대전(詩傳大全)』에 안성 유씨의 말로 동일하게 실려 있다.

'처(萋)'의 음은 '처(妻)'이다.

|雨我公田, 遂及我私.|

우리 공전에 비를 내리고 마침내 우리 사전에 미치도다.

|詳說|

○ 于付反.390)

'우(雨)'의 음은 '우(于)'와 '부(付)'의 반절이다.

○ 叶, 息夷反.391)

'사(私)'는 협운으로 음은 '식(息)'과 '이(夷)'의 반절이다.

|彼有不穫穉, 此有不斂穧|

저기에는 수확하지 않은 어린 벼가 있고, 여기에는 거두지 않은 벼 묶음이 있으며,

|詳說|

○ 力檢反.392)

'렴(斂)'의 음은 '력(力)'에서의 'ㄹ'과 '검(檢)'에서의 'ㅁ'을 합한 '럼'이다.

○ 音嚌.

'제(穧)'의 음은 '제(嚌)'이다.

|彼有遺秉, 此有滯穗, 伊寡婦之利.|

저기에는 버려진 볏단이 있고, 여기에는 버려진 이삭이 있으니,
이것은 과부의 이익이로다.

|朱註|

賦也. 渰雲興貌, 萋萋盛貌.

---

390) 于付反:『시전대전(詩傳大全)』에도 동일하게 되어 있다.
391) 叶, 息夷反:『시전대전(詩傳大全)』에도 동일하게 되어 있다.
392) 力檢反:『시전대전(詩傳大全)』에도 동일하게 되어 있다.

부(賦)이다. 엄(渰)은 구름이 일어나는 모양이고, 처처(萋萋)는 성한 모양이다.

【詳說】

○ 興作也.
흥이 일어나는 것이다.

【朱註】

祁祁, 徐也. 雲欲盛, 盛則多雨, 雨欲徐, 徐則入土. 公田者, 方里而井, 井九百畝, 其中爲公田. 八家皆私百畝, 而同養公田也.

기기(祁祁)는 느림이다. 구름이 성대하기를 바라니, 성대하게 되면 비를 많이 내리고, 비가 서서히 내리기를 바라니, 서서히 내리면 땅으로 스며든다. 공전이란, 사방 1리가 정(井)의 모양으로 해서 정(井)이 9백 묘(畝)이니, 그 가운데가 공전인 것이다. 8가(家)는 모두 1백 묘(畝)씩을 사전(私田)으로 하여 함께 공전(公田)을 가꾸는 것이다.

【詳說】

○ 出孟子滕文公.
『맹자』「등문공」이 출처이다.

○ 安成劉氏曰 : "六尺爲步, 步百爲畝. 一畝之田, 實積百步, 而方十步."393)

안성 유씨가 말하였다 : "6척이 보(步)이고, 100보가 묘이니, 1묘의 전토는 실로 곱한 10보여서 사방 10보인 것이다."394)

【朱註】

穧, 束, 秉, 把也. 滯, 亦遺棄之意也.
제(穧)는 묶음이고, 병(秉)은 볏단이다. 체(滯) 또한 버린다는 뜻이다.

---

393) 『시전대전(詩傳大全)』에 안성 유씨의 말로 실려 있다.
394) 『시전대전(詩傳大全)』에는 "안성 유씨가 말하였다 : '사마법에 6척이 보(步)이고, 100보가 묘이니, 1묘의 전토는 실로 곱한 10보여서 사방 10보인 것이다. 한 사람의 전토는 ….(安成劉氏曰 : 司馬法以六尺爲步, 步百爲畝. 畝百爲夫一畝之田, 實積百步, 而方十步. 一夫之田, ….)"라고 되어 있다.

'처(萋)'의 음은 '처(妻)'이다.

雨我公田, 遂及我私.

누리 공전에 비를 내리고 마침내 누리 사전에 미치도다.

詳說

○ 于付反.390)

'우(雨)'의 음은 '우(于)'와 '부(付)'의 반절이다.

○ 叶, 息夷反.391)

'사(私)'는 협운으로 음은 '식(息)'과 '이(夷)'의 반절이다.

彼有不穫稚, 此有不斂穧

저기에는 수확하지 않은 어린 벼가 있고, 여기에는 거두지 않은 벼 묶음이 있으며,

詳說

○ 力檢反.392)

'렴(斂)'의 음은 '력(力)'에서의 'ㄹ'과 '검(檢)'에서의 'ㅁ'을 합한 '럼'이다.

○ 音嚌.

'제(穧)'의 음은 '제(嚌)'이다.

彼有遺秉, 此有滯穗, 伊寡婦之利.

저기에는 버려진 볏단이 있고, 여기에는 버려진 이삭이 있으니,
이것은 과부의 이익이로다.

朱註

賦也. 渰雲興貌, 萋萋盛貌.

---

390) 于付反:『시전대전(詩傳大全)』에도 동일하게 되어 있다.
391) 叶, 息夷反:『시전대전(詩傳大全)』에도 동일하게 되어 있다.
392) 力檢反:『시전대전(詩傳大全)』에도 동일하게 되어 있다.

부(賦)이다. 엄(渰)은 구름이 일어나는 모양이고, 처처(萋萋)는 성한 모양이다.

|詳說|
○ 興作也.
흥이 일어나는 것이다.

|朱註|
祁祁, 徐也. 雲欲盛, 盛則多雨, 雨欲徐, 徐則入土. 公田者, 方里而井, 井九百畝, 其中爲公田. 八家皆私百畝, 而同養公田也.
기기(祁祁)는 느림이다. 구름이 성대하기를 바라니, 성대하게 되면 비를 많이 내리고, 비가 서서히 내리기를 바라니, 서서히 내리면 땅으로 스며든다. 공전이란, 사방 1리가 정(井)의 모양으로 해서 정(井)이 9백 묘(畝)이니, 그 가운데가 공전인 것이다. 8가(家)는 모두 1백 묘(畝)씩을 사전(私田)으로 하여 함께 공전(公田)을 가꾸는 것이다.

|詳說|
○ 出孟子滕文公.
『맹자』「등문공」이 출처이다.

○ 安成劉氏曰 : "六尺爲步, 步百爲畝. 一畝之田, 實積百步, 而方十步."393)
안성 유씨가 말하였다 : "6척이 보(步)이고, 100보가 묘이니, 1묘의 전토는 실로 곱한 10보여서 사방 10보인 것이다."394)

|朱註|
穧, 束, 秉, 把也. 滯, 亦遺棄之意也.
제(穧)는 묶음이고, 병(秉)은 볏단이다. 체(滯) 또한 버린다는 뜻이다.

---

393) 『시전대전(詩傳大全)』에 안성 유씨의 말로 실려 있다.
394) 『시전대전(詩傳大全)』에는 "안성 유씨가 말하였다 : '사마법에 6척이 보(步)이고, 100보가 묘이니, 1묘의 전토는 실로 곱한 10보여서 사방 10보인 것이다. 한 사람의 전토는 ….(安成劉氏曰 : 司馬法以六尺爲步, 步百爲畝. 畝百爲夫是一畝之田, 實積百步, 而方十步. 一夫之田, ….)"라고 되어 있다.

詳說

○ 長樂劉氏曰 : "穉, 謂穗之低小刈, 穫之所不及者, 穧, 謂刈而遺忘秉, 縛之所不及者. 秉, 謂束而輦載之, 所不盡者, 滯, 謂刈而折亂秉, 穫之所不逮者, 皆緣豐稔故也."395)
장락 유씨가 말하였다 : "치(穉)는 이삭의 밑을 덜 베어 거두지 않은 것을 말하고, 제(穧)는 베면서 조금씩 떨어뜨려 볏단으로 묶어두지 않은 것을 말하며, 병(秉)은 묶어서 수레에 실어 나르면서 다하지 않은 것을 말하고, 체(滯)는 베면서 어지럽게 된 볏단으로 거두지 않은 것을 말하니, 모두 풍년으로 곡식이 쌓여 있기 때문이다."

○ 按, 劉氏以穧爲把, 以秉爲束, 恐違集傳意.
살펴보건대, 유씨가 제(穧)를 한 줌으로 여기고, 병(秉)을 묶음으로 여긴 것은 「집전」의 뜻을 어긴 것 같다.

朱註

○ 言農夫之心, 先公後私,
농부의 마음이 공을 먼저 하고 사를 뒤에 하였기

詳說

○ 先立論.
먼저 경문의 의미 설명을 한 것이다.

朱註

故望此雲雨
때문에 이 구름이 일어 비가 내리기를 바라면서

詳說

○ 慶源輔氏曰 : "旣無粮莠蟲蝗之灾, 則不可無者雨而已. 故此章又言其望雲與雨."396)

---
395) 『시전대전(詩傳大全)』에 장락 유씨의 말로 동일하게 실려 있다.
396) 『시전대전(詩傳大全)』에 경원 보씨의 말로 실려 있다.

詩集傳詳說 卷之十一   157

경원 보씨가 말하였다 : "이미 가라지·피·벌레·황충의 피해가 없으니, 없어서 안될 것은 비뿐이다. 그러므로 여기의 장에서 또 구름과 비를 바라는 것에 대해 말하였던 것이다."397)

朱註

而曰, 天其雨我公田, 而遂及我之私田乎, 冀怙君德, 而蒙其餘惠, 使收成之際

"하늘이 우리 공전에 비를 내리고 마침내 우리 사전에 미쳤으면 한다."라고 하였으니, 임금의 덕을 믿어 남은 은혜를 입기를 바라며, 수확하는 즈음에

詳說

○ 添三句.

세 구를 더하였다.

朱註

彼有不及穫之穉禾

저쪽에는 미처 수확하지 않은 작은 벼가 있고,

詳說

○ 上章之穉, 以未成者言, 此章之穉, 以已成者言.

위의 장에서 벼는 아직 익지 않은 것으로 말하였고, 여기의 장에서 벼는 이미 익은 것으로 말하였다.

朱註

此有不及斂之穧束, 彼有遺棄之禾把, 此有滯漏之禾穗, 而寡婦尚得取之以爲利也.

여기에는 미처 거두지 않은 벼 묶음이 있으며, 저기에는 버려진 볏단이 있고, 여기에는 누락된 이삭이 있어서 과부들도 이것을 취하여 이익으로 삼게 한 것

---

397) 『시전대전(詩傳大全)』에는 "경원 보씨가 말하였다 : '이미 가라지와 피의 피해가 없고, 또 벌레와 황충의 피해가 없으니, 없어서 안될 것은 비뿐이기 때문에 여기의 장에서 또 구름과 비를 바라는 것에 대해 말하였던 것이다. ….(慶源輔氏曰 : 旣無稂莠之害, 又無蟲螟之害, 則其不可無者, 雨而已, 故此章又言其望雲與雨. ….)"라고 되어 있다.

이다.

詳說

○ 庶幾也.
'상(尚)'은 바라는 것이다.

○ 慶源輔氏曰 : "雨我公田, 尊君之義也, 寡婦之利及, 衆之仁也."398)
경원 보씨가 말하였다 : "'우리 공전에 비를 내린다.'라는 것은 임금을 존중하는 의미이고, '과부의 이익이로다.'라는 것은 일반 사람들의 어짊이다."399)

○ 定宇陳氏曰 : "忠厚若此, 其豳風之氣象乎."400)
정우 진씨가 말하였다 : "이처럼 충후한 것은 「빈풍」의 기상일 것이다."401)

朱註

此見其豐成有餘, 而不盡取, 又與鰥寡共之, 旣足以爲不費之惠,
이것은 풍성하여 남음이 있어 다 취하지 아니하고, 또 환과(鰥寡)와 더불어 함께 함을 나타낸 것이니, 이미 충분히 허비하지 않는 은혜가 될 수 있고

詳說

○ 音現

---

398) 『시전대전(詩傳大全)』에 경원 보씨의 말로 실려 있다.
399) 『시전대전(詩傳大全)』에는 "경원 보씨가 말하였다 : '이미 가라지와 피의 피해가 없고, 또 벌레와 황충의 피해가 없으니, 없어서 안될 것은 빗뿐이기 때문에 여기의 장에서 또 구름과 비를 바라는 것에 대해 말하였던 것이다. 공전을 우선하고 사전을 뒤로하니, 이렇게 한다면 풍년이 될 것이다. 홀아비·과부·고아·돌보아줄 이 없는 자는 성인도 이런 사람들이 없기를 바라지만 또한 없게 할 수 없어 단지 어진 정치를 할 뿐이다. 「우리 공전에 비를 내린다.」라는 것은 임금을 존중하는 의미이고, 「과부의 이익이로다.」라는 것은 일반 사람들의 어짊이다.(慶源輔氏曰 : 旣無稂莠之害, 又無蟲蝗之害, 則其不可無者, 雨而已, 故此章又言其望雲與雨. 先公田而後私田, 如此則成有年矣. 鰥寡孤獨, 聖人雖不欲有此等人, 然亦不能使其無也, 但發政施仁, 則先之而已. 雨我公田, 尊君之義也, 伊寡婦之利及, 衆之仁也.)"라고 되어 있다.
400) 『시전대전(詩傳大全)』에 정우 진씨의 말로 실려 있다.
401) 『시전대전(詩傳大全)』에는 "정우 진씨가 말하였다 : '여기의 장에서는 공전에 비가 내기를 바라는 것은 자신이 있는 것만 알고 임금이 있는 것을 모르는 것이 아니고, 과부에게 이익이 미친다는 것은 자신이 있는 것만 알고 남들이 있는 것을 모르는 것이 아니다. 이처럼 충후한 것은 「빈풍」의 기상일 것이다.(定宇陳氏曰 : 此章欲雨公田, 不至知有已而不知有君, 利及寡婦, 不至知有已而不知有人. 忠厚若此, 其豳風之氣象乎.)"라고 되어 있다.

'현(見)'의 음은 '현(現)'이다.

○ 四字, 出論語堯曰.
'허비하지 않은 은혜'라는 말은 『논어』「요왈」이 출처이다.

朱註
而亦不棄於地也. 不然, 則粒米狼戾,
또한 땅에 버리지 않는 것이다. 그렇지 않다면 곡식이 낭자하게 버려질 것이니,

詳說
○ 四字, 出孟子梁惠王.
'곡식이 낭자하게 버려진다.'는 말은 『맹자』「양혜왕」이 출처이다.

朱註
不殆於輕視天物, 而慢棄之乎
하늘이 내려준 물건을 경시하여 함부로 버림에 가깝지 않겠는가?

詳說
○ 幾也.
'태(殆)'는 가깝다는 것이다.

○ 論也.
경문의 의미 설명이다.

○ 安成劉氏曰 : "此章復願其雨澤溥及, 而收成有餘也."402)
안성 유씨가 말하였다 : "여기의 장에서는 비의 혜택이 널리 미치고 수확의 이룸이 여유가 있기를 다시 바란 것이다.』

---

402) 『시전대전(詩傳大全)』에 안성 유씨의 말로 동일하게 실려 있다.

[2-6-8-4]

曾孫來止, 以其婦子, 饁彼南畝, 田畯至喜.

증손이 오는지라 아내와 자식을 데리고
저 남묘에 밥을 내가니, 전준이 와서 기뻐하도다.

詳說

○ 子畝, 並見前篇.403)

'자(子)'와 '묘(畝)'는 모두 앞의 편에 있다.

來方禋祀, 以其騂黑,

와서 사방의 신에 정결히 제사하여 붉은 희생과 검은 희생과

詳說

○ 音因.404)

'인(禋)'의 음은 '인(因)'이다.

○ 叶, 逸織反.405)

'사(祀)'는 협운으로 음은 '일(逸)'과 '직(織)'의 반절이다.

與其黍稷, 以享以祀, 以介景福.

서직을 가지고 제향을 올리고 제사를 올리니 큰 복을 크게 하리로다.

詳說

○ 同上.406)

'사(祀)'는 위와 같다.

---

403) 子畝, 並見前篇:『시전대전(詩傳大全)』에도 동일하게 되어 있다.
404) 音因:『시전대전(詩傳大全)』에도 동일하게 되어 있다.
405) 叶, 逸織反:『시전대전(詩傳大全)』에도 동일하게 되어 있다.
406) 同上:『시전대전(詩傳大全)』에도 동일하게 되어 있다.

○ 叶, 筆力反.407)

'복(福)'은 협운으로 음은 '필(筆)'과 '력(力)'의 반절이다.

朱註

賦也. 精意以享, 謂之禋 ○ 農夫相告

부(賦)이다. 뜻을 자세하게 하여 제향함을 인(禋)이라 한다. ○ 농부(農夫)들이 서로 말하면서

詳說

○ 先補此句.

먼저 이 구를 더하였다.

朱註

曰, 曾孫來矣.

"증손(曾孫)이 오셨다.

詳說

○ 安成劉氏曰 : "此詩爲農夫之詞, 故以此爲農夫相告言. 曾孫之來省斂, 與上篇章旨不同也."408)

안성 유씨가 말하였다 : "여기의 시는 농부의 말이기 때문에 이것을 농부들이 서로 고하여 말한 것으로 여긴 것이다. 증손이 와서 수확을 살피는 것은 위의 장에서의 의미와 같지 않다."

朱註

於是與其婦子,

이에 처자(妻子)를 데리고

詳說

---

407) 叶, 筆力反 :『시전대전(詩傳大全)』에도 동일하게 되어 있다.
408)『시전대전(詩傳大全)』에 안성 유씨의 말로 동일하게 실려 있다.

○ 以.
'여(與)'는 본문에서 '이(以)'이다.

○ 農夫與也, 與上篇曾孫之與, 不同.
농사가 데리고 가는 것은 위의 편에서 증손이 데리고 가는 것과는 같지 않다.

朱註
饁彼南畝之穫者, 而田畯, 亦至而喜之也.
저 남묘의 수확하는 자에게 밥을 내가니, 전준(田畯)이 또한 와서 기뻐하였다.

詳說
○ 臨川王氏曰 : "喜其趨穫事."409)
임천 왕씨가 말하였다 : "농부가 서둘러 수확하는 일을 기뻐한 것이다."

朱註
曾孫之來,
증손이 옴에

詳說
○ 補曾孫字.
'증손(曾孫)'이라는 말을 더하였다.

朱註
又禋祀四方之神, 而賽禱焉. 四方, 各用其方色之牲, 此言騂黑, 擧南北
또 사방의 신에게 제사하여 기도했다."라고 하였다. 사방에는 각기 방위에 맞는 희생(犧牲)을 사용하는데, 여기에서 성(騂)과 흑(黑)을 말한 것은 남과 북을 들어서

詳說

---

409) 『시전대전(詩傳大全)』에 임천 왕씨의 말로 동일하게 실려 있다.

詩集傳詳說 卷之十一 163

○ 東萊呂氏曰 : "南用騂, 北用黑."410)
동래 여씨가 말하였다. "남쪽에는 성(騂)을 사용하고 북쪽에는 흑(黑)을 사용한다."411)

朱註
以見其餘也. 以介景福農夫欲曾孫之受福也.
그 나머지를 나타낸 것이다. 큰 복을 크게 한다는 것은 농부가 증손이 큰 복을 받기를 원한 것이다.

詳說
○ 音現.
'현(見)'의 음은 '현(現)'이다.

○ 孔氏曰 : "略舉二方以爲韻句.412)
공씨가 말하였다 : "공씨의 이른바 대략 두 방향을 들어 운의 구절로 삼은 것이 여기에 해당한다."413)

○ 安成劉氏曰 : "卒章言其收穫之後, 報祀獲福也."414)
안성 유씨가 말하였다 : "끝의 장에서 수확한 다음 수확의 복을 보답하는 제사한다는 것에 대해 말하였다.

朱註
大田四章, 二章章八句, 二章章九句.
「대전」은 4장으로 두 장은 장이 8구이고, 두 장은 장이 9구이다.

---

410) 『시전대전(詩傳大全)』에 동래 여씨의 말로 실려 있다.
411) 『시전대전(詩傳大全)』에는 '동래 여씨가 말하였다. '남쪽에는 성(騂)을 사용하고 북쪽에는 흑(黑)을 사용하니, 공씨의 이른바 대략 두 방향을 들어 운의 구절로 삼은 것이 여기에 해당한다.'(東萊呂氏曰 : 南方用騂, 北方用黑. 孔氏所謂, 略舉二方以爲韻句, 是也.)"라고 되어 있다.
412) 『시전대전(詩傳大全)』에 동래 여씨가 인용한 공씨의 말로 실려 있다.
413) 『시전대전(詩傳大全)』에는 "동래 여씨가 말하였다. '…, 공씨의 이른바 대략 두 방향을 들어 운의 구절로 삼은 것이 여기에 해당한다.'(東萊呂氏曰 : …, 孔氏所謂, 略舉二方以爲韻句, 是也.)"라고 되어 있다.
414) 『시전대전(詩傳大全)』에 안성 유씨의 말로 거의 동일하게 실려 있다.

前篇有擊鼓, 以御田祖之文. 故或疑此楚茨信南山甫田大田四篇, 卽爲豳雅, 其詳見於豳風之末, 亦未知其是否也.

전편(前篇)에 "북을 쳐서 전조(田祖)를 맞이한다."는 글이 있었다. 그러므로 어떤 이는 여기의 「초자(楚茨)」・「신남산(信南山)」・「보전(甫田)」・「대전(大田)」 네 편이 바로 「빈아(豳雅)」라고 의심하니, 그 상세한 것은 빈풍(豳風)의 끝에 보이는데, 또한 그 말이 옳은지는 알지 못하겠다.

詳說

○ 音現.

'현(見)'의 음은 '현(現)'이다.

○ 朱子曰 : "反覆讀之, 其辭氣與七月, 良耜等篇, 大抵相類, 四篇卽豳雅, 斷無可疑."415)

주자가 말하였다 : "반복해서 읽으면 그 어투가 「칠월(七月)」・「양사(良耜)」 등의 편과 대체로 서로 비슷하니, 네 편은 곧 「빈아」로 결단에 의심할 것이 없다."416)

○ 三山李氏曰 : "其始皆言黍稷, 次言祭祀, 乃以福祿終之."417)

삼산 이씨가 말하였다 : "그 시작에는 모두 서직을 말하고, 다음에는 제사를 말하고는 이에 복록으로 마쳤다."418)

然前篇, 上之人以我田旣臧, 爲農夫之慶, 而欲報之以介福, 此篇農夫以雨我公田, 遂及我私, 而欲其享祀, 以介景福. 上下之情, 所以相賴, 而相報者, 如此, 非盛德, 其孰能之.

그러나 앞의 편에서는 윗사람이 우리 토지가 이미 좋음을 농부의 복으로 여겨

---

415) 『시전대전(詩傳大全)』에 주자의 말로 실려 있다.
416) 『시전대전(詩傳大全)』에는 "주자가 말하였다 : '「초자」 이하 네 편은 곧 「빈아」로 반복해서 읽으면 그 어투가 「칠월(七月)」・「재삼(載芟)」・「양사(良耜)」 등의 편과 대체로 서로 비슷하니, 결단에 의심할 것이 없다.(朱子曰 : 楚茨以下四篇, 卽豳雅, 反覆讀之, 其辭氣, 與七月載芟良耜等篇, 大抵相類, 斷無可疑.)"라고 되어 있다.
417) 『시전대전(詩傳大全)』에 삼산 이씨의 말로 실려 있다.
418) 『시전대전(詩傳大全)』에는 "삼산 이씨가 말하였다 : '「초자」・「신남산」・「보전」・「대전」에서 그 시작에는 모두 서직을 말하고, 다음에는 제사를 말하고는 이에 복록으로 마쳤다.'(三山李氏曰 : 楚茨信南山甫田大田, 其始皆言黍稷, 次言祭祀, 乃以福祿終之.)"라고 되어 있다.

큰 복으로써 보답하고자 하였고, 여기의 편에서는 농부가 우리 공전에 비를 내려 마침내 우리 사전에 미침에 향(享), 사(祀)를 올려 큰 복을 크게 하고자 하였다. 윗사람과 아랫사람의 마음이 서로 의뢰하고 서로 보답함이 이와 같았으니, 성대한 덕이 아니면 그 누가 이것을 할 수 있겠는가?

詳說

○ 照楚茨章下註末句.

「초자」장의 아래의 주에서 말구를 참조하라.

○ 慶源輔氏曰 : "君以民爲體, 民以君爲心, 君之德固厚, 而民之德亦厚也."419)

경원 보씨가 말하였다 : "임금은 백성을 몸으로 여기고, 백성은 임금을 마음으로 여기니, 임금의 덕이 진실로 두텁고, 백성의 덕도 두텁다."420)

[2-6-9-1]

瞻彼洛矣, 維水泱泱.

저 낙수를 보건대 물이 깊고도 넓도다.

詳說

○ 音秧, 無韻未詳.421)

'앙(泱)'의 음은 '앙(秧)'이고, 운이 없는 것은 자세하지 않다.422)

君子至止, 福祿如茨. 韎韐有奭, 以作六師.

---

419) 『시전대전(詩傳大全)』에 경원 보씨의 말로 실려 있다.
420) 『시전대전(詩傳大全)』에는 '경원 보씨가 말하였다 : 윗사람이 아랫사람에게 이처럼 보답하고자 하는 것은 임금이 백성을 몸으로 여기는 것이다. 아랫사람이 윗사람에게 이처럼 보답하고자 하는 것은 백성이 임금을 마음으로 여기는 것이다. 윗사람과 아랫사람의 마음이 서로 비슷해 하나로 되면 임금의 덕이 진실로 두텁게 되고, 백성의 덕도 두텁게 된다.'(慶源輔氏曰 : 上之欲報其下者, 如此, 則是君以民爲體也. 下之欲報其上者, 如此, 則是民以君爲心也. 上下之情相類以爲一, 則君之德固厚, 而民之德亦厚也.)"라고 되어 있다.
421) 音秧, 無韻未詳 : 『시전대전(詩傳大全)』에는 다소 다르게 되어 있다.
422) 『시전대전(詩傳大全)』에는 "'앙(泱)'의 음은 '어(於)'와 '량(良)'의 반절이고, 운이 없는 것은 자세하지 않다.(於良反, 無韻未詳.)"라고 되어 있다.

군자가 이르시니 복록이 이엉처럼 쌓였도다.
붉은 슬갑이 짙게 붉으니 육사(六師)를 일으키도다.

詳說

○ 音昧.423)
'매(韎)'의 음은 '매(昧)'이다.

○ 音閤.424)
'합(韐)'의 음은 '합(閤)'이다.

○ 許力反.425)
'석(奭)'의 음은 '허(許)'와 '력(力)'의 반절이다.

○ 洛泱二字, 蓋三章, 自相應而爲韻, 如麟趾之末東山之首耳
'락(洛)'과 '앙(泱)' 두 글자는 대개 세 장에서 스스로 호응해서 운이 되었으니, 「인지(麟趾)」의 끝과 「동산(東山)」의 처음과 같다.

朱註

賦也. 洛, 水名, 在東都, 會諸侯之處也. 泱泱, 深廣也. 君子, 指天子也. 茨, 積也.
부(賦)이다. 낙(洛)은 물 이름으로 동도(東都)에 있는데, 제후를 모으는 곳이다. 앙앙(泱泱)은 깊고 넓음이다. 군자는 천자를 가리킨다. 자(茨)는 쌓임이다.

詳說

○ 屋蓋積厚.
집의 덮개가 두텁게 쌓였다.

朱註

---

423) 音昧 : 『시전대전(詩傳大全)』에도 동일하게 되어 있다.
424) 音閤 : 『시전대전(詩傳大全)』에도 동일하게 되어 있다.
425) 許力反 : 『시전대전(詩傳大全)』에도 동일하게 되어 있다.

韎, 茅蒐, 所染色也
매(韎)는 모수(茅蒐)로 염색하는 것이다.

詳說

○ 廬陵李氏曰 : "一名蒨, 可以染絳."426)
여릉 이씨가 말하였다 : "일명 천(蒨)으로 진홍색으로 염색할 수 있다."427)

韐, 韠也, 合韋爲之.
합(韐)은 슬갑이니, 가죽을 합쳐 만든다.

詳說

○ 諺音誤.
'합(韐)'은 『언해』의 음이 잘못되었다.

○ 孔氏曰 : "蔽膝衣."428)
공씨가 말하였다 : "무릎을 덮는 옷이다."

○ 廬陵李氏曰 : "合韋爲之, 故謂之韐."429)
여릉 이씨가 말하였다 : "가죽을 합해서 만들기 때문에 합(韐)이라고 하는 것이다."

朱註

周官所謂韋弁, 兵事之服也.
『주관』에서 이른바 위변(韋弁)으로 병사의 복장이다.

詳說

---

426) 『시전대전(詩傳大全)』에 여릉 이씨의 말로 실려 있다.
427) 『시전대전(詩傳大全)』에는 "여릉 이씨가 말하였다 : '모수(茅蒐)는 일명 천(蒨)으로 진홍색으로 염색할 수 있다. (廬陵李氏曰 : 茅蒐, 一名蒨, 可以染絳. ….)"라고 되어 있다.
428) 『시전대전(詩傳大全)』에 공씨의 말로 거의 비슷하게 실려 있다.
429) 『시전대전(詩傳大全)』에 여릉 이씨의 말로 동일하게 실려 있다.

○ 周禮司服.
『주례』「사복」이다.

○ 安成劉氏曰 : "詳見六月常服註."430)
안성 유씨가 말하였다 : "자세한 것은 「유월」 상복(常服)의 주에 있다."

朱註
奭, 赤貌. 作, 猶起也. 六師, 六軍也, 天子六軍
혁(奭)은 붉은 모양이다. 작(作)은 기(起)와 같다. 육사(六師)는 육군(六軍)으로 천자는 육군(六軍)이다.

詳說
○ 赩同.
'혁(奭)'은 '혁(赩)'과 같다.

○ 安成劉氏曰 : "總七萬五千人."431)
안성 유씨가 말하였다 : "총 7만 5천명이다."432)

朱註
○ 此天子會諸侯于東都, 以講武事
이것은 천자가 제후들을 동도에 모아 군대에 대한 일을 밝힘에

詳說
○ 大意與車攻同.
큰 의미는 「거공(車攻)」과 같다.

---

430) 『시전대전(詩傳大全)』에 안성 유씨의 말로 거의 동일하게 실려 있다.
431) 『시전대전(詩傳大全)』에 안성 유씨의 말로 실려 있다.
432) 『시전대전(詩傳大全)』에는 "안성 유씨가 말하였다 : '천자의 육군은 육향에서 나온다. 1만 2천 5백가가 향이다. 동원하는 인력을 집에서 한 사람을 넘어가지 않기 때문에 1만 2천 5백가가 일군이니, 육군은 총 7만 5천명이다.'(安成劉氏曰 : 天子六軍, 出自六鄕. 盖一萬二千五百家爲鄕. 凡起徒役, 毋過家一人, 故一萬二千五百家爲一軍, 六軍, 總七萬五千人也.)"라고 되어 있다.

朱註

而諸侯美天子之詩.

제후가 천자를 찬미한 시이다.

詳說

○ 頌禱其福.

그 복을 기리며 빈 것이다.

朱註

言天子至此洛水之上, 御戎服而起六師也.

천자가 이 낙수가에 이르러 융복을 입고 육사(六師)를 일으킴을 말한 것이다.

[2-6-9-2]

瞻彼洛矣, 維水泱泱. 君子至止, 鞞琫有珌.

저 낙수를 보건대 물이 깊고도 넓도다.
군자가 이르시니 칼집의 위아래에 장식한 옥이 있도다.

詳說

○ 補頂反.[433)

'비(鞞)'의 음은 '보(補)'와 '정(頂)'의 반절이다.

○ 音菶

'봉(琫)'의 음은 '봉(菶)'이다.

○ 音必

'필(珌)'의 음은 '필(必)'이다.

君子萬年, 保其家室也.

---

433) 補頂反:『시전대전(詩傳大全)』에도 동일하게 되어 있다.

군자가 만년토록 그 가실을 보전하리로다.

朱註

賦也. 鞞, 容刀之鞞, 今刀鞘也. 琫上飾,
부(賦)이다. 병(鞞)은 칼을 넣는 칼집이니, 바로 지금의 칼집이다. 봉(琫)은 위에 장식한 것이고,

詳說

○ 見公劉.
「공류(公劉)」434)에 있다.

○ 音笑.
'초(鞘)'의 음은 '소(笑)'이다.

○ 有又通.
'위로 장식했다'는 것은 또 있다는 것과 통한다.

朱註

珌, 下飾, 亦戎服也.
필(珌)은 아래에 장식한 것이니, 또한 융복(戎服)이다.

詳說

○ 毛氏曰 : "天子, 玉琫而珧珌, 諸侯, 鐐琫而璆珌."435)
모씨가 말하였다 : "천자는 옥으로 칼집을 장식하고 대합의 자개로 칼을 장식하며, 제후는 황금으로 칼집을 장식하고 옥으로 칼집을 장식한다."436)

---

434) 「공류(公劉)」 : 빈풍(豳風) 칠월(七月)〉 편을 가리킨다.
435) 『시전대전(詩傳大全)』에 모씨의 말로 실려 있다.
436) 『시전대전(詩傳大全)』에는 "모씨가 말하였다 : '천자는 옥으로 칼집을 장식하고 대합의 자개로 칼을 장식하며, 제후는 황금으로 칼집을 장식하고 옥으로 칼집을 장식한다. 요(珧)는 음이 요(遙)이고, 탕(鐐)은 음이 탕(盪)이며, 구(璆)는 음이 구(求)이다. 공씨가 말하였다 : 「요(珧)는 무명 조개의 자개이고, 황금을 탕(鐐)이라고 한다.」'(毛氏曰 : 天子, 玉琫而珧珌, 諸侯, 鐐琫而璆珌. 珧, 音遙. 鐐, 音盪. 璆, 音求. 孔氏曰 : 珧蜃甲也, 黃金謂之鐐.)"라고 되어 있다.

[2-6-9-3]

瞻彼洛矣, 維水泱泱. 君子至止, 福祿旣同. 君子萬年, 保其家邦.

저 낙수를 보건대 물이 깊고도 넓도다. 군자가 이르시니 복록이 이미 모였도다. 군자가 만년토록 그 집과 나라를 보전하리로다.

詳說

○ 叶, 卜工反.[437]

'방(邦)'은 협운으로 음은 '복(卜)'과 '공(工)'의 반절이다.

朱註

賦也. 同, 猶聚也.

부(賦)이다. 동(同)은 취(聚)와 같다.

詳說

○ 室狹而邦廣.

집은 좁고 나라는 넓다.

朱註

瞻彼洛矣, 三章, 章六句.

「첨피락의」는 3장으로 장은 6구이다.

詳說

○ 定宇陳氏曰 : "不忘武備, 乃所以久福祿, 而保國家之道也. 後世廢武備, 而不戒不虞, 如晉武者, 其不能久安長治, 互也."[438]

정우 진씨가 말하였다 : "전쟁에 대한 대비를 잊지 않은 것이 바로 복록을 오래도록 하고 국가를 보전하는 도이다. 후세에 전쟁에 대한 대비를 하지 않으

---

437) 叶, 卜工反:『시전대전(詩傳大全)』에도 동일하게 되어 있다.
438)『시전대전(詩傳大全)』에 정우 진씨의 말로 실려 있다.

면서 경계하지 않고 걱정하지 않은 것은 이를테면 진나라의 무제가 오래도록 편안하고 길이 다스릴 수 없었던 것으로 당연한 것이다."439)

[2-6-10-1]

裳裳者華, 其葉湑兮.

상체의 꽃이여 그 잎이 성하도다.

詳說

○ 思呂反.440)

'서(湑)'의 음은 '사(思)'와 '여(呂)'의 반절이다.

我覯之子, 我心寫兮.

내 그대를 만나니 내 마음 모두 쏟아놓도다.

詳說

○ 叶, 想與反.441)

'사(寫)'는 협운으로 '상(想)'과 '여(與)'의 반절이다.

我心寫兮, 是以有譽處兮.

내 마음 쏟아놓으니 이 때문에 즐거움과 편안함이 있도다.

朱註

興也.

흥(興)이다.

---

439) 『시전대전(詩傳大全)』에는 "정우 진씨가 말하였다 : '전쟁에 대한 일을 밝혀 그 대비를 잊지 않은 것이 바로 복록을 오래도록 하고 국가를 보전하는 도이다. 이것을 안다면, 후세에 전쟁에 대한 대비를 하지 않으면서 경계하지 않고 걱정하지 않은 것은 이를테면 진나라의 무제가 오래도록 편안하고 길이 다스릴 수 없었던 것으로 당연한 것이다.'(定宇陳氏曰 : 講武事, 而不忘武備, 乃所以久福祿, 而保國家之道也. 知此, 則後世之廢武備, 而不戒不虞, 如晉武者, 其不能久安長治, 宜也.)"라고 되어 있다.
440) 思呂反 : 『시전대전(詩傳大全)』에도 동일하게 되어 있다.
441) 叶, 想與反 : 『시전대전(詩傳大全)』에도 동일하게 되어 있다.

詳說

○ 兮字相應.

'혜(兮)'자가 서로 호응한다.

裳裳, 猶堂堂.

상상(裳裳)은 당당(堂堂)과 같다.

詳說

○ 盛也

'당당(堂堂)'은 성대함이다.

董氏云, 古本作常,

동씨(董氏)는 "고본에 상(常)으로 되어 있으니,

詳說

○ 一作曰.

'운(云)'자는 어떤 판본에는 '왈(曰)'자로 되어 있다.

○ 句, 或云, 下字句.

구두해야 한다. 어떤 이는 "아래 글자에서 구두해야 한다."라고 하였다.

常棣也.

상체(常)이다."라고 하였다.

詳說

○ 若作常棣, 則於下章, 或黃或白語, 恐不通.

상체로 한다면 아래의 장에서 황이나 백이라는 말과 통하지 않을 것 같다.」

湑, 盛貌. 覯, 見. 處, 安也. ○ 此天子美諸侯之辭, 蓋以答瞻彼洛矣也.

서(湑)는 성한 모양이다. 구(覯)는 만나봄이고, 처(處)는 편안함이다. ○ 이것은 천자가 제후를 찬미한 말로 「첨피락의(瞻彼洛矣)」에 답한 것이다.

[詳說]
○ 朱子曰：" 詩多有酬酢應答之篇, 桑扈鴛鴦, 皆然."442)
주자가 말하였다 : "시에는 수작하고 응답한 편이 많으니,「상호(桑扈)」와 「원앙(鴛鴦)」이 모두 그런 것이다."443)

言裳裳者華, 則其葉湑然, 而美盛矣, 我覯之子, 則其心傾寫, 而悅樂之矣.
상체의 꽃은 그 잎이 산뜻하면서 아름답게 성대하고, 내 그 분을 만나니, 내 마음 모두 쏟아놓고 기쁘고 즐겁게 한다는 말이다.

[詳說]
○ 音花.
'화(華)'의 음은 '화(花)'이다.

○ 我.
'기(其)'는 아(我)이다.

○ 音洛, 下同.
'락(樂)'의 음은 '락(洛)'으로 아래에서도 같다.

○ 補悅樂字.
'열락(悅樂)'이라는 글자를 더하였다.

夫能使見者, 悅樂之如此, 則其有譽處宐矣. 此章, 與蓼蕭首章, 文勢全相似.
만나보는 자를 기뻐하고 즐겁게 하기를 이와 같이 하였다면, 즐거움과 편안함을 간직함이 당연한 것이다. 이 장은 「요소(蓼蕭)」의 첫 장과 어투가 완전히 서로

---

442)『시전대전(詩傳大全)』에 주자의 말로 동일하게 실려 있다.
443)『시전대전(詩傳大全)』에는 "주자가 말하였다 : '시에는 수작하고 응답한 편이 많다. 「첨피락의」는 그 임금에게 아름다움을 돌린 것으로 군자는 임금을 가리킨다. 당시에 낙수가에서 조회를 하면서 신하가 이처럼 그 임금에게 기원한 것이다. 「상상자화」는 또 임금이 그 신하에 보답한 것이니,「상호(桑扈)」와「원앙(鴛鴦)」이 모두 그런 것이다.'(朱子曰 : 詩多有酬酢應答之篇. 瞻彼洛矣, 是臣歸美其君, 君子指君也. 當時朝會於洛水之上, 而臣祝其君如此. 裳裳者華, 又是君報其臣, 桑扈鴛鴦皆然.)"라고 되어 있다.

비슷하다.

詳說

○ 音扶

'부(夫)'의 음은 '부(扶)'이다.

○ 論也.

경문의 의미 설명이다.

○ 慶源輔氏曰：＂文勢相似, 故知其爲天子美諸侯也.＂444)

경원 보씨가 말하였다：＂어투가 서로 비슷하기 때문에 그것이 천자가 제후를 찬미한 것임을 알겠다.＂445)

[2-6-10-2]

裳裳者華, 芸其黃矣. 我覯之子, 維其有章矣. 維其有章矣, 是以有慶矣.

상체의 꽃이여 짙게 누렇도다. 내 그대를 만나니 그 문장이 있도다. 그 문장이 있으니 이 때문에 경사가 있도다

詳說

○ 叶, 墟羊反.446)

'경(慶)'은 협운으로 음은 '허(墟)'와 '양(羊)'의 반절이다.

朱註

興也.

---

444) 『시전대전(詩傳大全)』에 경원 보씨의 말로 실려 있다.
445) 『시전대전(詩傳大全)』에는 ＂경원 보씨가 말하였다：'제후인데 천자가 그를 봄에 이처럼 기쁘고 즐거우니, 이 때문에 즐겁고 편안한 것이다. 선생은 이 장을 가지고 「요소」 첫 장과 어투가 서로 비슷하기 때문에 그것이 천자가 제후를 찬미한 시로 「첨피락의」에 답한 것임을 안 것이다.(慶源輔氏曰：爲諸侯, 而使天子見之, 悅樂如此, 是以有譽處矣. 先生正以此章, 與蓼蕭首章, 文勢相似, 故知其爲天子美諸侯之詩, 以答瞻彼洛矣也.)＂라고 되어 있다.
446) 叶, 墟羊反：『시전대전(詩傳大全)』에도 동일하게 되어 있다.

흥(興)이다.

> 詳說
>
> ○ 其矣字, 相應.
> '기(其)'자와 '의(矣)'자가 서로 호응한다.
>
> ○ 此下二章, 兼有比意.
> 이 아래 두 장에는 겸하여 비(比)의 의미가 있다.

芸, 黃盛也. 章, 文章也, 有文章, 斯有福慶矣.
운(芸)은 황색(黃色)이 성한 것이다. 장(章)은 문장(文章)이니, 문장(文章)이 있으면 여기에 복이 있는 것이다.

> 詳說
>
> ○ 句坊本, 於黃字句.
> 『구방본』은 '황(黃)'자에서 구두하였다.
>
> ○ 慶源輔氏曰 : "文章, 德之彌中, 而彪外者. 德之彰著如此, 則固宐其有福慶也."447)
> 경원 보씨가 말하였다 : "문장은 덕이 속으로 두루 해서 밖으로 빛나는 것이다. 덕이 이처럼 드러난다면 진실로 복이 있어야 하는 것이다."

[2-6-10-3]

裳裳者華, 或黃或白.

상체의 꽃이여 혹 누렇고 혹 희도다.

> 詳說
>
> ○ 叶, 僕各反.448)

---

447) 『시전대전(詩傳大全)』에 경원 보씨의 말로 거의 비슷하게 실려 있다.
448) 叶, 僕各反 : 『시전대전(詩傳大全)』에도 동일하게 되어 있다.

'백(白)'은 협운으로 음은 '복(僕)'과 '각(各)'의 반절이다.

我覯之子, 乘其四駱. 乘其四駱, 六轡沃若.

내 그대를 만나니 네 필의 낙마(駱馬)를 탔도다. 네 필의 낙마를 탔으니 여섯 고삐가 부드럽도다.

朱註

興也.

흥(興)이다.

詳說

○ 此章只取者, 華之子, 語勢之相應.

여기의 장에서 단지 취한 것은 '황지자(華之子)'와 어투가 서로 호응하는 것이다.

言其車馬威儀之盛.

그 거마와 위의의 성대함을 말한 것이다.

詳說

○ 六轡沃若, 見皇華註

'여섯 고삐가 부드럽다.'는 것은 「황화(皇華)」의 주에 있다.

[2-6-10-4]

左之左之, 君子宜之,

왼쪽으로 인도하고 왼쪽으로 인도함에 군자가 마땅하며

詳說

○ 叶, 祖戈反.449)

'좌(左)'는 협운으로 음은 '조(祖)'와 '과(戈)'의 반절이다.

---

449) 叶, 祖戈反:『시전대전(詩傳大全)』에도 동일하게 되어 있다.

○ 同上.450)

'좌(左)'는 위와 같다.

○ 叶, 牛何反.451)

'의(宜)'는 협운으로 음은 '우(牛)'와 '하(何)'의 반절이다.

右之右之, 君子有之.

오른쪽으로 인도하고 오른쪽으로 인도함에 군자가 가지고 있도다.

詳說

○ 叶, 羽己反.452)

'우(右)'는 협운으로 음은 '우(羽)'와 '기(己)'의 반절이다.

○ 同上.453)

'우(右)'는 위와 같다.

○ 叶, 羽己反.454)

'유(有)'는 협운으로 '우(羽)'와 '기(己)'의 반절이다.

維其有之, 是以似之.

그 모두를 가지고 있는지라 이 때문에 그와 같도다.

詳說

○ 同上.455)

'유(有)'는 위와 같다.

---

450) 同上:『시전대전(詩傳大全)』에도 동일하게 되어 있다.
451) 叶, 牛何反:『시전대전(詩傳大全)』에도 동일하게 되어 있다.
452) 叶, 羽己反:『시전대전(詩傳大全)』에도 동일하게 되어 있다.
453) 同上:『시전대전(詩傳大全)』에도 동일하게 되어 있다.
454) 叶, 羽己反:『시전대전(詩傳大全)』에도 동일하게 되어 있다.
455) 同上:『시전대전(詩傳大全)』에도 동일하게 되어 있다.

○ 叶, 養里反.[456]
'사(似)'는 협운으로 음은 '양(養)'과 '리(里)'의 반절이다.

○ 左右之叶, 雖著於其上者, 然實則爲下者之叶耳. 蓋叶雖在下, 而上之音, 亦不可異同, 故著於上, 此與有字之兩叶, 不同其例.
좌와 우가 협운인 것이 위에서 드러날지라도 실은 아래의 협운이 되는 것일 뿐이다. 협운이 아래에 있을지라도 위의 음도 같지 않기 때문에 위에서 드러난 것이니, 이것은 유(有)자의 두 협운과 그 예를 같지 않게 하는 것이다.

朱註
賦也. 言其才全德備,
부(賦)이다. 재주가 온전하고 덕이 구비되어

詳說
○ 先補說而總提之.
먼저 보완해서 설명하고 총체적으로 제시한 것이다.

以左之,
왼쪽으로 인도함에

詳說
○ 用之於左.
왼쪽에 사용하는 것이다.
○ 再言之, 左非一處也.
거듭해서 말했으니, 왼쪽은 한 곳이 아니다.

則無所不宜,
마땅하지 않은 바가 없고,

---

456) 叶, 養里反:『시전대전(詩傳大全)』에도 동일하게 되어 있다.

> [詳說]
> ○ 以才言.
>> 재주로 말한 것이다.

以右之, 則無所不有.
오른쪽으로 인도함에 있지 않은 바가 없는 것이다.

> [詳說]
> ○ 以德言.
>> 덕으로 말한 것이다.

維其有之於內, 是以形之於外者,
그 안에 간직하고 있으니, 이 때문에 밖에 나타남이

> [詳說]
> ○ 補內外字.
>> '내(內)'와 '외(外)'자를 더하였다.
>
> ○ 外指才.
>> 밖은 재주를 가리킨다.

無不似其所有也.
그 간직하고 있는 바와 같지 않음이 없는 것이다.

> [詳說]
> ○ 補有字.
>> '유(有)'자를 더하였다

裳裳者華四章, 章六句.
「상상자화」는 4장으로 장은 6구이다.

北山之什十篇, 四十六章, 三百三十四句.
「북산지십」은 10편으로 46장이고, 334구이다.

시집전상설 12권
詩集傳詳說 卷之十二

2-7. 상호지십 (桑扈之什 二之七)

[2-7-1-1]
交交桑扈, 有鶯其羽.

이리저리 날아다니는 상호새여 그 깃이 아름답도다.

詳說

○ 音戶.

'호(扈)'의 음은 '호(戶)'이다.

君子樂胥, 受天之祜.

詳說

○ 音洛.457)

'락(樂)'의 음은 '락(洛)'이다.

○ 胥, 思呂反.458)

'서(胥)'는 협운으로 '사(思)'와 '여(呂)'의 반절이다.

○ 音戶

'호(祜)'의 음은 '호(戶)'이다.

朱註

興也. 交交, 飛往來之貌. 桑扈, 竊脂也. 鶯然, 有文章也. 君子, 指諸侯. 胥, 語辭. 祜, 福也. ○ 此亦

흥(興)이다. 교교(交交)는 날아서 왔다갔다하는 모양이다. 상호(桑扈)는 절지(竊

---

457) 音洛 : 『시전대전(詩傳大全)』에도 동일하게 되어 있다.
458) 胥, 思呂反 : 『시전대전(詩傳大全)』에도 동일하게 되어 있다.

脂)이고 앵연(鶯然)은 문장(文章)이 있는 것이다. 군자는 제후를 가리킨다. 서(胥)는 어조사(語助詞)이다. 호(祜)는 복(福)이다. ○ 이것도

|詳說|
○ 照上篇.
위의 편을 참조하라.

|朱註|
天子燕諸侯之詩. 言交交桑扈, 則有鶯其羽矣, 君子樂胥, 則受天之祜矣
천자가 제후에게 잔치를 베풀어주는 시이다. 이리저리 날아다니는 상호 새는 그 깃이 앵연(鶯然)히 아름답고 군자가 즐거워하면 하늘의 복을 받는다는 말이니,

|詳說|
○ 君子與桑扈相應.
군자와 상치 새가 서로 호응한다.

|朱註|
頌禱之辭也.
송축하는 말이다.

|詳說|
○ 慶源輔氏曰 : "四章雖皆頌禱, 亦寓期望戒勵之意."459)
경원 보씨가 말하였다 : "네 장에서 비록 모두 송축했을지라도 기대경계와 권고를 기대하는 의미이다."460)

[2-7-1-2]
交交桑扈, 有鶯其領. 君子樂胥, 萬邦之屛.

이리저리 날아다니는 상호 새여 그 목이 아름답도다. 군자가 즐거워하니 만방의

---
459) 『시전대전(詩傳大全)』에 경원 보씨의 말로 실려 있다.
460) 『시전대전(詩傳大全)』에는 "경원 보씨가 말하였다 : '네 장에서 비록 모두 송축했을지라도 기대경계와 권고를 기대하는 의미이다.'(慶源輔氏曰 : 四章雖皆頌禱之辭, 然亦寓期望戒勵之意.)"라고 되어 있다.

병풍이로다.

> 詳說
>
> ○ 音丙.
>> '병(屛)'의 음은 '병(丙)'이다.

> 朱註
>
> **興也. 領, 頸. 屛, 蔽也, 言其能爲小國之藩衛,**
>
> 흥(興)이다. 영(領)은 목이다. 병(屛)은 가리움이니, 작은 나라의 울타리와 호위가 됨을 말한 것이니,

> 詳說
>
> ○ 臨川王氏曰 : "禦外以蔽內."461)
>> 임천 왕씨가 말하였다 : "밖을 막아 안을 숨기는 것이다."462)

> 朱註
>
> **蓋任方伯連帥之職者也.**
>
> 방백(方伯)과 연수(連帥)의 직책을 맡은 자이다.

> 詳說
>
> ○ 侯國之大者
>> 제후의 나라에서 큰 것이다.
>
> ○ 禮記王制曰 : "十國爲連, 連有帥, 二百十國爲州, 州有伯."463)
>> 『예기』「왕제」에서 말하였다 : "10나라가 연이고, 연에는 수가 있으며, 210국이 주이고, 주에는 백이 있다."464)

---

461) 『시전대전(詩傳大全)』에 임천 왕씨의 말로 실려 있다.
462) 『시전대전(詩傳大全)』에는 "임천 왕씨가 말하였다 : '병풍은 밖을 막아 안을 숨기는 것이다.'(臨川王氏曰 : 屛之爲物, 禦外以蔽內也.)"라고 되어 있다.
463) 『시전대전(詩傳大全)』에 『예기』「왕제」의 말로 실려 있다.
464) 『시전대전(詩傳大全)』에는 "『예기』「왕제」에는 천리 밖으로 10나라가 연이고, 연에는 수가 있으며, 210국이 주이고, 주에는 백이 있다. 禮記王制 : 千里之外, 十國爲連, 連有帥, 二百一十國, 以爲州, 州有伯.)"라고 되어 있다.

[2-7-1-3]

之屛之翰, 百辟爲憲.

병풍이 되고 기둥이 되니 온갖 제후들이 법으로 삼도다.

詳說

○ 叶, 胡見反.465)

'한(翰)'은 협운으로 음은 '호(胡)'와 '견(見)'의 반절이다.

○ 音璧.466)

'벽(辟)'의 음은 '벽(璧)'이다.

不戢不難, 受福不那.

거두지 아니할까 신중하지 아니할까 복(福)을 받음이 많지 아니할까!

詳說

○ 音緝.

'집(戢)'의 음은 '집(緝)'이다.

○ 叶, 乃多反.467)

'난(難)'은 협운으로 음은 '내(乃)'와 '다(多)'의 반절이다.

朱註

賦也. 翰, 幹也, 所以當牆兩邊, 障土者也.

부(賦)이다. 한(翰)은 기둥이니, 담의 두 가에 흙으로 막아 놓는 것이다.

詳說

○ 榦同.

---

465) 叶, 胡見反 : 『시전대전(詩傳大全)』에도 동일하게 되어 있다.
466) 音璧 : 『시전대전(詩傳大全)』에도 동일하게 되어 있다.
467) 叶, 乃多反 : 『시전대전(詩傳大全)』에도 동일하게 되어 있다.

'간(幹)'은 '간(榦)'과 같다.

○ 亦禦內衛外.
또한 안으로 막아 밖으로 호위하는 것이다.

○ 蒙上章萬邦之文, 且承之屛之語, 而曰之屛之翰, 與假樂四方之綱之紀之文勢同.
위의 '만방'이라는 말을 이어 또 '~의 병풍'이라는 말로 이어받아 '~의 병풍'과 '~의 기둥'이라고 한 것은 「가락(假樂)」에서 '사방의 강기'라는 어투와 같다.

朱註
辟, 君, 憲, 法也, 言其所統之諸侯, 皆以之爲法也.
벽(辟)은 임금이고, 헌(憲)은 법(法)이니, 거느린 제후들이 모두 법으로 삼는다는 말이다.

詳說
○ 慶源輔氏曰 : "不獨爲屛翰.468)
경원 보씨가 말하였다 : "병풍과 기둥이 될 뿐이 아니다."469)

朱註
戩, 斂, 難, 愼, 那, 多也, 不戩, 戩也, 不難, 難也,
집(戩)은 거둠이고, 난(難)은 신중함이며, 나(那)는 많음이고, 불집(不)은 거둠이며, 불난(不難)은 신중함이고,

詳說
○ 臨川王氏曰 : "戩則不放逸, 難則不傲慢."470)
임천 왕씨가 말하였다 : "거두면 방일하지 않고, 신중하면 오만하지 않다."471)

---

468) 『시전대전(詩傳大全)』에 경원 보씨의 말로 실려 있다.
469) 『시전대전(詩傳大全)』에는 "경원 보씨가 말하였다 : '여기의 장에서는 또 병풍과 기둥이 될 뿐이 아니라 거느린 제후들이 또 모두 하는 것으로 법이 되니, 그 덕이 성대하다는 말이다. ….'(慶源輔氏曰 : 此章又言不獨爲萬邦之屛翰, 其所統之諸侯, 又皆以其所爲法, 則其德亦盛矣. ….)"라고 되어 있다.
470) 『시전대전(詩傳大全)』에 임천 왕씨의 말로 실려 있다.

朱註

不那, 那也. 蓋曰豈不斂乎, 豈不愼乎, 其受福, 豈不多乎, 古語聲急而然也. 後放此.

불나(不那)는 많음이다. "어찌 거두지 않겠는가, 어찌 신중하지 않겠는가, 그 복을 받음이 어찌 많지 않겠는가."라고 말한 것이니, 옛 말은 소리가 급해서 그러한 것이다. 뒤도 이와 같다.

詳說

○ 安成劉氏曰 : "菀柳云, 不尙, 文王云, 不顯不時, 大明韓奕, 皆云, 不顯其光, 生民云, 不寧不康, 淸廟云, 不顯不承, 以至崧高維天之命烈文執競, 皆言不顯, 並倣此義."472)

안성 유씨가 말하였다 : "「울류(菀柳)」에서 '행여 ~하지 않겠는가?'라고 하고, 「문왕(文王)」에서 '드러나지 않을까?' '때에 맞지 않을까?'라고 하며, 「대명(大明)」과 「한혁韓奕」에서 모두 '그 빛을 드러내지 않을까?'라고 하고, 「생민(生民)」에서 '편안하지 않으실까? 편안히 ~하지 않을까?'라고 하며, 「청묘(淸廟)」에서 '드러나지 아니할까? 떠받들지 아니할까?'라고 하고, 「숭고(崧高)」과 「유천지명(維天之命)과 「열문(烈文)」과 「집경(執競)」에서까지 모두 '드러나지 않을까?'라고 한 것들은 아울러 이 의미를 따른다."

[2-7-1-4]

兕觥其觩, 旨酒思柔.

뿔잔이 굽어 있으니 맛있는 술이 부드럽도다.

詳說

○ 徐履反.473)

'시(兕)'의 음은 '서(徐)'와 '리(履)'의 반절이다.

---

471) 『시전대전(詩傳大全)』에는 "임천 왕씨가 말하였다 : "거두면 함부로 하지 않고 방일하지 않으며, 신중하면 쉽게 여기지 않고 오만하지 않다. 그렇다면 복을 받는 것이 어찌 많지 않겠는가?(臨川王氏曰 : 戢則不肆不放逸, 難則不易不傲慢. 然則受福, 豈不多也..)"라고 되어 있다.
472) 『시전대전(詩傳大全)』에 안성 유씨의 말로 동일하게 실려 있다.
473) : 『시전대전(詩傳大全)』에도 동일하게 되어 있다.

○ 古橫反.474)
　‘굉(觥)’의 음은 ‘고(古)’와 ‘횡(橫)’의 반절이다.

○ 音求.475)
　‘구(觩)’의 음은 ‘구(求)’이다.

|彼交匪敖, 萬福來求.|
저 사귐에 오만하지 아니하니 만복이 와서 구하도다.

|詳說|
○ 去聲.
　‘오(敖)’는 거성이다.

|朱註|
賦也. 兕觥, 爵也. 觩, 角上曲貌.
부(賦)이다. 시광(兕觥)은 술잔이다. 구(觩)는 뿔이 위가 굽어 있는 모양이다.

|詳說|
○ 大全曰 : "周頌作捄."476)
　『대전』에서 말하였다 : "「주송」에는 ‘구(捄)’로 되어 있다."

|朱註|
旨, 美也. 思, 語詞也. 敖, 傲通. 交際之間, 無所傲慢, 則我無事於求福, 而福反來求我矣.
지(旨)는 아름다움이다. 사(思)는 어조사(語助詞)이다. 오(敖)는 오(傲)와 통한다. 교제하는 사이에 오만한 것이 없으면 내가 복을 구하는 일에 종사함이 없어도, 복이 도리어 와서 나를 구하게 되는 것이다.

---

474) 古橫反 :『시전대전(詩傳大全)』에도 동일하게 되어 있다.
475) 音求 :『시전대전(詩傳大全)』에도 동일하게 되어 있다.
476)『시전대전(詩傳大全)』에 동일하게 실려 있다.

詳說

○ 一作也.
'의(矣)'는 어떤 판본에는 '야(也)'로 되어 있다.

○ 自求多福, 求福不回, 又不足言也.
스스로 다복하기를 구하면 구하는 복이 돌아오지 않는 것은 말할 필요가 없다.

朱註

桑扈四章, 章四句.
「상호」는 4장이고, 장은 4구이다.

詳說

○ 定宇陳氏曰 : "卽維周之翰, 四國于藩, 文武吉甫, 萬邦爲憲, 等語叅之, 則此爲天子燕諸侯而頌禱之詩無疑也."477)
정우 진씨가 말하였다 : "'주의 기둥이라 사국의 번병이며' '문무를 겸전한 길보여 만방의 법으로 삼도다.' 등의 말을 참고하면, 이것은 천자가 제후에게 연향을 베풀면서 송축하는 시임을 의심할 것이 없다."

[2-7-2-1]
鴛鴦于飛, 畢之羅之. 君子萬年, 福祿宜之.

원앙새가 날으니 작은 그물로 잡고 큰 그물로 잡도다. 군자는 만년토록 복록이 마땅하리로다.

詳說

○ 宜, 牛何反.478)
'의(宜)'는 협운으로 음은 '우(牛)'와 '하(何)'의 반절이다.

朱註

---

477) 『시전대전(詩傳大全)』에 정우 진씨의 말로 동일하게 실려 있다.
478) 宜, 牛何反 : 『시전대전(詩傳大全)』에도 동일하게 되어 있다.

興也.
흥(興)이다.

> 詳說
> ○ 之字相應.
> '지(之)'자가 서로 호응한다.

朱註
鴛鴦, 匹鳥也.
원앙(鴛鴦)은 짝지어 사는 새이다.

> 詳說
> ○ 鄭氏曰 : "止則相偶, 飛則爲雙, 性馴偶也."[479]
> 정씨가 말하였다 : "멈추어 있으면 서로 짝이 되고, 날아가면 쌍쌍이 하니, 성질이
> 짝으로 길들여진 것이다."

朱註
畢, 小岡
필(畢)은 작은 그물에

> 詳說
> ○ 網同, 下同.
> '망(岡)'은 '망(網)'과 같으니, 아래에서도 같다.

朱註
長柄者也. 羅, 岡也.
긴 자루가 달린 것이다. 나(羅)는 그물이다.

---

[479] 『시전대전(詩傳大全)』에 정씨의 말로 거의 동일하게 실려 있다.

詳說

○ 孔氏曰 : "畢則執以掩物, 羅則張以待鳥."480)
공씨가 말하였다 : "'필(畢)'은 가지고 사물을 덮치는 것이고, '라(羅)'는 펴서 새를 기다리는 깃이다."481)

朱註

君子, 指天子也. ○ 此, 諸侯, 所以答桑扈也. 鴛鴦于飛, 則畢之羅之矣, 君子萬年, 則福祿宜之矣.
군자는 천자를 가리킨다. ○ 이는 제후가 「상호(桑扈)」에 답한 것이다. 원앙새가 나는 것은 작은 그물로 잡고 큰 그물로 잡으며, 군자가 만년토록 복록이 마땅하리라 하였으니,

詳說

○ **福祿宜我也.**
복록이 나에게 마땅한 것이다.

朱註

亦
또한

詳說

○ **照上篇.**
위의 편을 참조하라.

朱註

頌禱之辭也
송축하는 말이다.

---

480) 『시전대전(詩傳大全)』에 공씨의 말로 실려 있다.
481) 『시전대전(詩傳大全)』에는 공씨가 말하였다 : "'필(畢)'이라고 하는 것은 가지고 사물을 덮치는 것이고, '라(羅)'라고 하는 것은 펴서 새를 기다리는 것이다.(孔氏曰 : 謂之畢, 則執以掩物, 謂之羅, 則張以待鳥.)"라고 되어 있다.

> 詳說

○ 此篇, 無戒勉之意.
여기의 편에는 경계하고 권하는 의미가 없다.

[2-7-2-2]

鴛鴦在梁, 戢其左翼. 君子萬年, 宜其遐福.

원앙새가 어량에 있으니 왼쪽 날개를 접고 있도다. 군자는 만년토록 오랜 복이 마땅하리로다.

> 詳說

○ 叶, 筆力反.[482]
'복(福)'은 협운으로 음은 '필(筆)'과 '력(力)'의 반절이다.

> 朱註

興也.
흥(興)이다.

> 詳說

○ 其字相應.
'기(其)'자가 서로 호응한다.

> 朱註

石絶水爲梁. 戢, 斂也. 張子曰 : 禽鳥並棲, 一正一倒, 戢其左翼, 以相依於內, 舒其右翼, 以防患於外, 蓋左不用, 而右便故也. 遐, 遠也, 久也.
돌로 물을 막는 것을 징검다리라 한다. 집(戢)은 거둠이다. 장자가 "새가 함께 깃들 때에는 하나는 바로 있고 하나는 거꾸로 있어서 왼쪽 날개를 접어 서로 안에서 의지하고 오른쪽 날개를 펴서 우환을 밖에서 막으니, 왼쪽은 쓰지 않고 오른쪽이 편하기 때문이다."라고 하였다. 하(遐)는 멂이고, 오램이다.

---

482) 叶, 筆力反 :『시전대전(詩傳大全)』에도 동일하게 되어 있다.

詳說

○ 我宜此福祿也. 諺解依上章釋之, 合更商.

나에게는 이 복록이 마땅하다는 것이다. 『언해』는 위의 장에 따라 해석했는데, 맞는지는 다시 헤아려봐야 할 것이다.

[2-7-2-3]

乘馬在廄, 摧之秣之.

타는 말이 마굿간에 있으니 여물을 먹이고 곡식을 먹이도다.

詳說

○ 去聲

'승(乘)'은 거성이다.

○ 音救.483)

'구(廄)'의 음은 '구(救)'이다.

○ 采臥反.484)

'최(摧)'의 음은 '채(采)'와 '와(臥)'의 반절이다.

○ 音末, 叶, 莫佩反.485)

'말(秣)'은 음이 '말(末)'이고, 협운으로 '막(莫)'과 '패(佩)'의 반절이다.

君子萬年, 福祿艾之.

군자는 만년토록 복록으로 기르리로다.

詳說

---

483) 音救 :『시전대전(詩傳大全)』에도 동일하게 되어 있다.
484) 采臥反 :『시전대전(詩傳大全)』에도 동일하게 되어 있다.
485) 音末, 叶莫佩反 :『시전대전(詩傳大全)』에도 동일하게 되어 있다.

○ 魚蓋反, 叶魚肺反.486)
'애(艾)'의 음은 '어(魚)'와 '개(蓋)'의 반절이다.

朱註
興也. 摧,
흥(興)이다. 좌(摧)는

詳說
○ 挫同. 諺音誤.
'좌(摧)'는 '좌(挫)'와 같다. 『언해』의 음은 잘못되었다.

朱註
莝, 秣, 粟.
여물이고, 말(秣)은 곡식이다.

詳說
○ 釋文曰 : 摧, 莝芻也, 秣, 穀飼馬也.487)
석문에서 말하였다 : "'좌(摧)'는 여물이고, '말(秣)'은 말에게 먹이는 곡식이다."

○ 鄭氏曰 : "無事莝, 有事穀."
정씨가 말하였다 : "일이 없을 때는 여물을 주고, 일이 있을 때는 곡식을 준다."

朱註
艾, 養也. 蘇氏曰 : 艾, 老也,
애(艾)는 기름이다. 소씨(蘇氏)는 "애(艾)는 늙음이니,

詳說

---

486) 魚蓋反, 叶魚肺反:『시전대전(詩傳大全)』에도 동일하게 되어 있다.
487)『시전대전(詩傳大全)』에『석문』의 말로 동일하게 실려 있다.

○ 禮記曲禮曰 : "五十曰艾."

『예기』「곡례」에서 말하였다 : "50을 '애(艾)'라고 한다."

朱註

言以福祿終其身也, 亦通 ○ 乘馬, 在廄, 則摧之, 秣之矣, 君子萬年, 則福祿艾之矣

복록으로써 그 몸을 마치게 함을 말한다."라고 하였으니, 또한 통한다.○ 타는 말이 마구간에 있으면 여물을 먹이고 곡식을 먹이며, 군자가 만년토록 복록으로써 길러줄 것이다.

詳說

○ 以福祿而養之.

복록을 가지고 길러주는 것이다.

[2-7-2-4]

乘馬在廄, 秣之摧之.

타는 말이 마굿간에 있으니 곡식을 먹이고 여물을 먹이도다.

詳說

○ 叶, 徂爲采臥二反.[488]

'최(摧)'는 협운으로 음은 '조(徂)'와 '위(爲)'의 반절이고, '채(采)'와 '와(臥)'의 반절이다.

君子萬年, 福祿綏之.

군자는 만년토록 복록으로 편안하리로다.

詳說

○ 叶, 宣隹士果二反.[489]

'수(綏)'는 협운으로 '선(宣)'과 '추(隹)', '사(士)'와 '과(果)'의 두 가지 반절이다.

---

[488] 叶, 徂爲采臥二反:『시전대전(詩傳大全)』에도 동일하게 되어 있다.
[489] 叶, 宣隹士果二反:『시전대전(詩傳大全)』에도 동일하게 되어 있다.

朱註

興也. 綏,

흥(興)이다. 수(綏)는 편안함이다.

詳說

○ 諺音誤

'수(綏)'는 『언해』의 음이 잘못되었다.

朱註

安也.

편안함이다.

詳說

○ 綏之, 諺釋與樛木異者, 蓋依上章艾之文勢故也.

'수지(綏之)'에 대해 『언해』가 『규목(樛木)』과 다른 것은 위의 장에서 '애(艾)'의 어투에 의지했기 때문이다.

朱註

鴛鴦四章, 章四句.

「원앙」은 4장이고, 장은 4구이다.

詳說

○ 慶源輔氏曰 : "上之禱下, 猶且述其德, 桑扈是也. 下之禱上, 則但極其頌禱, 鴛鴦是也. 若不敢有擬議其德者, 敬之至也."

경원 보씨가 말하였다 : "윗사람이 아랫사람을 축원할 때는 여전히 그 덕을 기술하니 「상호(桑扈)」가 여기에 해당한다. 아랫사람이 윗사람을 축원할 때는 다만 송축할 뿐이니 「원앙(鴛鴦)」이 여기에 해당한다. 그런데 감히 그 덕을 의론하지 않음이 있다면 지극히 공경하기 때문이다."490)

---

490) 『시전대전(詩傳大全)』에는 "경원 보씨가 말하였다 : '「원앙」의 시는 아랫사람이 윗사람을 축원한 말이기 때문에 더욱 다시 분명하고 쉽다. 윗사람이 아랫사람을 축원할 때는 여전히 또 그 덕을 기술하니, 「상호」가 여기에 해당한다. 아랫사람이 윗사람을 축원할 때는 또한 이런 의미가 없고 단지 송축하는 마음을 극도로 할 뿐이니, 「원앙」이 여기에 해당한다. 그런데 감히 그 덕을 의론하지 않음이 있다면 지극

○ 按, 善頌, 莫如天保, 而天保, 亦寓責難意, 此詩之專於容悅, 是其所以爲變雅歟. 然第二章之叝字, 亦頗有力云.

살펴보건대, 잘 송축하는 것은 「천보(天保)」만한 것이 없는데도 「천보」에서도 어렵다는 의미를 붙여서 책하였다. 여기의 시가 기쁨을 받아늘이는 것에 오로지 하는 것은 「변아」이기 때문일 것이지만, 제 2장에서 의(叝)자에도 자못 힘이 있다.

[2-7-3-1]

有頍者弁, 實維伊何.

우뚝한 피변(皮弁)이여 실로 무엇인고?

詳說

○ 缺婢反.491)

'규(頍)'의 음은 '결(缺)'과 '비(婢)'의 반절이다.

爾酒旣旨, 爾殽旣嘉,

네 술이 이미 맛있으며 네 안주가 이미 아름다우니,

詳說

○ 叶, 居何反.492)

'가(嘉)'는 협운으로 음은 '거(居)'와 '하(何)'의 반절이다.

豈伊異人. 兄弟匪他.

어찌 다른 사람이리오? 형제이지 타인이 아니로다.

詳說

히 공경하기 때문이다."(慶源輔氏曰 : 鴛鴦之詩, 乃下禱上之辭, 故尤更明易. 上之禱下, 猶且述其德, 桑扈是也. 下之禱上, 則亦無此意, 但極其頌禱之情而已, 鴛鴦是也. 若不敢有擬議其德者, 敬之至也.)"라고 되어 있다.

491) 缺婢反 : 『시전대전(詩傳大全)』에도 동일하게 되어 있다.
492) 叶, 居何反 : 『시전대전(詩傳大全)』에도 동일하게 되어 있다.

○ 音拖.
  '타(佗)'의 음은 '타(拖)'이다.

蔦與女蘿, 施于松柏.

겨우살이와 여라(女蘿)가 송백(松柏)에 뻗어 있도다.

詳說

○ 音鳥.493)
  '조(蔦)'의 음은 '조(鳥)'이다.

○ 音羅.
  '라(蘿)'의 음은 '라(羅)'이다.

○ 音異
  '시(施)'의 음은 '이(異)'이다.

○ 叶, 逋莫反.494)
  '백(柏)'은 협운으로 음은 '포(逋)'와 '막(莫)'의 반절이다.

未見君子, 憂心奕奕,

군자를 보지 못한지라 마음에 근심하기를 혁혁(奕奕)히 하더니,

詳說

○ 叶, 弋灼反.495)
  '혁(奕)'은 협운으로 음은 '익(弋)'과 '작(灼)'의 반절이다.

旣見君子, 庶幾說懌.

---

493) 音鳥:『시전대전(詩傳大全)』에도 동일하게 되어 있다.
494) 叶, 逋莫反:『시전대전(詩傳大全)』에도 동일하게 되어 있다.
495) 叶, 弋灼反:『시전대전(詩傳大全)』에도 동일하게 되어 있다.

이미 군자를 만나보니 거의 기쁘리로다.

> [詳說]
> ○ 音悅.496)
>   '열(說)'의 음은 '열(悅)'이다.
>
> ○ 叶, 弋灼反.497)
>   '역(懌)'은 협운으로 음은 '익(弋)'과 '작(灼)'의 반절이다.

[朱註]
賦而興,
부(賦)이면서 흥(興)이고,

> [詳說]
> ○ 上一半.
>   위의 반이다.

[朱註]
又比也
또 비(比)이다.

> [詳說]
> ○ 兼賦.
>   부를 겸하였다.
>
> ○ 下一半.
>   아래의 반이다.
>
> ○ 安成劉氏曰 : "此章諸本, 皆作賦而比. 今詳章首六句曰弁曰

---

496) 音悅:『시전대전(詩傳大全)』에도 동일하게 되어 있다.
497) 叶, 弋灼反:『시전대전(詩傳大全)』에도 동일하게 되어 있다.

酒曰殽曰兄弟, 皆述宴時之實事, 其體屬賦, 而其六句之中, 實維伊何與豈伊異人, 語意相應, 又似興體, 當爲賦而興又比. 及考輔氏童子問本正作賦而興又比, 今從之."498)

안성 유씨가 말하였다 : "여기의 장을 여러 본에서 모두 부이면서 비라고 하였다. 지금 장의 처음 여섯 구에서 '피변'·'술'·'안주'·'형제'라고 한 것을 자세히 살펴보면, 모두 연회할 때에 실제의 일을 기술한 것이어서 그 체가 부에 속하는데, 그 여섯 구에서 '실로 무엇인고?'와 '어찌 다른 사람이리오?'라는 것은 말의 의미가 서로 호응해서 또 흥체와 같으니, 부이면서 흥에다가 비로 해야 된다. 보씨의『동자문』본에서 상고해보면 바로 '부이면서 흥에다가 비이다.'로 되어 있으니, 이제 그것을 따른다."499)

○ 慶源輔氏曰 : "首言與宴者, 其弁頍然, 只是賦體, 又貼一句, 實維伊何, 則以興起下二句, 豈伊異人, 兄弟匪他也. 此則興體."500)

경원 보씨가 말하였다 : "처음에는 연회하는 자들에게 '피변이 우뚝하다.'는 것은 단지 부의 체이고, 또 붙어있는 한 구에서 '실로 무엇인고?'는 흥으로 아래의 두 구를 일으킨 것이며, '어찌 다른 사람이리오? 형제이지 타인이 아니로다.'라는 것, 이것은 흥의 체이다."501)

○ 按, 興之兼賦者, 詩中固多有之, 而集傳未嘗隨篇表出. 惟於黍離蔓草溱洧及泮水, 略見其例而已, 則今此篇上一半之作賦而興, 亦或無怪. 且集傳之釋曰, 實維伊何乎, 曰豈伊異人乎者, 亦似用興例, 但本文末章, 又不用何豈二字, 相應之語勢, 輔氏本, 恐合更詳.

살펴보건대, 흥에 부를 겸한 것은 시 중에 신실로 많은데, 「집전」에서는 편에 따라 드러내 나타낸 적은 없다. 오직 「서리(黍離)」와 「만초(蔓草)」와 「진유(溱洧)」 및 「반수(泮水)」에서만 그 사례를 드러냈을 뿐이니, 지금 여기의 편에서 위의 반은 부이면서 흥이라는 것도 혹 의심할 것이 없다. 또 「집전」의 해석에서 '실로 무엇인고?'라고 하고 '어찌 타인이리오?'라고 하는 것도 흥의 사례를 사용한 것과 비슷한데, 다만 본문의 끝장에서 또 '무엇인고?'와 '어찌'라는 말을 사용하지 않은 것은 상응하는 어투이니, 보씨본은 아마 맞는지 다시 살펴봐야 할 것이다.

朱註

頍, 弁貌. 或曰擧首貌. 弁, 皮弁.
기(頍)는 고깔의 모양이다. 혹은 머리를 든 모양이라 한다. 변(弁)은 피변(皮弁)이다.

詳說

○ 孔氏曰 : "皮弁上下通服."502)
공씨가 말하였다 : "피변(皮弁)은 위아래로 통복(通服)이다."503)

朱註

嘉旨,
가(嘉)와 지(旨)는

詳說

○ 先言嘉, 恐偶爾抑傳寫之誤耶. 下篇註可參考.
먼저 가를 말한 것은 아마 우연이거나 아니면 베낄 때의 잘못일 것이다. 아래

---

502) 『시전대전(詩傳大全)』에 공씨의 말로 실려 있다.
503) 『시전대전(詩傳大全)』에는 "공씨가 말하였다 : '변(弁)은 관의 큰 이름이고, 작변(爵弁)은 선비의 제복이며, 위변(韋弁)은 …. 피변(皮弁)은 위아래로 통복(通服)이기 때문에 피변을 알겠다.'(孔氏曰 : 弁者, 冠之大名, 爵弁, 則士祭服, 韋弁, …. 惟皮弁上下通服, 故知皮弁也.)"라고 되어 있다.

편의 주를 참고해야 한다.

朱註

皆美也. 匪佗, 非佗人也. 蔦寄生也, 葉似當盧.
모두 아름다움이다. 비타(匪他)는 타인(他人)이 아닌 것이다. 조(蔦)는 기생하는 풀로 잎은 당로(當盧)와 같고

詳說

○ 草名.
'당로(當盧)는 풀이름이다.

子如覆盆子
열매는 복분자(覆盆子)와 같으며,

詳說

○ 音福.
'복(覆)'의 음은 '복(福)'이다.

○ 藥名.
'복분자(覆盆子)'는 약의 이름이다.

朱註

赤黑甜美.
붉고 검으며 달고 아름답다.

詳說

○ 本草曰 : "一名寓木, 凡桑槲楊楓等樹上, 皆有之. 此自感造化之氣而生, 別是一物也."504)
『본초』에서 말하였다 : "일명 기생식물로 뽕나무·떡갈나무·버드나무·단풍나무

---

504) 『시전대전(詩傳大全)』에 『본초』의 말로 실려 있다.

등의 나무에는 모두 그것이 있다. 이것은 본래 조화로운 기운과 감응해서 나온 것으로 별도로 하나의 것이다."505)

○ 按, 凡有子者, 皆形化非氣化也. 如兎絲雖無根, 以其有子, 故亦形化云.
살펴보건대, 씨가 있는 것은 모두 형체로 변화하는 것이지 기운으로 변화하는 것이 아니다. 이를테면 토사(兎絲)는 뿌리가 없어도 그 씨가 있기 때문에 또한 형체로 변화한다고 한다.

朱註
女蘿, 兎絲也, 蔓延草上, 黃赤如金,
여라(女蘿)는 토사(兎絲)로 풀 위에 뻗어 자라고 황적색이어서 금과 같으니,

詳說
○ 釋文曰 : "在草曰兎絲, 在木曰松蘿."506)
석문에서 말하였다 : "풀에 있으면 토라라고 하고, 나무에 있으면 송라라고 한다."

朱註
此則比也. 君子, 兄弟爲賓者也. 奕奕
이것은 비(比)이다. 군자는 형제(兄弟)로서 손님이 된 자이다. 혁혁(奕奕)은

詳說
○ 諺音誤.
『언해』의 음은 잘못되었다.

朱註

---

505) 『시전대전(詩傳大全)』에는 "『본초』에서 말하였다 : '일명 기생식물로 뽕나무·떡갈나무와 느티나무·버드나무·버들나무·단풍나무 등의 나무에는 모두 그것이 있다. 이것은 본래 조화로운 기운과 감응해서 나온 것으로 별도로 하나의 것이다.(本草日 : 一名寓木. 凡桑槲樹, 櫸柳楊楓等樹上, 皆有之. 此物自感造化之氣而生, 別是一物也.)"라고 되어 있다.
506) 『시전대전(詩傳大全)』에 『석문』의 말로 동일하게 실려 있다.

憂心無所薄也.
마음에 근심하여 끝닿은 곳이 없는 것이다.

　詳說

　○ 必各反.
　　'박(薄)'의 음은 '필(必)'과 '각(各)'의 반절이다.

　○ 依迫也
　　의지하여 접근하는 것이다.

朱註
○ 此亦
이 또한

　詳說

　○ 承上二篇.
　　위의 두 편을 이어받았다.

朱註
燕兄弟親戚之詩. 故言有頍者弁, 實維伊何乎.
형제와 친척에게 잔치를 베푸는 시이다. 그러므로 우뚝한 피변(皮弁)이여! 실로 무엇인가?

　詳說

　○ 猶言是何爲者也. 見而喜極之辭.
　　'이것이 무엇인가?'라고 말하는 것과 같으니, 보고서 극도로 좋아하는 말이다.

朱註
爾酒旣旨, 爾殽旣嘉, 則豈伊異人乎
네 술이 이미 맛있고 네 안주가 이미 아름다우니, 어찌 타인이리오?

> 詳說

○ 親之之辭.
친하게 여긴다는 말이다.

> 朱註

乃兄弟而匪他也. 又言蔦蘿施于木上, 以比兄弟親戚, 纏綿依附之意. 是以未見而憂, 旣見而喜也.

바로 형제이지 타인이 아니라는 말이다. 또 겨우살이와 여라(女蘿)가 나무 위에 뻗어있음을 말해서 형제와 친척이 서로 감싸주고 의지하여 따르는 뜻을 비유하였다. 이 때문에 보지 못하여 근심하더니, 이미 보고는 기뻐한 것이다.

> 詳說

○ 未敢必其得歡心, 故用庶幾字
감히 그 환심을 반드시 얻을 수 없기 때문에 '거의'라는 말을 사용했다.

[2-7-3-2]

> 有頍者弁, 實維何期. 爾酒旣旨, 爾殽旣時, 豈伊異人. 兄弟具來.

우뚝한 피변(皮弁)이여! 실로 무엇인고?
네 술이 이미 맛있으며 네 안주가 이미 좋으니,
어찌 다른 사람이리오? 형제가 모두 왔도다.

> 詳說

○ 叶, 陵之反.507)
'래(來)'는 협운으로 '릉(陵)'과 '지(之)'의 반절이다.

> 蔦與女蘿, 施于松上.

겨우살이와 여라(女蘿)가 모두 소나무 위에 뻗어 있도다.

---

507) 叶, 陵之反 :『시전대전(詩傳大全)』에도 동일하게 되어 있다.

詳說

○ 叶, 時亮反.508)

'상(上)'은 협운으로 '시(時)'와 '량(亮)'의 반절이다.

未見君子, 憂心怲怲,

군자를 보지 못한지라 마음에 근심하기를 병병(怲怲)히 하더니,

詳說

○ 音柄, 叶兵旺反.509)

'병(怲)'의 음은 '병(柄)'이고, 협운으로 음은 '병(兵)'과 '왕(旺)'의 반절이다.510)

既見君子, 庶幾有臧.

이미 군자를 만나보니 행여 좋음이 있으리로다.

詳說

○ 叶, 才浪反.511)

'장(臧)'은 협운으로 음은 '재(才)'와 '랑(浪)'의 반절이다.

朱註

賦而興又比也. 何期

부(賦)이면서 흥(興)에다가 비(比)이다. 하기(何期)는

詳說

○ 語辭.

'기(期)'는 어조사이다.

---

508) 叶, 時亮反:『시전대전(詩傳大全)』에도 동일하게 되어 있다.
509) 音柄, 叶兵旺反:『시전대전(詩傳大全)』에는 다소 다르게 되어 있다.
510)『시전대전(詩傳大全)』에는 "'병(怲)'의 음은 '병(兵)'과 '명(命)'의 반절이고, 협운으로 음은 '병(兵)'과 '왕(旺)'의 반절이다(兵命反, 叶兵旺反.)"라고 되어 있다.
511) 叶, 才浪反:『시전대전(詩傳大全)』에도 동일하게 되어 있다.

朱註

猶伊何也. 時, 善,

이하(伊何)와 같다. 시(時)는 좋음이고,

詳說

○ 慶源輔氏曰：" 物得其時, 則善, 與維其時矣之時同."[512]

경원 보씨가 말하였다 : "사물이 그 때를 얻으면 좋으니, '그때로다'할 때의 때와 같다."[513]

朱註

具, 俱也. 怲怲, 憂盛滿也. 臧, 善也.

구(具)는 모두이다. 병병(怲怲)은 근심이 많아 가득한 것이다. 장(臧)은 좋음이다.

詳說

○ 猶悅也.

'선(善)'은 기뻐한다는 것과 같다.

[2-7-3-3]

有頍者弁, 實維在首. 爾酒既旨, 爾殽既阜, 豈伊異人, 兄弟甥舅. 如彼雨雪, 先集維霰,

우뚝한 피변(皮弁)이여 실로 머리에 있도다.
네 술이 이미 맛있으며 네 안주가 이미 많으니,
어찌 다른 사람이리오! 형제간과 구생(舅甥)간이로다.
저 함박눈이 내림에 먼저 싸락눈이 모이는 것과 같은지라,

詳說

○ 去聲.

---

512) 『시전대전(詩傳大全)』에 경원 보씨의 말로 실려 있다.
513) 『시전대전(詩傳大全)』에는 경원 보씨가 말하였다 : "때를 좋다고 하는 것은 무엇 때문인가? 사물이 그 때를 얻으면 좋으니, '그때로다'할 때의 때와 같다.(慶源輔氏曰：以時爲善何也. 盖物得其時, 則善矣, 與維其時矣之時同.)"라고 되어 있다.

'우(雨)'는 거성이다.

○ 音線.
'산(霰)'의 음은 '선(線)'이다.

死喪無日, 無幾相見,
죽을 날이 얼마 남지 않아 서로 만나볼 날이 얼마 없으면,

詳說
○ 去聲.514)
'상(喪)'은 거성이다.

○ 居豈反.515)
'기(幾)'의 음은 '개(豈)'와 '반(反)'의 반절이다.

樂酒今夕, 君子維宴.
술마시며 오늘 저녁을 즐거워하여 군자가 잔치를 할지로다.

詳說
○ 音洛.516)
'락(樂)'의 음은 '락(洛)'이다.

朱註
賦而興又比也. 阜, 猶多也. 甥舅, 謂母姑姊妹妻族也.
부(賦)이면서 흥(興)에다가 비(比)이다. 부(阜)는 다(多)와 같다. 생구(甥舅)는 어머니와 고모와 자매(姊)와 처(妻)의 집안을 이른다.

詳說

---
514) 去聲 : 『시전대전(詩傳大全)』에도 동일하게 되어 있다.
515) 居豈反 : 『시전대전(詩傳大全)』에도 동일하게 되어 있다.
516) 音洛 : 『시전대전(詩傳大全)』에도 동일하게 되어 있다.

○ 爾雅曰 : "母之昆弟爲舅, 妻之父爲外舅, 姑姊妹之子爲甥."517)

『이아』에서 말하였다 : "어머니의 형제가 구(舅)이고, 처의 아비는 외구(外舅)이며, 고모의 자식이 '생(甥)'이다."518)

朱註

霰, 雪之始凝者也. 將大雨雪, 必先微溫, 雪自上下,

선(霰)은 눈이 처음 응결된 것이다. 크게 함박눈이 내리려 하면 반드시 먼저 날씨가 조금 더워지나니, 눈이 위에서 내려오다가

詳說

○ 去聲.

'하(下)'는 거성이다.

朱註

遇溫氣而搏,

온기(溫氣)를 만나 뭉쳐진 것을

詳說

○ 氣融而成團.

공기에 녹아 둥글게 된 것이다.

朱註

謂之霰. 久而寒勝, 則大雪矣. 言霰集, 則將雪之候, 以比老至則將死之徵也.

선(霰)이라 한다. 오래되어 한기가 이기면 큰 눈이 내리는 것이다. 싸락눈이 모이면 큰 눈이 올 징후임을 말해 늙게 되면 죽을 징조임을 비유하였다.

---

517) 『시전대전(詩傳大全)』에 『이아』의 말로 실려 있다.
518) 『시전대전(詩傳大全)』에는 『이아』에서 말하였다 : '나를 구(舅)라고 하는 자를 나는 생(甥)이라고 한다. 어머니의 형제는 구(舅)이고, 어머니의 사촌은 종구(從舅)이며, 처의 아비는 외구(外舅)이다. 고(姑)의 자식도 생(甥)이고, 구(舅)의 자식도 생(甥)이며, 처의 형제도 생(甥)이고, 자매의 자식도 생(甥)이다.)(爾雅曰 : 謂我舅者, 我謂之甥. 母之昆弟爲舅. 母之從父昆弟爲從舅. 妻之父爲外舅, 姑之子爲甥, 舅之子爲甥, 妻之兄弟爲甥, 姊妹之子爲甥)"라고 되어 있다.

__詳說__

○ 以如彼二字之語勢, 及直說出死喪字之意觀之, 似當爲賦, 而其事則終是比體也. 且與上二章不可異同, 故概謂之比.

'저 ~ 같다(如彼)'는 말의 어투와 직설한 '죽는다(死喪)'는 의미로 보면 부(賦)가 되어야 할 것 같은데, 그 일로는 끝내 비체(比體)이다. 또 위의 두 장과 같게 하지 않을 수 없기 때문에 대략 비(比)라고 하는 것이다.

○ 須溪劉氏曰 "相會之始爲此危語, 相感動以極歡趣耳."519)

수계 유씨가 말하였다 : "서로 모이는 시작에 이런 위태한 말을 하여 서로 감동함으로써 극도의 환희에 이르는 것이다."520)

__朱註__

故卒言死喪無日, 不能久相見矣, 但當樂飲, 以盡今夕之歡, 篤親親之意也

그러므로 마지막에는 죽을 날이 얼마 남지 않았는데 오랫동안 서로 만나보지 못할 것이니, 다만 즐거이 술을 마셔서 오늘 저녁의 기쁨을 다해야 한다고 하였으니, 친친(親親)의 뜻을 돈독히 한 것이다.

__詳說__

○ 添此句.

이 구를 더하였다.

○ 豐城朱氏曰 : "由兄弟以及甥舅, 亦其親疏之殺也. 死喪無日, 無幾相見, 與唐風之宛其死矣, 他人入室辭, 旨略同而意則異. 彼欲及時而自娛樂, 此欲及時以相親愛也."521)

풍성 주씨가 말하였다 : "형제로 말미암아 생(甥)과 구(舅)에 미치니, 또한 친소의 차이이다. '죽을 날이 얼마 남지 않아 서로 만나볼 날이 얼마 없다.'는 것은 「당풍(唐風)」에서의 '그대 죽고 나면 딴 사람이 그 방에 들어가리라'라는

---

519) 『시전대전(詩傳大全)』에 수계 유씨의 말로 실려 있다.
520) 『시전대전(詩傳大全)』에는 "수계 유씨가 말하였다 : "싸락눈이 오면 눈이 있다는 것을 알고, 늙으면 죽음이 있다는 것을 아니. 서로 모이는 시작에 이런 위태한 말을 하여 서로 감동함으로써 극도의 환희에 이르는 것이다.'(須溪劉氏曰 : 霰則知有雪矣, 老則知有死矣, 相會之始爲此危語, 相感動以極歡趣耳.)"라고 되어 있다.
521) 『시전대전(詩傳大全)』에 풍성 주씨의 말로 실려 있다.

말과 취지는 대략 같으나 의미는 다르다. 저것에서는 때에 미처 스스로 즐기려는 것이고, 여기에서는 때에 미처 서로 친애하려는 것이다."522)

朱註

頍弁三章, 章十二句.
「규변」은 3장이고, 장은 12구이다.

[2-7-4-1]
間關車之舝兮, 思孌季女逝兮.
간관(間關)하는 수레의 걸쇠여 아름다운 계녀(季女)를 생각하여 가도다.

詳說

○ 胡瞎下介二反.523)
'할(舝)'의 음은 '호(胡)'와 '할(瞎)', '하(下)'와 '개(介)'의 두 가지 반절이다.

○ 音孌.
'련(孌)'의 음은 '련(孌)'이다.

○ 石列石例二反.524)
'서(逝)'의 음은 '석(石)'과 '열(列)', '석(石)'과 '열(例)'의 두 가지 반절이다.

---

522) 『시전대전(詩傳大全)』에는 "풍성 주씨가 말하였다 : '친친의 은혜를 미뤄 형제로 말미암아 생(甥)과 구(舅)에 미치는 것이니, 또한 친소의 차이이다. 대개 군자는 형제와 친척에 대해 서로 함께 하는 심정은 무궁하지만 서로 볼 날은 유한해서 무궁한 정으로 유한한 날을 헤아리니, 먹고 마시는 모임에서 또한 참된 심정을 그만 둘 수 없는 것이다. '죽을 날이 얼마 남지 않아 서로 만나볼 날이 얼마 없다.'는 것은 「당풍(唐風)」에서의 '그대 죽고 나면 딴 사람이 그 방에 들어가리라'라는 말과 취지는 대략 같으나 의미는 다르다. 저것에서는 때에 미처 스스로 즐기려는 것이고, 여기에서는 때에 미처 서로 친애하려는 것이다.(豊城朱氏曰 : 推親親之恩, 由兄弟以及甥舅, 亦其親疎之殺也. 盖君子之於兄弟親戚, 其相與之情無窮, 而相見之日有限, 以無窮之情, 乘有限之日, 則其飮食聚會, 亦眞情之所不能已也. 死喪無日, 無幾相見, 此與唐風宛其死矣, 他人入室辭, 旨畧同而意則異. 彼欲及時以自娛樂, 此欲及時以相親愛也.)"라고 되어 있다.
523) 胡瞎下介二反 : 『시전대전(詩傳大全)』에도 동일하게 되어 있다.
524) 石列石例二反 : 『시전대전(詩傳大全)』에도 동일하게 되어 있다.

匪飢匪渴, 德音來括, 雖無好友, 式燕且喜.

굶주려서가 아니며 목말라서가 아니라 덕음(德音)으로 와서 모였으면 하노니, 비록 좋은 벗이 없으나 잔치하고 또 기뻐할지어다.

詳說

○ 叶, 羽己反.525)
'우(友)'는 협운으로 '우(羽)'와 '기(己)'의 반절이다.

○ 雖概言二反, 實則下介石列, 是叶也.
두 번의 반절로 개괄하여 말했을지라도 실은 '하(下)'와 '개(介)'의 반절과 '석(石)'과 '열(列)'의 반절은 협운이다.

朱註

賦也. 間關, 設舝聲也. 舝, 車軸頭鐵也, 無事則脫, 行則設之. 昏禮親迎者, 乘車. 孌, 美貌. 逝, 往, 括, 會也. ○ 此燕樂其新昏之詩. 故言間關然, 設此車舝者, 蓋思彼孌然之季女.

부(賦)이다. 간관(間關)은 걸쇠를 설치하는 소리이다. 할(舝)은 수레축의 머리에 있는 쇠이니, 일이 없으면 벗겨놓고 가게 되면 설치한다. 혼례(婚禮)에 친영(親迎)하는 자는 수레를 타고 간다. 연(孌)은 아름다운 모양이다. 서(逝)는 감이요, 괄(括)은 모임이다. ○ 이것은 그 신혼을 연악(燕樂)하는 시이다. 그러므로 "간관연(間關然)히 이 수레의 걸쇠를 설치하는 것은 저 아름다운 계녀(季女)를 생각하기 때문이다.

詳說

○ 去聲, 下並同.
'영(迎)'은 거성으로 아래에서도 나란히 같다.

○ 音洛, 下並同.

---

525) 叶, 羽己反 : 『시전대전(詩傳大全)』에도 동일하게 되어 있다.

'락(樂)'의 음은 '락(洛)'으로 아래에서도 나란히 같다.

○ 與候人之季女同
「후인(候人)」에서의 '계녀(季女)'와 같다.

朱註
故乘此車往而迎之也.
그러므로 이 수레를 타고 가서 맞이한다.

詳說
○ 添迎字.
'영(迎)'자를 더하였다.

朱註
匪飢也匪渴也, 望其德音來括, 而心如飢渴耳,
굶주려서가 아니요 목말라서가 아니라, 그 덕음(德音)으로 와서 모이기를 바라서 마음이 기갈이 든 것과 같으니,

詳說
○ 夫婦之恒辭
'덕음(德音)'은 부부의 일상적인 말이다.

○ 補此句.
이 구를 더했다.

朱註
雖無他人
다른 사람이 없을지라도

詳說

○ 昏禮不賀, 故朋友無會者.
혼례를 경축하지 않기 때문에 붕우가 모이는 것이 없다.

朱註

亦當燕飮以相喜樂也
또한 마땅히 연음(宴飮)하여 서로 기뻐하고 즐거워해야 한다." 고 한 것이다.

詳說

○ 慶源輔氏曰 : "言其望之甚切, 故得之甚喜."526)
경원 보씨가 말하였다 : "바라는 것이 아주 간절하기 때문에 얻음에 아주 기쁘다는 말이다."527)

[2-7-4-2]

依彼平林, 有集維鷮.

무성한 저 평림에 꿩이 앉아 있도다.

詳說

○ 音驕.528)
'교(鷮)'의 음은 '교(驕)'이다.

辰彼碩女, 令德來敎.

제때에 알맞는 저 석녀(碩女)가 좋은 덕으로 와서 가르쳐주도다.

詳說

○ 叶, 居爻反.529)
'교(敎)'는 협운으로 음은 '거(居)'와 '효(爻)'의 반절이다.

---

526) 『시전대전(詩傳大全)』에 경원 보씨의 말로 실려 있다.
527) 『시전대전(詩傳大全)』에는 "경원 보씨가 말하였다 : '1장은 바라는 것이 아주 간절하기 때문에 얻음에 아주 기쁘다는 말이다. ….'(慶源輔氏曰 : 一章言其望之甚切, 故得之甚喜也. ….)"라고 되어 있다.
528) 音驕 : 『시전대전(詩傳大全)』에도 동일하게 되어 있다.
529) 叶, 居爻反 : 『시전대전(詩傳大全)』에도 동일하게 되어 있다.

式燕且譽, 好爾無射.

잔치하며 또 즐거워하여 너를 좋아하기를 끝없이 하노라.

詳說

○ 去聲.
'호(好)'는 거성이다.

○ 音亦, 叶, 都故反.530)
'역(射)'의 음은 역이고, 협운으로 음은 '도(都)'와 '고(故)'의 반절이다.

○ 射之叶, 蓋用斁音也.
'역(射)'의 협운은 '두(斁)'라는 음은 사용한다.

朱註

興也. 依, 茂木貌. 鷮, 雉也, 微小於翟, 走而且鳴, 其尾長, 肉甚美.
흥(興)이다. 의(依)는 무성한 나무의 모양이다. 교(鷮)는 꿩이니, 적(翟)보다 조금 작은데, 달리면서 울며 꼬리가 길고 고기가 매우 맛있다.

詳說

○ 孔氏曰 : "語云, 四足之美有麂, 兩足之美有鷮."531)
공씨가 말하였다 : "네 발이 아름다운 것으로는 큰 사슴이 있고, 두 발이 아름다운 것으로는 꿩이 있다."

朱註

辰, 時,
신(辰)은 때에 알맞음이고,

詳說

---

530) 音亦, 叶都故反 : 『시전대전(詩傳大全)』에도 동일하게 되어 있다.
531) 『시전대전(詩傳大全)』에 경원 보씨의 말로 동일하게 실려 있다.

○ 年及嫁時.
나이가 시집갈 때가 된 것이다.

朱註

碩, 大也. 爾, 卽季女也. 射, 厭也. ○ 依彼平林, 則有集維鷮, 辰彼碩女, 則以令德來, 配已而敎誨之. 是以式燕且譽
석(碩)은 큼이다. 이(爾)는 바로 계녀(季女)이다. 역(射)은 싫어함이다. ○ 무성한 저 평림에는 꿩이 앉아 있고, 제때에 알맞은 저 석녀(碩女)는 아름다운 덕(德)으로 와서 나와 짝하여 잘 가르쳐준다. 이 때문에 잔치하고 또 즐거워하여

詳說
○ 善聲.
'예(譽)'는 선한 소리이다.

朱註
而悅慕之無厭也.
기뻐하고 사모하기를 싫음이 없이 하는 것이다.

[2-7-4-3]

雖無旨酒, 式飮庶幾, 雖無嘉殽, 式食庶幾, 雖無德與女, 式歌且舞.

비록 맛있는 술이 없으나 마셔주기를 행여 바라며,
비록 아름다운 안주가 없으나 먹어주기를 행여 바라며,
비록 그대와 함께할 덕이 없으나 노래하고 또 춤출지어다.

詳說
○ 音汝.532)
'여(女)'의 음은 '여(汝)'이다.

---

532) 音汝:『시전대전(詩傳大全)』에도 동일하게 되어 있다.

朱註

賦也. 旨嘉, 皆美也. 女, 亦指季女也. ○ 言我雖無旨酒嘉殽美德以與女,
부(賦)이다. 지(旨)와 가(嘉)는 모두 아름다움이다. 여(女)는 또한 계녀(季女)를 가
리킨 것이다. ○ 내 비록 맛있는 술과 아름다운 안주와 아름다운 덕으로써 너와
함께할 만한 것이 없으나

詳說

○ 慶源輔氏曰 : "自謙之辭."533)
경원 보씨가 말하였다 : "스스로 겸손해 하는 말이다."534)

朱註

女亦當飮食歌舞, 以相樂也
너 또한 마땅히 마시고 먹으며 노래하고 춤춰서 서로 즐거워해야 한다는 말이
다.

詳說

○ 未敢必其飮食, 故言庶幾
감히 반드시 마시고 먹지 못하기 때문에 '행여 바란다'고 한 것이다.

○ 孔氏曰 : "上以己爲主, 下以人爲主."
공씨가 말하였다 : "위에서는 자신이 주인이고, 아래에서는 남이 주인이다."

○ 按, 此下二章, 有似於季女答之, 如綢繆, 次章之語, 故孔氏云
然耶. 蓋以此一章三節上下句而言耳
살펴보건대, 이 아래의 두 장에 계녀의 답한 것과 유사함이 있는 것은 「주무
(綢繆)」에서 다음 장의 말과 같기 때문에 공씨가 그렇게 말한 것일 것이다.
대개 여기 한 장의 3절 상하의 구로 말한 것일 뿐이다.

---

533) 『시전대전(詩傳大全)』에 경원 보씨의 말로 실려 있다.
534) 『시전대전(詩傳大全)』에는 "경원 보씨가 말하였다 : '…. 삼장은 스스로 겸손해 하는 말로 내가 너와
함께 하지 못해도 너는 서로 즐거워해야 한다는 말이다. ….(慶源輔氏曰 : …. 三章自謙之辭, 言我雖無
以與女, 而女則宜有以相樂也. ….)"라고 되어 있다.

[2-7-4-4]

陟彼高岡, 析其柞薪.

저 높은 뫼에 올라가서 갈참나무 장작을 쪼개노라.

詳說

○ 音錫.

'석(析)'의 음은 '석(錫)'이다.

○ 音昨.

'작(柞)'의 음은 '작(昨)'이다.

○ 叶, 音襄.535)

'신(薪)'은 협운으로 음은 '양(襄)'이다.

析其柞薪, 其葉湑兮.

갈참나무 장작을 쪼개니 그 잎이 무성하도다.

詳說

○ 思呂反.536)

'서(湑)'의 음은 '사(思)'와 '려(呂)'의 반절이다.

鮮我覯爾, 我心寫兮.

내 너를 만남을 어렵게 여겼으니, 내 마음 쏟아지도다.

詳說

○ 息淺反.537)

'선(鮮)'의 음은 '식(息)'과 '천(淺)'의 반절이다.

---

535) 叶, 音襄:『시전대전(詩傳大全)』에도 동일하게 되어 있다.
536) 思呂反:『시전대전(詩傳大全)』에도 동일하게 되어 있다.
537) 息淺反:『시전대전(詩傳大全)』에도 동일하게 되어 있다.

○ 叶, 想羽反.538)
'사(寫)'는 협운으로 음은 '상(想)'과 '우(羽)'의 반절이다.

朱註

興也. 陟, 登, 柞, 櫟, 湑, 盛, 鮮, 少.
흥(興)이다. 척(陟)은 오름이고, 작(柞)은 갈참나무이고, 서(湑)는 성함이며, 선(鮮)은 적음이고,

詳說

○ 與北山之鮮字同.
「북산」에서의 '선(鮮)'자와 같다.

朱註

覯, 見也. ○ 陟岡而析薪, 則其葉湑兮矣, 我得見爾,
구(覯)는 만나봄이다. ○ 뫼에 올라 장작을 쪼개면 그 잎이 무성하고, 내 너를 만나보면

詳說

○ 略鮮字與北山之釋同. 蓋本文鮮字, 是帶說耳.
대략 '선(鮮)'자는 「북산」에서의 풀이와 같다. 대개 본문의 '선(鮮)'자는 함께 말한 것일 뿐이다.

朱註

則我心寫兮矣.
내 마음 쏟아진다.

詳說

○ 四句興二句.
네 구가 두 구를 흥한다.

---

538) 叶, 想羽反 : 『시전대전(詩傳大全)』에도 동일하게 되어 있다.

[2-7-4-5]

高山仰止, 景行行止.

높은 산을 우러러보며 큰 길을 행하도다.

詳說

○ 仰, 五剛反.539)

'앙(仰)'은 협운으로 음은 '오(五)'와 '강(剛)'의 반절이다.540)

○ 行, 戶郎反.541)

뒤에 있는 '항(行)'은 협운으로 '호(戶)'에서의 'ㅎ'과 '랑(郎)'에서의 'ㅏㅇ'을 합한 '항'이다.

四牡騑騑, 六轡如琴.

사모(四牡)가 건장하고 건장하니 여섯 고삐가 거문고와 같도다.

詳說

○ 音霏

'비(騑)'의 음은 '비(霏)'이다.

覯爾新昏, 以慰我心.

네 신혼을 본지라 내 마음 위안되노라.

朱註

興也.

흥(興)이다.

詳說

---

539) 仰, 五剛反 : 『시전대전(詩傳大全)』에는 다소 다르게 되어 있다.
540) 『시전대전(詩傳大全)』에는 "'앙(仰)'은 협운으로 음은 '석(石)'에서의 'ㅅ'와 '강(剛)'에서의 'ㅏㅇ'을 합한 '상'이다.(仰, 石剛反.)"라고 되어 있다.
541) 行, 戶郎反 : 『시전대전(詩傳大全)』에도 동일하게 되어 있다.

> ○ 兼賦.

부(賦)를 겸하였다.

朱註

仰, 瞻望也. 景行, 大道也.

앙(仰)은 바라봄이다. 경행(景行)은 큰 길이다.

詳說

○ 二行字, 義不同.

두 '행(行)'자는 의미가 같지 않다.

朱註

如琴, 謂六轡調和, 如琴瑟也. 慰, 安也. ○ 高山則可仰

여금(如琴)은 여섯 고삐가 조화로워 금슬(琴瑟)과 같다는 말이다. 위(慰)는 편안함이다. ○ 높은 산은 우러러 볼 수 있고

詳說

○ 來時所見.

올 때 보는 것이다.

朱註

景行則可行,

큰 길은 행할 수 있으며,

詳說

○ 來時所事.

올 때 일삼는 것이다.

朱註

馬服御良, 則可以迎季女, 而慰我心也.

말이 길들고 마부가 훌륭하면 계녀(季女)를 맞이하여 내 마음을 위안할 수 있다.

詳說

○ 習也.
'복(服)'은 익숙한 것이다.

○ 去聲.
'영(迎)'은 거성이다.

○ 二句興四句.
두 구가 네 구를 흥한다.

朱註

此又擧其始終而言也.
이는 또 그 시종(始終)을 들어 말한 것이다.

詳說

○ 慶源輔氏曰 : "上二句, 言其始, 下二句, 言其終, 前已極言之, 故此但言其略耳."542)
경원 보씨가 말하였다 : "위의 두 구는 그 시작을 말했고, 아래의 두 구는 그 끝을 말하였는데, 앞에서 이미 극도로 말하였기 때문에 여기에서는 단지 그 대략을 말할 뿐이다."543)

朱註

表記曰, 小雅曰, 高山仰止, 景行行止. 子曰, 詩之好仁如此.
「표기(表記)」에 "「소아(小雅)」에 '고산(高山)을 우러러 보며 경행(景行)을 행한다.'라고 하였는데, 공자께서 '시에서 인(仁)을 좋아함이 이와 같다.

詳說

---

542) 『시전대전(詩傳大全)』에 경원 보씨의 말로 실려 있다.
543) 『시전대전(詩傳大全)』에는 "경원 보씨가 말하였다 : "…. 5장에서는 그 시종을 들어 말함에 위의 네 구는 그 시작을 말했고, 아래의 네 구는 그 끝을 말하였는데, 앞에서 이미 극도로 말하였기 때문에 여기에서는 단지 그 대략을 말할 뿐이다.(慶源輔氏曰 : …. 五章則擧其始終而言之, 上四句言其始, 下四句言其終, 前已極言之矣, 故此但言其畧耳.)"라고 되어 있다.

○ 禮記.
「표기」는 『예기』의 「표기」이다.

○ 去聲.
'호(好)'는 거성이다.

○ 須溪劉氏曰 : "此二句, 極思慕之情, 而好仁者以之, 此古人善讀詩也."544)
수계 유씨가 말하였다 : "이 두 구는 사모의 정을 극도로 하면서 인을 좋아하는 것을 이것으로 하였으니, 이것이 옛사람들이 시를 잘 읽은 것이다."

朱註

鄕道而行, 中道而廢,
도(道)를 향하고 가다가 중도(中道)에 쓰러지더라도

詳說

○ 去聲.
'향(鄕)'은 거성이다.

○ 鄭氏曰 : "力極罷頓, 不能復行則止."545)
정씨가 말하였다 : "힘이 극도로 지쳐서 다시 갈 수 없으면 멈추는 것이다."546)

○ 豐城朱氏曰 : "此二句, 於六義屬興, 而斷章取義, 則於行道進德之喩, 尤爲切至, 知高山可仰, 則知聖德之可慕, 知景行可行, 則知大道之可由矣. 然則仁不如堯, 孝不如舜, 學不如孔子, 猶陟高山而不至其巔, 行大道而不達國都, 是所謂半塗而廢."547)

---
544) 『시전대전(詩傳大全)』에 수계 유씨의 말로 동일하게 실려 있다.
545) 『시전대전(詩傳大全)』에 정씨의 말로 실려 있다.
546) 『시전대전(詩傳大全)』에는 "정씨가 말하였다 : 「쓰러진다」는 것은 힘이 극도로 지쳐서 다시 갈 수 없으면 멈추는 것을 비유한 것이다.'(鄭氏曰 : 廢, 喩力極罷頓不能復行止也.)"라고 되어 있다.
547) 『시전대전(詩傳大全)』에 풍성 주씨의 말로 실려 있다.

풍성 주씨가 말하였다 : "이 두 구는 육의에서 흥에 속하는데, 단장취의하면 도를 행해 덕으로 나가는 깨우침에서 더욱 절실하니, 우러러볼 수 있는 높은 산을 알면 사모할 성스러운 덕을 알고, 행할 큰 길을 알면 경유해야 할 대도를 안다는 것이다. 그렇다면 인으로는 요임금만한 분이 없고, 효도로는 순임금만한 분이 없으며, 배움으로는 공자만한 분이 없다. 높은 산을 오르면서 정상에 오르지 못하고, 대도를 행하면서 수도에 달하지 못한 것과 같으면 이것은 이른바 중도에 그만두는 것이다."548)

朱註
忘身之老也, 不知年數之不足也,
몸의 늙음을 잊어 연수(年數)의 부족함을 모르고

詳說
○ 此句申上句, 蓋老則餘年之數不足也.
여기의 구에서는 위의 구절을 거듭했으니, 대개 늙으면 남은 연수가 부족하다는 것이다.

朱註
俛焉日有孶孶, 斃而後已.
열심히 날로 부지런히 하여 죽은 뒤에야 그만 둔다.'라고 하셨다."고 하였다.

詳說
○ 慶源輔氏曰 : "表記之言, 雖非詩之本旨, 讀者能以此自警, 則有益於己矣."549)

---

548) 『시전대전(詩傳大全)』에는 "풍성 주씨가 말하였다 : '「높은 산을 우러러 보며 큰 길을 행하도다.」라는 구는 육의에서 흥에 속하는데, 단장취의하면 도를 행해 덕으로 나가는 깨우침에서 더욱 절실하다. 대개 우러러볼 수 있는 높은 산을 알면 사모할 성스러운 덕을 알고, 행할 큰 길을 알면 경유해야 할 대도를 알아 성인의 도로 말미암아 성인이 머문 경지를 구하여 이르니, 이른바 지극한 선은 이것을 밖으로 하지 않는다는 것이다. 그렇다면 인으로는 요임금만한 분이 없고, 효도로는 순임금만한 분이 없으며, 배움으로는 공자만한 분이 없다. 여전히 높은 산을 오르면서 정상에 오르지 못하고, 대도를 행하면서 수도에 달하지 못하면 이것은 이른바 중도에 그만두는 것이니, 어찌 안타깝지 않겠는가?'(豐城朱氏曰 : 高山仰止, 景行行止, 於六義屬興, 而斷章取義, 則於行道進德之喩, 尤爲切至. 蓋知高山之可仰, 則知聖德之可慕矣, 知景行之可行, 則知大道之可由矣, 由聖人之道, 以求至聖人之所止, 則所謂至善不外是矣. 然則仁之不如堯也, 孝之不如舜也, 學之不如孔子也. 猶之陟高山, 而不至其巔, 行大道而不達乎國都也, 是即所謂半塗而廢也, 豈不惜哉.)"라고 되어 있다.
549) 『시전대전(詩傳大全)』에 경원 보씨의 말로 실려 있다.

경원 보씨가 말하였다 : "『표기』의 말은 시의 본래 의미는 아닐지라도 독자들이 이것으로 스스로 경계한다면 자신에게 유익할 것이다."550)

○ 此又以下, 論也.
'이는 또' 이하는 경문의 의미 설명이다.

朱註

車舝五章, 章六句.
「거할(車舝)」은 5장이고, 장은 6구이다.

詳說

○ 安成劉氏曰 : "此詩皆言慕悅賢女之意, 而恐無德以相與證之. 關雎, 亦可謂得性情之正者也."551)
안성 유씨가 말하였다 : "여기의 시는 모두 현명한 여자를 사모하고 좋아한다는 의미로 말했지만 덕이 없이 서로 함께 하는 것으로 증명한 것 같다. 「관저(關雎)」는 또한 성정의 바름을 얻은 것이라고 말할 수 있다."552)

○ 按, 朱子以楚茨至此十篇爲正雅之錯脫, 見詩序辨說中
살펴보건대, 주자는 「초자(楚茨)」와 여기 10편까지를 「정아(正雅)」가 어긋나고 빠진 것으로 여겼으니, 「시서변설(詩序辨說)」에 있다.

[2-7-5-1]

營營青蠅, 止于樊.

---

550) 『시전대전(詩傳大全)』에는 "경원 보씨가 말하였다 : '『표기』의 말은 시의 본래 의미는 아닐지라도 독자들이 이와 같이 하면 자신에게 유익할 것이니, 시간이 지나면서 배우는 자들은 언제나 여기 몇 마디에 푹잠겨 스스로 경계하게 될 것이다.'(慶源輔氏曰 : 表記之言, 雖非詩之本旨, 然讀者能如此, 則能有益於己矣. 時過而學者, 可常常涵泳此數語以自警.)"라고 되어 있다.
551) 『시전대전(詩傳大全)』에 안성 유씨의 말로 실려 있다.
552) 『시전대전(詩傳大全)』에는 "안성 유씨가 말하였다 : '여기의 시는 모두 현명한 여자를 사모하고 좋아한다는 의미로 말했다. 그러므로 그 여인을 얻지 못했을 때에는 덕음으로 와서 모이기를 원해 마음이 목마른 것과 같고, 이미 그 여인을 얻었을 때에는 아름다운 덕이 와서 가르치는 것을 마음을 옮겨주어 잔치로 즐기는 것과 같다. 또 기쁨을 노래함에 아름다움을 갖추지 않은데다가 또 덕이 없이 서로 함께 하는 것으로 증명한 것 같다. 「관저(關雎)」는 또한 성정의 바름을 얻은 것이라고 말할 수 있다.(安成劉氏曰 : 此詩皆言慕悅賢女之意, 故其未得之也, 望其德音来教, 而心如飢渴, 既得之也, 喜其令德来教, 而心如輸寫, 至於宴樂之也. 又歎爲歡之, 無美具, 而且恐無德以相與證之. 關雎, 亦可謂得性情之正者也.)"라고 되어 있다.

앵앵거리는 청승(靑蠅)이여 울타리에 앉았도다.

> 詳說

○ 音樊, 叶汾乾反.553)

'번(樊)'의 음은 '번(樊)'이고, 협운으로 음은 '분(汾)'과 '건(乾)'의 반절이다.

> 豈弟君子, 無信讒言.

기제(豈弟)한 군자는 참소하는 말을 믿지 말지어다.

> 朱註

比也.

비(比)이다.

> 詳說

○ 兼賦.

부를 겸하였다.

> 朱註

營營, 往來飛聲, 亂人聽也.

영영(營營)은 왕래하며 날아다니는 소리이니, 사람의 청각을 혼란시킨다.

> 詳說

○ 廬陵歐陽氏曰 : "齊詩, 匪雞則鳴蒼蠅之聲, 蓋其飛聲之衆, 可以亂聽, 猶言聚蚊成雷也."554)

여릉 구양씨가 말하였다 : "「제풍」의 시는 닭이 우는 것이 아니라 창승의 소리로다. 그것들이 무리지어 날아다니는 소리가 청각을 혼란시키는 것은 모기가 모여 우레가 되는 것과 같다."

> 朱註

---

553) 音煩, 叶汾乾反 : 『시전대전(詩傳大全)』에도 동일하게 되어 있다.
554) 『시전대전(詩傳大全)』에 여릉 구양씨의 말로 동일하게 실려 있다.

靑蠅, 汙穢,
청승(靑蠅)은 더러워서

詳說
○ 蓋指其屎.
그 똥을 가리킨 것이다.

朱註
能變白黑.
백색과 흑색을 변란시킬 수 있다.

詳說
○ 鄭氏曰 : "汙白使黑, 汙黑使白, 喩佞人變亂善惡."555)
정씨가 말하였다 : "흰색을 더럽혀서 검정색이 되게 하고, 검정색을 더럽혀서 흰색이 되게 하니, 아첨하는 사람이 선악을 변란시키는 것을 비유하였다."556)

朱註
樊, 藩也. 君子, 謂王也. ○ 詩人以王好聽讒言, 故以靑蠅飛聲比之,
번(樊)은 울타리이다. 군자는 왕을 이른다. ○ 시인은 왕이 참언을 듣기를 좋아하기 때문에 참언을 청승(靑蠅)의 날아다니는 소리에 비유하고

詳說
○ 小序曰 : "幽王."
『소서』에서 말하였다 : "왕은 유왕이다."

○ 去聲.
'호(好)'는 거성이다.

---

555) 『시전대전(詩傳大全)』에 정씨의 말로 실려 있다.
556) 『시전대전(詩傳大全)』에는 "정씨가 말하였다 : '청승이란 벌레는 흰색을 더럽혀서 검정색이 되게 하고, 검정색을 더럽혀서 흰색이 되게 하니, 아첨하는 사람이 선악을 변란시키는 것을 비유하였다.'(鄭氏曰 : 蠅之爲蟲, 汙白使黑, 汙黑使白, 喩佞人變亂善惡也.)"라고 되어 있다.

○ 擧亂聽以該變白黑.
청각을 혼란시키는 것을 들어 백색과 흑색을 변하게 하는 것을 겸하였다.

○ 安成劉氏曰 : "首章以靑蠅與君子對言, 故知以蠅聲比讒言. 下二章以靑蠅與讒人對言, 故知屬興. 此比興相似, 而不同者, 凱風亦然."557)
안성 유씨가 말하였다 : "첫장에서는 청승과 군자를 짝지어 말했기 때문에 청승의 소리로 참언을 비유했음을 알겠다. 아래의 두 장에서는 청승과 참인을 짝지어 말했기 때문에 흥에 속함을 알겠다. 여기에서 비와 흥이 서로 비슷하면서 같지 않은 것은 「개풍(凱風)」에서도 그럴 것이다.

○ 鴻鴈谷風, 亦然.
「홍안(鴻鴈)」「곡풍(谷風)」에서도 그렇다.

朱註
而戒王以勿聽也.
왕(王)에게 듣지 말라고 경계한 것이다.

詳說
○ 永嘉陳氏曰 : "讒言, 多由持心, 傾險而後入, 故君子當持心樂易, 不聽讒言也."558)
영가 진씨가 말하였다 : "참언은 대부분 지키는 마음에 따라 기울려 위태롭게 한 다음에 들어가기 때문에 군자는 마음을 화락하고 평이하게 지키며 참언을 듣지 않아야 한다."

[2-7-5-2]
營營靑蠅, 止于棘. 讒人罔極, 交亂四國.

앵앵거리는 청승(靑蠅)이여 가시나무에 앉았도다. 참소하는 사람이 다함이 없어서 사국(四國)을 교란시키도다.

---

557) 『시전대전(詩傳大全)』에 안성 유씨의 말로 거의 비슷하게 실려 있다.
558) 『시전대전(詩傳大全)』에 영가 진씨의 말로 동일하게 실려 있다.

|詳說|

○ 叶, 越逼反.559)

  '국(國)'은 협운으로 음은 '월(越)'과 '핍(逼)'의 반절이다.

|朱註|

興也.

흥(興)이다.

|詳說|

○ 兼比.

  비를 겸하였다.

|朱註|

棘, 所以爲藩也.

극(棘)은 울타리를 만드는 것이다.

|詳說|

○ 照上章

  위의 장을 참조하라.

|朱註|

極猶已也.

극(極)은 이(已)와 같다.

[2-7-5-3]

|營營靑蠅, 止于榛.|

이리저리 날으는 청승(靑蠅)이여 개암나무에 앉았도다.

|詳說|

---

559) 叶, 越逼反:『시전대전(詩傳大全)』에도 동일하게 되어 있다.

○ 士巾反.
'진(榛)'의 음은 '사(士)'와 '건(巾)'의 반절이다.

讒人罔極. 構我二人.
참소하는 사람이 다함이 없어서 우리 두 사람을 얽어매도다.

詳說
○ 音姤.
'구(構)'의 음은 '구(姤)'이다.

朱註
興也. 構, 合也, 猶交亂也. 己與聽者, 爲二人.
흥(興)이다. 구(構)는 합함이니, 교란(交亂)과 같다. 자신과 듣는 자가 두 사람이다.

詳說
○ 四國, 汎二人切.
사국은 떠도는 두 사람에게 절실한 것이다.

○ 定宇陳氏曰：“讒人之禍, 其末至於亂四國, 其始先於構二人. 聽者察於其始, 而早絶之, 庶不至於罔極也.”560)
정우 진씨가 말하였다：“참인의 화는 그 끝이 사국을 어지럽히는 것으로 그 시작은 두 사람을 얽어매는 것을 우선으로 하니, 듣는 자가 그 시작을 살펴 미리 잘라버리면 거의 망극하게 되지는 않을 것이다.”561)

靑蠅三章, 章四句.
「청승」은 3장이고, 장은 4구이다.

---

560) 『시전대전(詩傳大全)』에 정우 진씨의 말로 실려 있다.
561) 『시전대전(詩傳大全)』에는 "정우 진씨가 말하였다：'참인의 망극한 화는 그 끝이 사국을 어지럽히는 것으로 그 시작은 두 사람을 얽어매는 것을 우선으로 하니, 듣는 자가 그 시작을 살펴 미리 잘라버리면 거의 망극하게 되지는 않을 것이다.'(定宇陳氏曰：讒人罔極之禍, 其末至於亂四國, 其始先於構二人, 聽者察於其始, 而早絶之, 庶乎不至於罔極也.)"라고 되어 있다.

[2-7-6-1]

|賓之初筵, 左右秩秩,|

손님이 처음 자리에 나갈 때는 좌우가 질서 정연한데,

|詳說|

○ 無韻未詳, 後三四章放此.562)

'질(秩)'이 운이 없는 것 자세하지 않고, 뒤의 3장과 4장도 이와 같다.

|籩豆有楚, 殽核維旅,|

변두가 나란히 놓여 있으며 안주와 과일이 진열되어 있으며,

|詳說|

○ 戶交反.563)

'효(殽)'의 음은 '호(戶)'와 '교(交)'의 반절이다.

○ 戶革反.564)

'핵(核)'의 '호(戶)'와 '혁(革)'의 반절이다.

|酒旣和旨, 飮酒孔偕.|

술이 이미 조화롭고 아름다워 술을 마심을 심히 함께 하도다.

|詳說|

○ 音皆, 叶擧里反.565)

'해(偕)'의 음은 '개(皆)'이고, 협운으로 음은 '거(擧)'와 '리(里)'의 반절이다.

|鐘鼓旣設, 擧醻逸逸,|

---

562) 無韻未詳, 後三四章放此 :『시전대전(詩傳大全)』에도 동일하게 되어 있다.
563) 戶交反 :『시전대전(詩傳大全)』에도 동일하게 되어 있다.
564) 戶革反 :『시전대전(詩傳大全)』에도 동일하게 되어 있다.
565) 音皆, 叶擧里反 :『시전대전(詩傳大全)』에도 동일하게 되어 있다.

종과 북을 이미 설치하여 술잔을 들기를 차례로 하며,

> 詳說

○ 叶, 書質反.566)
'설(設)'의 음은 '서(書)'와 '질(質)'의 반절이다.

○ 音酬.
'수(醻)'의 음은 '수(酬)'이다.

> 大侯旣抗, 弓矢斯張

대후(大侯)를 이미 펼치고 궁시(弓矢)를 이에 베푸니,

> 詳說

○ 叶, 居郎反.567)
'항(抗)'은 협운으로 음은 '거(居)'와 '랑(郎)'의 반절이다.

> 射夫旣同, 獻爾發功, 發彼有的, 以祈爾爵.

사부(射夫)가 이미 짝과 함께한지라 너의 발사하는 공적을 올려서 발사하되 저 과녁을 맞혀 너에게 벌주 먹이기를 기원하도다.

> 詳說

○ 叶, 丁藥反.568)
'적(的)'은 협운으로 음은 '정(丁)'과 '약(藥)'의 반절이다.

> 朱註

賦也. 初筵, 初卽席也.
부(賦)이다. 초연(初筵)은 처음에 자리에 나아가는 것이다.

---

566) 叶, 書質反: 『시전대전(詩傳大全)』에도 동일하게 되어 있다.
567) 叶, 居郎反: 『시전대전(詩傳大全)』에도 동일하게 되어 있다.
568) 叶, 丁藥反: 『시전대전(詩傳大全)』에도 동일하게 되어 있다.

詳說

○ 孔氏曰 : "鋪陳曰, 筵, 藉之曰, 席."569)

공씨가 말하였다 : "진설한 것을 '연(筵)'이라고 하고, 깔아놓은 것을 '석(席)'이라고 한다."

朱註

左右, 筵之左右也.

좌우(左右)는 자리의 좌우이다.

詳說

○ 丘氏曰 : "謂筵上左右之人."570)

구씨가 말하였다 : "자리 위에 있는 좌우의 사람이다."

朱註

秩秩, 有序也. 楚, 列貌. 殽, 豆實也,

질질(秩秩)은 차례가 있는 것이다. 초(楚)는 진열되어 있는 모양이다. 효(殽)는 두(豆)에 담는 것이고,

詳說

○ 豆, 所盛也.

두는 성대한 것이다.

朱註

核, 籩實也.

핵(核)은 변(籩)에 담는 것이다.

詳說

○ 鄭氏曰 : "豆實, 菹醢, 籩實, 桃梅之屬.571)

---

569) 『시전대전(詩傳大全)』에 공씨의 말로 동일하게 실려 있다.
570) 『시전대전(詩傳大全)』에 구씨의 말로 동일하게 실려 있다.
571) 『시전대전(詩傳大全)』에 정씨의 말로 거의 비슷하게 실려 있다.

정씨가 말하였다 : "두에 담는 것은 젓갈이고, 변에 담는 것은 복숭아와 배실 같은 것들이다."

○ 孔氏曰 : "殽是總名. 此文殽核, 與籩豆, 相對, 故分之耳."572)

공씨가 말하였다 : "효(殽)는 총체적인 이름이다. 여기의 글에서 효핵(殽核)'과 변두(籩豆)는 서로 짝이 되기 때문에 나누었을 뿐이다."573)

朱註

旅, 陳也. 和旨, 調美也. 孔, 甚也. 偕, 齊一也. 設, 宿

여(旅)는 진열함이다. 화지(和旨)는 조화롭고 아름다움이다. 공(孔)은 심함이다. 해(偕)는 함께하는 것이다. 설(設)은 미리

詳說

○ 前日.

'숙(宿)'은 전날이다.

朱註

設, 而又遷于下也. 大射

설치해 놓았다가 다시 당하(堂下)로 옮기는 것이다. 대사(大射)에는

詳說

○ 儀禮.

'대사(大射)'는 의례이다.

朱註

樂人宿縣,

악인(樂人)이 미리 매달아 놓는데,

---

572) 『시전대전(詩傳大全)』에 공씨의 말로 실려 있다.
573) 『시전대전(詩傳大全)』에는 "공씨가 말하였다 : '효(殽)는 총체적인 이름이다. 여기의 글에서 효핵(殽核)'과 변두(籩豆)는 서로 짝이 되기 때문에 나누었을 뿐으로 실로 효가 또한 핵이다.(孔氏曰 : 殽是總名. 此文殽核, 與籩豆, 相對故分之耳, 其實殽, 亦爲核.)"라고 되어 있다.

詳說

○ 音玄

'현(縣)'의 음은 '현(玄)'이다.

朱註

厥明將射, 乃遷樂于下,

다음날 활을 쏘게 되면 마침내 악기를 아래로 옮겨놓아

詳說

○ 敖氏曰 : "樂, 謂瑟也."

오씨가 말하였다 : "악기는 거문고를 말한다."

○ 下, 堂下也.

아래는 당하이다.

朱註

以避射位,

활 쏘는 자리를 피한다는 것이

詳說

○ 此句, 注文.

이 구는 주의 글이다.

朱註

是也.

이것이다.

詳說

○ 鄭氏曰 : "言旣設者, 將射改縣也."574)

정씨가 말하였다 : "'이미 설치했다.'고 한 것은 활을 쏘려고 고쳐 매는 것이

---

574) 『시전대전(詩傳大全)』에 정씨의 말로 실려 있다.

다."575)

○ 安成劉氏曰 : "大射儀, 有樂人宿縣之文, 鄕射禮, 有樂正命遷樂于下之文, 集傳所引乃參約, 大射鄕射禮文, 以明旣設之義耳. 射皆用樂者, 蓋諸侯之射則先行燕禮, 大夫士之射則先行飮禮故也, 然此章乃言人君燕射. 燕在路寢, 自有常縣之樂, 謂宿設者, 先儒以爲叟整理之耳."576)

안성 유씨가 말하였다 : "「대사의」에 '악사가 미리 매달아 놨다.'는 말이 있고, 「향사례」에 악정이 당하로 악기를 옮기라고 명한다는 말이 있는데, 「집전」에서 인용하여 참작했으니, 「대사」와 「향사례」의 글에서 이미 설치해 놨다는 의미를 분명하게 했다. 활쏘기에 음악을 연주하는 것은 제후의 활쏘기에서는 먼저 연례(燕禮)를 행하고, 대부와 사의 활쏘기에서는 먼저 음례(飮禮)를 행하기 때문인데, 여기의 장에서는 바로 임금의 연사(燕射)를 말하였다. 연(燕)에서는 로침(路寢)에 항상 매다는 악기가 있으니, 미리 설치한다고 말한 것은 선대의 학자들이 다시 정리한 것일 뿐이다."577)

朱註

擧醻, 擧所奠之醻爵也.

거수(擧醻)는 올려서 권하는 술잔을 드는 것이다.

詳說

○ 朱子曰 : "主人獻賓, 賓酢主人, 主人又自飮, 而飮賓曰醻. 賓

---

575) 『시전대전(詩傳大全)』에는 "정씨가 말하였다 : '「종고를 이에 이미 설치했다.」고 한 것은 활을 쏘려고 고쳐 매는 것이다.'(鄭氏曰 : 鍾鼓於是, 言旣設者, 將射改縣也.)"라고 되어 있다.
576) 『시전대전(詩傳大全)』에 안성 유씨의 말로 실려 있다.
577) 『시전대전(詩傳大全)』에는 "안성 유씨가 말하였다 : '「대사의」에 「악사가 미리 매달아 놨다.」는 말이 있으니, 대개 학궁에서 활쏘기를 하려고 할 때, 먼저 하루 전에 미리 각기 종과 경쇠를 매달아놓고 당하 동서북 세 방향에서 종을 울리는 것이다. 「향사례」에서는 악정이 악기를 아래로 옮겨라고 명한다는 말이 있다. 「집전」에서 인용하여 참작했으니, 「대사」와 「향사례」의 글에서 이미 설치해 놨다는 의미를 분명하게 했다. 활쏘기에 음악을 연주하는 것은 제후의 활쏘기에서는 먼저 연례(燕禮)를 행하고, 대부와 사의 활쏘기에서는 먼저 음례(飮禮)를 행하기 때문인데, 여기의 장에서는 바로 임금의 연사(燕射)를 말하였다. 연(燕)에서는 로침(路寢)에 항상 매다는 악기가 있으니, 미리 설치한다고 말한 것은 선대의 학자들이 다시 정리한 것일 뿐이다.'(安成劉氏曰 : 大射儀, 有樂人宿縣之文, 蓋將射於學宮, 先一宿各縣鍾磬, 鼓鏞於堂下東西北三面. 鄕射禮, 則有樂正命遷樂于下之文. 集傳所引乃叅約, 大射鄕射禮文, 以明此鍾鼓旣設之義耳. 射皆用樂者, 蓋諸侯之射, 則先行燕禮, 大夫士之射, 則先行鄕飮禮故也, 然此章乃言人君燕射. 燕在路寢自有常縣之樂, 謂宿設者, 先儒以爲更整理之耳.)"라고 되어 있다.

受之奠於席前, 而不擧至旅, 而遂擧所奠之爵, 交錯以徧也."578)

주자가 말하였다 : "주인이 손님에게 술을 따라 주면, 손님이 주인에게 잔을 돌려주니, 주인이 또 스스로 마시고 손님에게 술을 따라는 주는 것을 수(醻)라고 한다. 손님이 받아서 자리 앞에 올려놓으니, 무리들까지 들지 않다가 마침내 놓은 술잔을 들어 서로 번갈아가며 두루 한다."579)

朱註
逸逸, 往來有序也.
일일(逸逸)은 왕래함에 차례가 있는 것이다.

詳說
○ 安成劉氏曰 : "東西交錯也."580)
안성 유씨가 말하였다 : "동서로 서로 번갈아하는 것이다."581)

朱註
大侯, 君侯也, 天子, 熊侯白質, 諸侯, 麋侯赤質. 大夫布侯畫以虎豹, 士布侯畫以鹿豕.
대후(大侯)는 임금의 과녁이니, 천자는 곰의 가죽으로 만든 과녁 흰 바탕이고, 제후는 고라니 가죽으로 만든 과녁에 붉은 바탕이다. 대부는 삼베로 만든 과녁에 호표(虎豹)를 그리고, 사(士)는 삼베로 만든 과녁에 녹시(鹿豕)를 그린다.

詳說
○ 音話, 下竝同.
'화(畫)'의 음은 '화(話)'이고 아래에서도 나란히 같다.

---

578) 『시전대전(詩傳大全)』에 주자의 말로 실려 있다.
579) 『시전대전(詩傳大全)』에는 "주자가 말하였다 : '『의례』를 살펴보면, 주인이 손님에게 술을 따라 주는 것을 헌(獻)이라 하고, 손님이 주인에게 잔을 돌려주면, 주인이 또 스스로 마시고 손님에게 술을 따라는 주는 것을 수(醻)라고 한다. 손님이 받아서 자리 앞에 올려놓으니, 무리들까지 들지 않다가 마침내 놓은 술잔을 들어 서로 번갈아가며 두루 한다.'(朱子曰 : 按儀禮, 主人酌賓曰獻, 賓旣酢主人, 主人又自飲而獻賓曰醻. 賓受之奠於席前, 而不擧至旅, 而遂擧所奠之爵, 交錯以徧也.)"라고 되어 있다.
580) 『시전대전(詩傳大全)』에 안성 유씨의 말로 실려 있다.
581) 『시전대전(詩傳大全)』에는 "안성 유씨가 말하였다 : '왕래는 동서로 서로 번갈아하는 것이다.'(安成劉氏曰 : 往來者, 東西交錯也.)"라고 되어 있다.

○ 出鄕射禮.

「향사례」가 출처이다.

○ 鄭氏曰 : "所謂獸侯也. 燕射則張之熊麋虎豹鹿豕皆正, 而畫其頭象於正鵠之處, 君畫一臣畫二, 陽奇陰偶之數也, 其畫皆毛物也."582)

정씨가 말하였다 : "이른바 짐승 과녁이다. 연사에서 곰·고라니·호표·녹시를 펼쳐놓는 것이 모두 바른 것이고, 그 머리를 정곡에 그려놓는데, 임금은 하나를 그려놓고 신하는 둘 그려놓으니, 양은 홀수이고 음은 우수이기 때문으로 그리는 것들은 모두 털이 있는 것들이다."583)

○ 廬陵李氏曰 : "言質者, 以白與赤, 采其地, 而後畫布, 侯者, 直畫而已."584)

여릉 이씨가 말하였다 : "바탕은 흰색과 붉은 색으로 그 곳을 꾸민 다음에 베에 그린 것이고, 과녁은 바로 그린 것일 뿐이라는 말이다."

朱註

天子侯身一丈, 其中三分居一, 白質畫熊, 其外, 則丹地, 畫以雲氣.
천자는 과녁은 몸이 한 길인데, 그 가운데 3분의 1이 흰 바탕으로 곰을 그리고, 그 바깥은 붉은 바탕에는 구름 기운을 그린다.

詳說

○ 見鄕射禮及注.

『향사례』와 주에 있다.

○ 安成劉氏曰 : "凡侯有中有身有舌. 獸侯用布九幅. 每幅闊二

---

582) 『시전대전(詩傳大全)』에 정씨의 말로 실려 있다.
583) 『시전대전(詩傳大全)』에는 '정씨가 말하였다 : '이른바 짐승 과녁이다. 연사에서 곰·고라니·호표·녹시를 펼쳐놓으니 모두 정면으로 그 머리를 정곡에 그려놓는다. 임금은 하나를 그려놓고 신하는 둘 그려놓으니, 양은 홀수이고 음은 우수이기 때문으로 모두 털이 있는 것들이다.'(鄭氏曰 : 所謂獸侯也. 燕射則張之熊麋虎豹鹿豕, 皆正面畫其頭象於正鵠之處耳. 君畫一臣畫二, 陽奇陰耦之數也, 其盡皆毛物也.)'라고 되어 있다.
584) 『시전대전(詩傳大全)』에 여릉 이씨의 말로 동일하게 실려 있다.

尺, 其高一丈八尺. 九幅之布, 廣一丈八尺, 最中一幅, 卽所謂
中也. 中之上下, 各二幅, 連中幅, 共高一丈, 所謂身也. 身之
上下, 又各二幅以爲舌. 據侯廣一丈八尺, 以三分之一爲正鵠,
則正鵠當廣六尺. 此燕射之侯. 不設正鵠, 則於正鵠之處, 以
白采其地, 而畫熊爲的. 又於其側以丹色爲質, 畫雲氣爲飾,
糜侯以下, 其飾皆然."585)

안성 유씨가 말하였다 : "모든 과녁에는 가운데가 있고 몸이 있고 좌우의 귀
가 있다. 짐승의 과녁에는 베 아홉 폭을 사용하는데, 폭마다 두 척의 간격을
두고, 그 높이는 한 장 팔 척이다. 아홉 폭의 베에 넓이가 한 장 팔 척으로
가장 중앙 한 폭이 곧 이른바 중심이다. 중심의 상하로 각기 두 폭은 가운데
폭과 연결되고 공히 높이는 1장으로 이른바 몸이다. 몸의 상하로 또 각기 두
폭을 좌우의 귀로 한다. 과녁의 넓이 한 장 팔 척에 의거하면 3분의 1이 정곡
이니, 정곡은 당연히 넓이가 여섯 척으로 이것이 연사의 과녁이다. 정곡을 설
치하지 않으면 정곡에 그곳을 흰 색으로 꾸미고 곰을 그려 표적으로 한다. 또
그 옆에는 붉은 색으로 바탕으로 해서 구름 기운을 그려 꾸민다. 녹후 이하는
그 꾸밈이 모두 그렇다."586)

朱註

抗, 張也. 凡射張侯, 而不繫左下綱, 中掩束之

항(抗)은 펼치는 것이다. 무릇 활을 쏠 때에 과녁을 펼쳐놓되, 왼쪽 아래의 끈을
매놓지 않고 가운데를 가리어 묶었다가

詳說

---

585) 『시전대전(詩傳大全)』에 안성 유씨의 말로 실려 있다.
586) 『시전대전(詩傳大全)』에는 안성 유씨가 말하였다 : "모든 과녁에는 가운데가 있고 몸이 있고 상하로 좌
우의 귀가 있다. 짐승의 과녁은 베로 만드는데, 천자와 경기 밖의 제후는 모두 베 아홉 폭을 사용하는
데, 폭마다 두 척의 간격을 두고, 그 높이는 한 장 팔 척이다. 아홉 폭의 베에 넓이가 한 장 팔 척으로
가장 중앙 한 폭이 곧 이른바 중심이다. 중심의 상하로 각기 두 폭은 가운데 폭과 연결되고 그 높이는
1장으로 이른바 몸이다. 몸의 상하로 또 각기 두 폭을 좌우의 귀로 한다. 과녁의 넓이 한 장 팔 척에
의거하면 3분의 1이 정곡이니, 정곡은 당연히 넓이가 여섯 척으로 이것이 연사의 과녁이다. 정곡을 설
치하지 않으면 정곡에 그 바탕을 흰 색으로 꾸미고 곰을 그려 표적으로 한다. 또 그 옆에는 붉은 색으
로 바탕으로 해서 구름 기운을 그려 꾸민다. 녹후 이하는 그 꾸밈이 모두 그렇다.(安成劉氏曰 : 凡侯有
中有身有上下舌. 獸侯以布爲之, 天子與圻外諸侯, 皆用布九幅, 每幅闊二尺, 其高一丈八尺. 九幅之布, 廣
一丈八尺, 最中一幅, 卽所謂中也. 中之上下, 各二幅連中幅, 其高一丈, 所謂身也. 身之上下, 又各二幅以
爲舌. 據侯中之廣一丈八尺, 以三分之一爲正鵠, 則正鵠當廣六尺, 此燕射之侯. 不設正鵠, 則於正鵠之處,
以白采其地, 而畫熊爲的. 又於其側, 以丹色爲質, 畫雲氣爲飾. 自糜侯以下, 其飾皆然.)"라고 되어 있다.

○ 諺音誤.

    '항(抗)'은 『언해』의 음이 잘못되었다.

○ 安成劉氏曰 "侯有上下左右舌, 故有左右上下綱繩, 以持舌而繫之.587)

    안성 유씨가 말하였다 : "과녁에는 상하로 좌우의 귀가 있기 때문에 좌우상하 끈으로 좌우의 귀를 지키면서 묶는다."588)

○ 廬陵李氏曰 : "綱所以繫之于植者, 侯向堂, 以西爲左, 掩向東也.589)

    여릉 이씨가 말하였다 : "세울 곳에 줄로 묶어 두는데, 과녁이 마당을 향해 서쪽을 왼쪽으로 하고, 동쪽을 향하는 곳을 가린다."590)

朱註
至將射, 司馬命張侯, 弟子脫束, 遂繫下綱也.

활을 쏘게 되어 사마가 과녁을 펼치라고 명하면 자제들이 묶어놓은 것을 벗기고 마침내 아래의 끈을 동여매는 것이다.

詳說
○ 見鄕射禮.

    「향사례」에 있다.

朱註
大侯張, 而弓矢亦張, 節也.

---

587) 『시전대전(詩傳大全)』에 안성 유씨의 말로 실려 있다.
588) 『시전대전(詩傳大全)』에는 "안성 유씨가 말하였다 : '과녁에는 상하로 좌우의 귀가 있기 때문에 좌우상하 끈으로 좌우의 귀를 밖으로 해서 지키면서 묶는다. 또 끈으로 과녁의 몸과 좌우의 귀 사각을 연결해서 묶어놓는다.'(安成劉氏曰 : 侯有上下左右舌, 故有左右上下綱繩, 出於舌外, 以持舌而繫之也. 又有維以綴侯身侯舌之四角而繫之.)"라고 되어 있다.
589) 『시전대전(詩傳大全)』에 여릉 이씨의 말로 실려 있다.
590) 『시전대전(詩傳大全)』에는 "여릉 이씨가 말하였다 : '좌우의 귀를 밧줄로 과녁을 묶어두는 것은 줄로 세울 곳에 묶어 두는 것으로 과녁이 마당을 향해 서쪽을 왼쪽으로 하고, 동쪽을 향하는 곳을 가려두는 것이다. 치(植)의 음은 치(値)이다.(廬陵李氏曰 : 舌維持侯者, 綱所以繫之于植者, 侯向堂, 以西爲左, 掩向東也. 植音値.)"라고 되어 있다.

대후(大侯)를 펼치고 궁시(弓矢)를 또한 베푸는 것은 절차이다.

詳說
○ 其節次也.
'절(節)'은 절차이다.

朱註
射夫旣同, 比其耦也.
'사부(射夫)가 이미 짝과 함께 한다.'는 것은 그 짝과 나란히 한다는 것이다.

詳說
○ 必二反.
'비(比)'의 음은 '필(必)'과 '이(二)'의 반절이다.

○ 鄭氏曰 : "比選次, 其才相近者也."591)
정씨가 말하였다 : "나란히 차례를 뽑는 것은 그 재주가 서로 비슷한 자들로 하는 것이다."

○ 廬陵李氏曰 : "二人相對, 以決勝負曰耦."592)
여릉 이씨가 말하였다 : "두 사람이 서로 짝해 승부를 결정하는 것을 짝이라고 한다."

○ 與車攻之射夫旣同, 其義異.
「거공(車攻)」에서의 '사부(射夫)가 이미 함께 한다.'는 것과는 그 의미가 다르다.

朱註
射禮, 選羣臣爲三耦, 三耦之外其餘, 各自取匹, 謂之衆耦. 獻, 猶奏也. 發, 發矢也. 的, 質也.
사례(射禮)에 군신들을 뽑아 세 짝으로 만들고 세 짝 이외의 나머지 사람들은 각자 짝을 취함을 중우(衆耦)라 이른다. 헌(獻)은 주(奏)와 같다. 발(發)은 화살을

---

591) 『시전대전(詩傳大全)』에 정씨의 말로 동일하게 실려 있다.
592) 『시전대전(詩傳大全)』에 여릉 이씨의 말로 동일하게 실려 있다.

발사하는 것이다. 적(的)은 질(質)이다.

詳說

○ 大射

'사례(射禮)'는 대사(大射)이다.

○ 孔氏曰 : "侯中所射之處爲質."593)

공씨가 말하였다 : "과녁 가운데 쏘는 곳을 질이라고 한다."

○ 卽所謂白質赤質也.

곧 이른바 흰색 바탕과 붉은 바탕이다.

朱註

祈, 求也. 爵, 射不中者, 飮豊上之觶也.

기(祈)는 구(求)함이다. 작(爵)은 활을 쏘아 맞추지 못한 자가 풍(豊)위에 있는 술잔을 마시는 것이다.

詳說

○ 去聲.

'중(中)'은 거성이다.

○ 音寘

'치(觶)'의 음은 '치(寘)'이다.

○ 見儀禮.

『의례』에 있다.

○ 鄭氏曰 : "豊形, 蓋似豆而卑.594)

정씨가 말하였다 : "풍의 모양은 덮개가 콩 같으면서 낮다."

---

593) 『시전대전(詩傳大全)』에 공씨의 말로 동일하게 실려 있다.
594) 『시전대전(詩傳大全)』에 『의례』 주의 말로 동일하게 실려 있다.

朱註

○ 衛武公飲酒悔過, 而作此詩. 此章言因射而飲者,
위나라 무공이 술을 마시고 과오를 뉘우쳐 이 시를 지은 것이다. 이 장은 활쏘기로 인하여 마시는 자들이

詳說

○ 先總提.
먼저 전체적으로 제시하였다.

朱註

初筵禮儀之盛,
처음 자리에 나감에 예의가 성하고,

詳說

○ 此句文勢, 讀者依下章註意看之.
이 구의 어투는 독자들이 아래 장에서 주의 의미에 따라 보라.

○ 安成劉氏曰 : "左右有序, 儀之盛也. 籩豆陳列, 禮之盛也. 武公於立言之首, 特以初筵發之, 若將不保其終也."595)
안성 유씨가 말하였다 : "좌우로 차례가 있는 것은 의(儀)의 성대함이고, 조두(籩豆)의 진열은 예의 성대함이다. 무공이 말하는 처음에 특히 처음 자리에 나가는 것으로 드러냈으니 그 끝을 유지하지 못할 것 같은 것이다."

朱註

酒旣調美, 而飲者齊一,
술이 이미 조화롭고 아름다워서 마시는 자들이 모두 함께 하였으며,

詳說

○ 賓主衆賓皆飲.

---

595) 『시전대전(詩傳大全)』에 안성 유씨의 말로 동일하게 실려 있다.

손님과 수인, 여러 손님들이 모두 마신다.

|朱註|

至於設鐘鼓, 擧醻爵, 抗大侯, 張弓矢, 而衆耦拾發,
종고(鍾鼓)를 설치하고 수작(爵)을 들며, 대후(大侯)를 펼치고 궁시(弓矢)를 베풀어 놓아 여러 짝이 차례로 발사하면서

|詳說|

○ 鉗, 入聲.
   '습(拾)'은 '겸(鉗)'으로 입성이다.

○ 二字, 出儀禮.
   '습발(拾發)' 두 글자는 『의례』가 출처이다.

○ 孔氏曰 : "拾叓也, 叓迭發矢.596)
   공씨가 말하였다 : "'집(拾)' '갱(叓)'이니, 번갈아 화살을 쏘는 것이다."597)

|朱註|

各心競云, 我以此求爵汝也.
각기 마음으로 벼르며 "내 이것으로써 너에게 벌주 먹이려고 한다."라고 말하는 것이다.

|詳說|

○ 勝汝也.
   '벌주를 먹인다.'는 것은 너를 이긴다는 것이다.

[2-7-6-2]

籥舞笙鼓, 樂旣和奏,

---

596) 『시전대전(詩傳大全)』에 공씨의 말로 실려 있다.
597) 『시전대전(詩傳大全)』에는 "공씨가 말하였다 : '집(拾) 갱(叓)이니, 사수가 번갈아 화살을 쏘는 것이다.' (孔氏曰 : 拾更也, 射者, 更代發矢.)"라고 되어 있다.

약(籥)으로 춤을 추고 생(笙)을 두들기며 음악을 이미 조화롭게 연주하면서

> 詳說

○ 叶, 宗五反.598)

'주(奏)'는 협운으로 '종(宗)'과 '오(五)'의 반절이다.

> 烝衎烈祖, 以洽百禮.

나아가 열조(烈祖)를 즐겁게 하여 백례(百禮)에 합하도다.

> 詳說

○ 苦旦反.599)

'간(衎)'의 음은 '고(苦)'와 '단(旦)'의 반절이다.

> 百禮旣至, 有壬有林. 錫爾純嘏, 子孫其湛.

백례가 이미 지극하니 크며 성하도다.
너에게 큰 복을 내려주니 자손들이 편안하도다.

> 詳說

○ 音耽, 叶, 持林反.600)

'담(湛)'의 음은 '탐(耽)'이고, 협운으로는 '지(持)'와 '림(林)'의 반절이다.601)

> 其湛曰樂, 各奏爾能.

그 즐거움이 안락하니 각기 너의 능함을 아뢰도다.

> 詳說

○ 音樂.602)

---

598) 叶, 宗五反 : 『시전대전(詩傳大全)』에도 동일하게 되어 있다.
599) 苦旦反 : 『시전대전(詩傳大全)』에도 동일하게 되어 있다.
600) 音耽, 叶持林反 : 『시전대전(詩傳大全)』에도 동일하게 되어 있다.
601) 『시전대전(詩傳大全)』에는 "'담(湛)'의 음은 '도(都)'와 '남(南)'의 반절이고, 협운으로는 '지(持)'와 '림(林)'의 반절이다.(都南反, 叶持林反.)"라고 되어 있다.
602) 音樂 : 『시전대전(詩傳大全)』에는 다르게 '音洛'으로 되어 있는데, 이것이 옳다.

'락(樂)'의 음은 '락(樂)'이다.603)

○ 叶, 奴金反.604)
'능(能)'은 협운으로 음은 '노(奴)'와 '금(金)'의 반절이다.

賓載手仇, 室人入又,

손님이 손으로 술을 뜨거늘 실인(室人)들이 들어와 또다시 술을 올려서

詳說

○ 音拘, 叶求其二音.605)
'구(仇)'의 음은 '구(拘)'이고, 협운으로 음은 '구(求)'와 '기(其)' 두 음이다.

○ 叶, 由怡二音.606)
'우(又)'는 협운으로 음은 '유(由)'와 '이(怡)' 둘 음이다.

酌彼康爵, 以奏爾時.

저 강작(康爵)에 술을 부어 너의 시제(時祭)를 올리도다.

詳說

○ 叶, 酬時二音.607)
'시(時)'는 협운으로 '수(酬)'와 '시(時)' 두 음이다.

○ 音酬, 則時與仇, 又叶, 從本音爲時. 則仇又與時叶, 故槪著二音, 實則其叶音, 惟酬而已.
'수(酬)'의 음은 '시(時)'와 '구(仇)'이고, 또 협운으로는 본음을 따라 '시(時)'로 한다. 그렇다면 '구(仇)'는 '시(時)'와 협운이기 때문에 대개 두 음으로 드러나니, 실은 그 협운이 음인 것은 '수(酬)'일 뿐이다.

---

603) 『시전대전(詩傳大全)』에는 "'락(樂)'의 음은 '락(洛)'이다.(音洛.)"라고 되어 있다.
604) 叶, 奴金反 : 『시전대전(詩傳大全)』에도 동일하게 되어 있다.
605) 音拘, 叶求其二音 : 『시전대전(詩傳大全)』에도 동일하게 되어 있다.
606) 叶, 由怡二音 : 『시전대전(詩傳大全)』에도 동일하게 되어 있다.
607) 叶, 酬時二音 : 『시전대전(詩傳大全)』에도 동일하게 되어 있다.

朱註

賦也. 籥舞, 文舞也.

부(賦)이다. 약무(籥舞)는 문무(文舞)이다.

詳說

○ 以籥而舞, 且吹笙擊鼓也. 此句諺釋恐未瑩.

피리를 불고 춤추면서 또 생황을 불며 북을 두드리는 것이다. 이 구는 『언해』의 해석이 맞지 않은 것 같다.

朱註

烝, 進, 衎, 樂, 烈, 業,

증(烝)은 나아감이고, 간(衎)은 즐거움이며, 열(烈)은 업(業)이고,

詳說

○ 音樂.

'락(樂)'의 음은 '락(樂)'이다.

○ 有功業也. 以殷稱湯爲烈祖者, 推之周人, 當以武王爲烈祖也.

공업이 있는 것이다. 은나라에서 탕을 열조로 칭하는 것을 가지고 주나라 사람들에게 미루면 무왕을 열조로 해야 하는 것이다.

朱註

洽, 合也. 百禮, 言其備也.

흡(洽)은 합함이다. 백례(百禮)는 그 구비함을 말한 것이다.

詳說

○ 孔氏曰 : "百禮事神之衆禮."608)

공씨가 말하였다 : "백체는 신을 섬기는 여러 예의이다."

---

608) 『시전대전(詩傳大全)』에 공씨의 말로 거의 비슷하게 실려 있다.

朱註
壬, 大. 林, 盛也, 言禮之盛大也. 錫, 神錫之也. 爾, 主祭者也.
임(壬)은 큼이다. 임(林)은 성함이니, 예의(禮儀)의 성대함을 말한 것이다. 석(錫)은 신(神)이 주는 것이다. 이(爾)는 주제자(主祭者)이다.

詳說
○ 純大也
순수하고 큰 것이다.

假, 福, 湛, 樂也.
가(假)는 복(福)이다, 담(湛)은 즐거움이다.

詳說
○ 音洛.
'락(樂)'의 음은 '락(洛)'이다.

○ 湛樂, 只是一義. 其湛曰樂之諺釋, 恐合更商.
담(湛)이 즐거움이라는 것은 단지 하나의 의미이다. 담(湛)이 즐거움이라고 하는 『언해』의 풀이는 맞는지 다시 살펴봐야 할 것 같다.

朱註
各奏爾能, 謂子孫各酌
각주이능(各奏爾能)은 자손(子孫)들이 각기 술을 부어

詳說
○ 一有而字.
어떤 판본에는 '이(而)'자가 있다.

朱註
獻尸, 尸酢而卒爵也.
시(尸)에게 올리거든 시(尸)가 술을 듦에 잔의 술을 단번에 다 마심을 이른다.

詳說

○ 安成劉氏曰 : "特牲, 三獻後, 長兄弟獻尸, 尸飮畢酢之, 長兄弟受而卒爵. 少牢, 亦有二人酌獻之禮."609)

안성 유씨가 말하였다 : "특생에서는 세 번 올린 다음에 장형제가 시동에게 올리고, 시동이 마시기를 마치고 잔을 돌리면 장형제가 받아서 단번에 다 마신이다. 「소뢰」에도 두 사람이 잔을 씻어 받치는 예의가 있다."610)

朱註

仇讀曰勼,

구(仇)는 구(勼)로 읽는다.

詳說

○ 音拘, 挹也

'구(勼)'는 음이 '구(拘)'로 '뜬다.'는 것이다.

朱註

室人有室中之事者, 謂佐食也.

실인(室人)은 실중(室中)에 일을 맡고 있는 자이니, 좌식(佐食)을 이른다.

詳說

○ 孔氏曰 : "賓之佐主人, 爲尸設饌食之人.611)

공씨가 말하였다 : "빈객이 주인을 도와 시동을 위해 음식을 진설하는 사람이다."612)

---

609) 『시전대전(詩傳大全)』에 안성 유씨의 말로 실려 있다.
610) 『시전대전(詩傳大全)』에는 "안성 유씨가 말하였다 : '「특생」에서는 세 번 올린 다음에 장형제가 잔을 씻어 시동에게 올리고, 시동이 마시기를 마치고 잔을 돌리면 장형제가 받아서 단번에 다 마신다. 「소뢰」하편에는 세 번 올린 다음에 또한 두 사람이 잔을 씻어 받치는 예의가 있다. 각기 너의 능함을 아뢰는 의미로는 아마 이런 것들을 말할 것이다.'(安成劉氏曰 : 特牲三獻之後, 長兄弟洗觶獻尸. 尸飮畢酢之, 長兄弟受而卒爵. 少牢下篇, 三獻之後, 亦有二人洗觶酌獻之禮. 各奏爾能之義, 其謂此類歟.)"라고 되어 있다.
611) 『시전대전(詩傳大全)』에 공씨의 말로 실려 있다.
612) 『시전대전(詩傳大全)』에는 "공씨가 말하였다 : '좌식(佐食)은 빈객 중에 사람을 취해 주인을 도와 시동을 위해 음식을 진설하게 하는 사람이다.'(孔氏曰 : 佐食謂於賓客之中取人, 令佐主人, 爲尸設饌食之人)"라고 되어 있다.

朱註

又, 復也.

우(又)는 다시이다.

詳說

○ 去聲, 下同.

'복(復)'은 거성으로 아래에서도 같다.

朱註

賓手挹酒, 室人復酌,

손님이 손으로 술을 떠올리거든 실인(室人)이 다시 술을 부어

詳說

○ 補酌字.

'작(酌)'를 더하였다.

朱註

爲加爵也.

첨작하는 것이다.

詳說

○ 儀禮特牲曰, "衆賓長爲加爵."

『의례』「특생」에서 말하였다 : "여러 손님의 장이 첨작하는 것이다."

朱註

康, 安也, 酒所以安體也. 或曰康讀曰抗. 記

강(康)은 편안함이니, 술은 몸을 편안히 하는 것이다. 어떤 이는 "강(康)은 항(抗)으로 읽는다.『예기(禮記)』에서

詳說

○ 禮記明堂位.
『예기』「명당위(明堂位)」이다.

朱註
曰崇坫康圭,
'점(坫)을 높게 하고 규(圭)를 들어 둔다.'라고 하였으니,

詳說
○ 音抗.
'강(康)'의 음은 '항(抗)'이다.

○ 明堂位疏曰 :"爲高坫, 亢所受圭, 奠于上."
「명당위」소에서 말하였다 :"점(坫)을 높게 하기 위해 받은 규를 올려 위에 올려놓는 것이다."

朱註
此亦謂坫上之爵也. 時, 時祭也. 蘇氏曰, 時物也. ○ 此言因祭而飮者
이것도 또한 점(坫)위에 있는 술잔을 이른다."라고 하였다. 시(時)는 시제(時祭)이다. 소씨(蘇氏)는 "시물(時物)이다"라고 하였다. ○ 이것은 제사(祭祀)로 말미암아 술 마시는 자들이

詳說
○ 指記. 或云指詩
이것(此)은 『예기』를 가리킨다. 어떤 이는 "시를 가리킨다."라고 하였다.

○ 先總提.
먼저 전체적으로 제시하였다.

朱註
始時禮樂之盛如此也
처음에 예악(禮樂)의 성대함이 이와 같다고 말한 것이다.

詳說

○ 長樂劉氏曰 : "言文舞, 則武舞, 可見矣, 言笙鼓, 則八音舉矣. 因射而飮, 飮在射先, 因祭而飮, 飮在祭後. 二章皆言凡飮之初. 禮樂之盛如此, 必不至於亂也."613)

장락 유씨가 말하였다 : "문무(文舞)를 말하면 무무(武舞)는 알 수 있고, 생고(笙鼓)를 말하면 팔음이 일으켜진다. 활쏘기 때문에 마시면 마시는 것이 활쏘기 앞에 있고, 제사 때문에 마시면 마시는 것이 제사 다음에 있다. 두 장에서는 모두 마시는 처음에 대해 말했는데, 예악이 이처럼 성대하면 반드시 어지럽게 되지 않는다는 것이다."614)

○ 安成劉氏曰 : "此亦蒙上章初筵之意. 蓋酒非有過也, 飮者常至於過也. 公之自悔, 亦愼終如始而已."615)

안성 유씨가 말하였다 : "여기에서도 위의 장에서 처음 나갈 때의 의미를 이어받았다. 대개 술에 지나침이 있는 것이 아니라 마시는 자가 항상 지나치게 되는 것이다. 공이 스스로 후회하는 것도 마치기를 삼가기를 처음처럼 하는 것일 뿐이다."616)

[2-7-6-3]

賓之初筵, 溫溫其恭.

---

613) 『시전대전(詩傳大全)』에 장락 유씨의 말로 실려 있다.
614) 『시전대전(詩傳大全)』에는 "장락 유씨가 말하였다 : '문무(文舞)를 말하면 무무(武舞)는 알 수 있고, 생고(笙鼓)를 말하면 팔음이 일으켜진다. 활쏘기 때문에 마시는 것은 마시는 것이 활쏘기 앞에 있고, 제사 때문에 마시는 것은 마시는 것이 제사 다음에 있다. 위의 두 장에서는 모두 마시는 처음에 대해 말했는데, 예악의 위의가 이와 같다면 반드시 어지럽게 되지 않는다는 것이다.(長樂劉氏曰 : 言文舞, 則武舞, 可見矣, 言笙鼓, 則八音舉矣. 因射而飮者, 飮在射先, 因祭而飮者, 飮在祭後. 上二章, 皆言凡飮之初, 禮樂之威如此, 則必不至於亂也.)'라고 되어 있다.
615) 『시전대전(詩傳大全)』에 안성 유씨의 말로 실려 있다.
616) 『시전대전(詩傳大全)』에 "안성 유씨가 말하였다 : '여기에서는 제사의 연회에서 예악의 성대함을 말하였으니, 또한 위의 장에서 처음 나갈 때의 의미를 이어받은 것이다. 그런데 무공이 지나친 술로 시를 지었으니, 당연히 깊이 스스로 경계하는 것은 대우가 미워서 끊은 것과 같다. 이제 두 장에서 그야말로 음주의 예를 성대하게 베푼 것은 대개 술에 지나침이 있는 것이 아니라 마시는 자가 항상 지나치게 된다는 것이다. 마시는 자가 처음 자리에 나갈 때에는 또한 지나침이 있지 않은데, 그 끝에 취한 다음에는 지나침이 없지 않을 수 없는 것이다. 공이 스스로 후회하고 경계하는 것도 마치기를 삼가기를 처음처럼 하는 것일 뿐이니, 어찌 반드시 연사(燕射)와 제사의 예를 폐한 다음에 술의 지나침을 면할 수 있는 것이겠는가!'(安成劉氏曰 : 此言祭宴禮樂之盛, 亦蒙上章初筵之意. 然武公因酒過作詩, 宜深自懲創, 若大禹惡而絶之也. 今二章乃, 皆盛陳飮酒之禮者, 蓋酒非有過也, 飮者常至於過也.飮之於初筵, 亦未有過也, 其終既醉, 則不能無過也. 公之自悔自戒, 亦愼終如始而已,豈必廢燕射祭祀之禮, 而後免於酒禍哉」)"라고 되어 있다.

손님이 처음 자리에 나갈적엔 온온(溫溫)히 공손하도다.

其未醉止, 威儀反反,

그 취하지 않았을 때에는 위의(威儀)가 반반(反反)하나니,

詳說

○ 叶, 分遭反.617)

'반(反)'은 협운으로 음은 '분(分)'과 '전(遭)'의 반절이다.

曰旣醉止, 威儀幡幡, 舍其坐遷, 屢舞僊僊.

이미 취해서는 위의(威儀)가 경망한지라
자기 자리를 놓아두고 옮겨가서 자주 춤추기를 너울너울 하도다.

詳說

○ 音捨.618)

'사(舍)'의 음은 '사(捨)'이다.

其未醉止, 威儀抑抑, 曰旣醉止, 威儀怭怭.

그 취하지 않았을 때에는 위의(威儀)가 삼가고 조용하더니,
이미 취해서는 그 위의(威儀)가 무례하고 방자하도다.

詳說

○ 音弼.

'필(怭)'의 음은 '필(弼)'이다.

是曰旣醉, 不知其秩.

이것을 일러 이미 취한지라 그 차례를 모른다고 하는 것이로다.

---

617) 叶, 分遭反 : 『시전대전(詩傳大全)』에도 동일하게 되어 있다.
618) 音捨 : 『시전대전(詩傳大全)』에도 동일하게 되어 있다.

詳說

○ 坐, 去聲.

'좌(坐)'는 거성이다.

朱註

賦也. 反反, 顧禮也. 幡幡, 輕數也. 遷, 徙. 屢, 數也. 僊僊, 軒擧之狀. 抑抑愼密也,

부(賦)이다. 반반(反反)은 그 예(禮)를 돌아봄이고, 번번(幡幡)은 경망하고 자주하는 것이다. 천(遷)은 옮김이고, 누(屢)는 자주하는 것이다. 선선(僊僊)은 높이 드는 모양이다. 억억(抑抑)은 삼가고 조용히 함이고,

詳說

○ 音朔, 下同.

'삭(數)'의 음은 '삭(朔)'으로 아래에서도 같다.

○ 孔氏曰 : "愼禮而密靜."619)

공씨가 말하였다 : "예에 삼가 조용한 것이다."620)

朱註

怭怭, 媟嫚也. 秩常也.

필필(怭怭)은 문란하고 어지러운 것이다. 질(秩)은 떳떳함이다.

詳說

○ 音薛.

'설(媟)'의 음은 '설(薛)'이다.

○ 音慢.

'만(嫚)'의 음은 '만(慢)'이다.

---

619) 『시전대전(詩傳大全)』에 공씨의 말로 실려 있다.
620) 『시전대전(詩傳大全)』에는 "공씨가 말하였다 : 신밀(愼密)은 예에 삼가 조용한 것이다.'(孔氏曰 : 愼密, 謂愼禮而密盡.)"라고 되어 있다.

○ 常禮.
  '상(常)'은 언제나 예를 따르는 것이다.

朱註
○ 此言凡飮酒者
여기에서는 모든 술을 마시는 자가

詳說
○ 非獨射祭.
  활쏘기와 제사에서 뿐만이 아니다.

朱註
常始乎治, 而卒乎亂也.
항상 다스려짐에서 시작하여 혼란함에서 끝난다는 말이다.

詳說
○ 去聲.
  '치(治)'는 거성이다.

○ 出莊子人間世篇.
  『장자』「인간세」편이 출처이다.

[2-7-6-4]
賓旣醉止, 載號載呶,
손님이 이미 취한지라 곧 고함을 치며 떠들어서

詳說
○ 音毫.
  '호(號)'의 음은 '호(毫)'이다.

○ 女交反.621)

'노(呶)'의 음은 '여(女)'와 '교(交)'의 반절이다.

|亂我籩豆, 屢舞傲傲,|

우리 변두(豆)를 어지럽혀 자주 춤추기를 비틀비틀 하니,

詳說

○ 音欺.

'기(傲)'의 음은 '기(欺)'이다.

|是曰旣醉, 不知其郵.|

이것을 일러 이미 취한지라 그 허물을 모른다고 하는 것이로다.

詳說

○ 叶, 于其反.622)

'우(郵)'는 협운으로 음은 '우(于)'와 '기(其)'의 반절이다.

|側弁之俄, 屢舞傞傞.|

기울어진 관이 삐딱하여 자주 춤추기를 그치지 않도다.

詳說

○ 音娑.

'사(傞)'의 음은 '사(娑)'이다.

|旣醉而出, 並受其福,|

취한 뒤에 나가면 함께 그 복을 받을 것인데,

詳說

---

621) 女交反:『시전대전(詩傳大全)』에도 동일하게 되어 있다.
622) 叶, 于其反:『시전대전(詩傳大全)』에도 동일하게 되어 있다.

○ 叶, 筆力反.623)

'복(福)'은 협운으로 음은 '필(筆)'과 '력(力)'의 반절이다.

醉而不出, 是謂伐德. 飮酒孔嘉, 維其令儀.

취하고도 나가지 않으니 이를 일러 덕(德)을 해친다고 하는 것이로다. 술을 마심에 매우 아름다움은 그 좋은 위의(威儀)를 챙기는 것이니라.

詳說

○ 叶, 居何反.624)

'가(嘉)'는 협운으로 음은 '거(居)'와 '하(何)'의 반절이다.

○ 叶, 于何反.625)

'의(儀)'는 협운으로 음은 '우(于)'와 '하(何)'의 반절이다.

朱註

賦也. 號, 呼, 呶, 讙也.

부(賦)이다. 호(號)는 고함침이요, 노(呶)는 떠듦이다.

詳說

○ 去聲.

'호(呼)'는 거성이다.

○ 孔氏曰 : "唱叫也."626)

공씨가 말하였다 : "말을 꺼내 부르짖는 것이다."

朱註

傲傲, 傾側之狀. 郵, 與尤同, 過也. 側, 傾也. 俄, 傾貌. 傞傞, 不止也.

---

623) 叶, 筆力反 : 『시전대전(詩傳大全)』에도 동일하게 되어 있다.
624) 叶, 居何反 : 『시전대전(詩傳大全)』에도 동일하게 되어 있다.
625) 叶, 于何反 : 『시전대전(詩傳大全)』에도 동일하게 되어 있다.
626) 『시전대전(詩傳大全)』에 공씨의 말로 동일하게 실려 있다.

出, 去, 伐, 害, 孔, 甚, 令, 善也. ○ 此章極言醉者之狀,
기기(僛僛)는 기운 모양이다. 우(郵)는 우(尤)와 같은 것으로 허물이다. 측(側)은 기욺이고, 아(俄)는 기운 모양이다. 사사(傞傞)는 그치지 않는 것이다. 출(出)은 떠남이고, 벌(伐)은 해침이며, 공(孔)은 심함이고, 영(令)은 좋음이다. ○ 이 장(章)은 취한 자의 모양을 극도로 말하고,

詳說

○ 不復言其未醉.
　　다시 아직 취하지 않았을 때를 말하지 않는다.

朱註

因言賓醉而出,
이어 "손이 취하고 나가면

詳說

○ 略旣字, 蓋此旣醉與上五箇旣醉, 其意微不同.
　　대략 '기(旣)'자를 생략했으니, 대개 여기에서의 '기취(旣醉)'는 위의 다섯 번의 '기취(旣醉)'와 그 의미가 조금도 같지 않다.

朱註

則與主人
주인과 함께

詳說

○ 補此句.
　　이 구를 더했다.

朱註

俱有美譽,
모두 아름다운 칭찬이 있을 것인데,

詳說
○ 福
'예(譽)'는 '복(福)'이다.

朱註
醉至若此,
이 지경이 되도록 취하니,

詳說
○ 不出而號呶傲傞.
나가지 않고 울부짖고 지껄이면서 취해 있는 것이다.

朱註
是害其德也. 飮酒之所以甚美者, 以其有令儀爾, 今若此, 則無復有儀矣.
이는 그 덕(德)을 해치는 것이다. 술을 마심에 심히 아름다운 것은 그 훌륭한 위의(威儀)가 있기 때문이다."라고 하니 지금 이와 같다면 다시는 위의(威儀)가 없는 것이다.

詳說
○ 去聲.
'부(復)'는 거성이다.

○ 補此句.
이 구를 더했다.

○ 眉山蘇氏曰 : "此章申言其亂而終誨之."627)
미산 소씨가 말하였다 : "여기의 장에서는 그 어지러움을 거듭 말했으니, 끝내 후회한다는 것이다."

---

627) 『시전대전(詩傳大全)』에 미산 소씨의 말로 동일하게 실려 있다.

[2-7-6-5]

凡此飮酒, 或醉或否,

이 술을 마심에 혹 취하고 혹 취하지 않는지라

詳說

○ 叶, 補美反.628)

'비(否)'는 협운으로 '보(補)'와 '미(美)'의 반절이다.

旣立之監, 或佐之史, 彼醉不臧, 不醉反恥. 式勿從謂, 無俾大怠.

이미 감(監)을 세우고 혹은 사(史)로 보좌하게 하나니,
저 취하여 선하지 못함을 취하지 않은 이가 도리어 부끄러워 하나니라.
따라가 말하여 너무 태만히 하지 말라고 할 수 없겠는가!

詳說

○ 音泰.629)

'태(大)'의 음은 '태(泰)'이다.

○ 叶, 養里反.630)

'태(怠)'는 협운으로 음은 '양(養)'과 '리(里)'의 반절이다.

匪言勿言, 匪由勿語. 由醉之言, 俾出童羖.

말하지 않을 것은 말하지 말며 따르지 않을 것은 말하지 말라.
취중에서 나오는 대로 말하는 자를 뿔이 없는 숫양을 내놓으라 하리라.

詳說

○ 音古.631)

---

628) 叶, 補美反 : 『시전대전(詩傳大全)』에도 동일하게 되어 있다.
629) 音泰 : 『시전대전(詩傳大全)』에도 동일하게 되어 있다.
630) 叶, 養里反 : 『시전대전(詩傳大全)』에도 동일하게 되어 있다.

'고(羖)'의 음은 '고(古)'이다.

|三爵不識, 矧敢多又.|

세 잔에도 기억하지 못하거니 하물며 감히 또다시 마신단 말인가!

|詳說|

○ 叶, 失志, 二音.632)

'지(識)'는 협운으로 '실(失)'과 '지(志)' 두 음이다.

○ 叶, 夷益夷豉二反.633)

'우(又)'는 협운으로 음은 '이(夷)'와 '익(益)', '이(夷)'와 '시(豉)'의 두 가지 반절이다.

○ 識之二叶, 亦與前章時之叶, 同.

'지(識)'의 두 협운은 또한 앞의 장에서 '시(時)'의 협운과 같다.

|朱註|

賦也. 監史, 司正之屬, 燕禮鄕射,

부(賦)이다. 감(監)과 사(史)는 사정(司正)의 등속이니, 연례(燕禮)와 향사(鄕射)에

|詳說|

○ 平聲.

'감(監)'은 평성이다.

○ 皆儀禮.

'연례(燕禮)와 향사례(鄕射)'는 모두 의례이다.

|朱註|

恐有解倦失禮者, 立司正, 以監之察儀法也.

---

631) 音古:『시전대전(詩傳大全)』에도 동일하게 되어 있다.
632) 叶, 失志二音:『시전대전(詩傳大全)』에도 동일하게 되어 있다.
633) 叶, 夷益夷豉二反:『시전대전(詩傳大全)』에도 동일하게 되어 있다.

게으르고 예를 잃는 자가 있을까 염려하여 사정(司正)을 세워 감독하여 위의와 법도를 살피는 것이다.

詳說

○ 音懈.

'해(解)'의 음은 '해(懈)'이다.

○ 鄕飮酒亦有之.

「향음주」에도 있다.

○ 東萊呂氏曰 : "淳于髡云, 賜酒大王之前, 執法在傍, 御史在後, 人君燕飮之制, 猶存於戰國. 立監, 卽執法也. 佐史卽御史也."634)

동래 여씨가 말하였다 : "순우곤이 '대왕의 앞에 술을 차려놓은 상태에서 집법하는 신하가 옆에 있고 어사가 뒤에 있다.'라고 하였으니, 임금의 향음하는 제도는 여전히 전국시대까지 남아 있었다. '감을 세운다.'는 것은 '집법'이고, '사로 보좌한다.'는 것은 '어사'이다."635)

朱註

謂, 告, 由, 從也. 童羖, 無角之羖羊, 必無之物也. 識, 記也. ○ 言飮酒者, 或醉或不醉,

위(謂)는 말함이고, 유(由)는 따름이다. 동고(童)는 뿔이 없는 숫양이니, 이것은 반드시 없는 물건이다. 지(識)는 기억함이다. ○ 술을 마시는 자가 혹은 취하고 혹은 취하지 않기

詳說

---

634) 『시전대전(詩傳大全)』에 동래 여씨의 말로 실려 있다.
635) 『시전대전(詩傳大全)』에는 "동래 여씨가 말하였다 : '순우곤이 「대왕의 앞에 술을 차려놓은 상태에서 집법하는 신하가 옆에 있고 어사가 뒤에 있다.」라고 하였으니, 이것은 임금의 향음하는 제도는 여전히 전국시대까지 남아 있었다는 말이다. 혹 「감을 세운다.」는 것은 「집법」이니, 「향사」의 주에서 이른바 사정을 세워 위의와 법을 감찰한다는 것이고, 혹 「사로 보좌한다.」는 것은 「어사」이니, 동씨의 이른바 사로 보좌하게 해서 기록한다는 것이다.'(東萊呂氏曰 : 淳于髡曰, 賜酒大王之前, 執法在傍, 御史在後, 此言人君燕飮之制猶存於戰國者也. 或立之監, 卽執法也, 鄕射注所謂立司正, 以監察儀法者也, 或佐之史, 卽御史也, 董氏所謂佐之史以書之者也.)"라고 되어 있다.

○ 否帶說.
　함께 한 말이 아니다.

朱註
故旣立監而佐之以史
때문에 이미 감(監)을 세우고 사(史)로써 보좌하게 하니,

詳說
○ 補以字.
　'이(以)'자를 더하였다.

朱註
則彼醉者, 所爲不善, 而不自知.
저 취한 자는 불선한 짓을 하면서도 스스로 알지 못하여

詳說
○ 補三字.
　세 글자를 더하였다.

朱註
使不醉者, 反爲之羞愧也.
취하지 않은 자가 도리어 부끄러워하게 만든다.

詳說
○ 不自恥, 而人反恥之.
　스스로 부끄러워하지 않아 사람들이 도리어 부끄러운 것이다.

朱註
安得
어떻게 하면

詳說
○ 式勿.
조심하여 하지 않는 것이다.

○ 猶言可不也.
하지 않아야 된다고 말하는 것과 같다.

朱註
從而告之,
좇아가 말해서

詳說
○ 非惟恥之, 當敎告之
부끄러워할 뿐만 아니라 가르쳐 고해야 하는 것이다.

朱註
使勿至於大怠乎
너무 태만하게 되지 않게 할 수 있겠는가?

詳說
○ 無.
'물(勿)'은 '무(無)'이다.

○ 先釋俾字以便文.
먼저 '비(俾)'자를 풀이하여 글을 바꾸었다.

○ 慶源輔氏曰 : 凡溺於酒者, 其病根, 只在一怠字."636)
경원 보씨가 말하였다 : "술에 빠진 자는 그 병폐의 근원이 오직 하나의 태만하다는 말에 있다."637)

---

636) 『시전대전(詩傳大全)』에 경원 보씨의 말로 실려 있다.
637) 『시전대전(詩傳大全)』에는 "경원 보씨가 말하였다 : '만취하지 않게 하려고 하면서 단지 너무 태만히

朱註

告之若曰

고하기를

詳說

○ 補四字.

네 글자를 더했다.

朱註

所不當言者勿言, 所不當從者勿語,

"말하지 않을 것은 말하지 말고, 따르지 말 것은 말하지 말지니,

詳說

○ 慶源輔氏曰 : "二句應前章號呶. 言, 自言也, 語, 與人語也. 苟不可從則豈可語人哉."638)

경원 보씨가 말하였다 : "두 구는 앞 장의 고함치고 떠드는 것에 호응한다. '언(言)'은 스스로 말하는 것이고, '어(語)'는 남에게 말하는 것이다. 따르지 않는다면 어떻게 남에게 말하겠는가?"639)

朱註

醉而妄言則, 將罰汝

취하여 함부로 말하면 너에게 벌을 주어서

詳說

○ 補罰字.

하지 말라고 하는 것은 무엇 때문인가? 아주 술에 빠진 자는 그 병폐의 근원이 오직 하나의 태만하다는 말에 있다는 것이다. ….(慶源輔氏曰 : 欲其不至於昏醉, 而但告之使勿大怠者, 何也. 盖凡溺於酒者, 其病根. 只在一怠字上. ….)"라고 되어 있다.
638) 『시전대전(詩傳大全)』에 경원 보씨의 말로 실려 있다.
639) 『시전대전(詩傳大全)』에는 "경원 보씨가 말하였다 : '「말하지 않을 것은 말하지 말며 따르지 않을 것은 말하지 말라.」는 것은 앞 장의 고함치고 떠드는 것에 호응해서 말한 것이다. '언(言)'은 스스로 말하는 것이고, '어(語)'는 남에게 말하는 것이다. 따르지 않는다면 어떻게 남에게 말하겠는가?(慶源輔氏曰 : …. 匪言勿言, 匪從勿語, 則應前章號呼讙呶而云也. 言, 自言也, 語與人語也. 苟不可從, 則豈可語人哉.)"라고 되어 있다.

'벌(罰)'자를 더하였다.

朱註
使出童羖矣. 設言必無之物, 以恐之也.
뿔 없는 숫양을 내놓으라."라고 하였다. 이는 반드시 없는 물건을 가설하여 말해서 두렵게 하는 것이다.

詳說
○ 二句, 論也.
두 구는 경문의 의미 설명이다.

朱註
汝飮至三爵, 已昏然, 無所記矣, 況敢又多飮乎.
'너는 술을 세 잔 마시면 이미 혼몽하여 기억하는 것이 없는데, 하물며 감히 또 다시 더 마신단 말인가?'라는 것이니,

詳說
○ 倒釋多, 又以便文也. 諺釋恐合更商.
거꾸로 해석한 것이 많은데다가 또 글을 바꾸었다. 『언해』의 해석은 맞는지 다시 살펴봐야 할 것이다.

朱註
又丁寧以戒之也.
또 간곡하게 경계한 것이다.

詳說
○ 一無也字.
어떤 판본에는 '야(也)'자가 없다.

○ 此句, 論也.
이 구는 경문의 의미 설명이다.

○ 此皆所告之設辭.
이것은 모두 가설해서 고하는 것이다.

朱註

賓之初筵五章, 章十四句.
「빈지초연」은 5장이고, 장은 14구이다.

毛氏序
모씨(毛氏)의 서(序)에는

詳說
○ 猶言毛詩序
『모시』「서」라고 말하는 것과 같다.

朱註

曰, 衛武公刺幽王也, 韓氏序曰, 衛武公飮酒悔過也. 今按此詩意, 與大雅抑戒相類,
"위무공(衛武公)이 유왕(幽王)을 풍자한 시(詩)이다."라고 하였고, 한씨(韓氏)의 서(序)에는 "위무공(衛武公)이 술을 마시고 과오(過誤)를 뉘우친 것이다."라고 하였다. 이제 이 시(詩)의 뜻을 상고해 보건대, 「대아(大雅)」의 「억(抑)」의 경계와 서로 비슷하니,

詳說
○ 安成劉氏曰 : "二詩語多相類, 抑詩凡言女言爾, 武公使誦詩者, 命己之辭, 此詩言賓言爾, 恐亦武公自謂也."640)
안성 유씨가 말하였다 : "두 시의 말은 대부분 서로 비슷한데, 「억」시의 '여(女)'라고 하고 '이(爾)'라고 한 것은 무공이 시를 외우자가 자신에게 명하는 말이고, 여기의 시에서 '빈(賓)'이라고 하고 '이(爾)'라고 하는 것은 아마 역시 무공이 스스로 말하는 것인 듯하다."641)

---

640) 『시전대전(詩傳大全)』에 안성 유씨의 말로 실려 있다.
641) 『시전대전(詩傳大全)』에는 "안성 유씨가 말하였다 : '…. 심지어 여기의 시에서 「뿔 없는 숫양」이라는 말이 있고, 「억」시에도 「저 뿔 없는 짐승에 뿔을 구하는 격이라」는 비유가 있는데 말의 의미가 대부분

朱註

必武公自悔之作, 當從韓義

반드시 무공(武公)이 스스로 과오를 뉘우쳐 지은 것으로 마땅히 한씨(韓氏)의 뜻을 따라야 할 것이다.

詳說

○ 鄱陽董氏曰 : "商俗淫湎, 武王以酒誥戒之, 衞人傳爲子孫法. 幽王之世, 上下沈湎, 武公飮酒自悔, 作此詩."[642]

반양 동씨가 말하였다 : "상나라의 풍속이 음란하여 무왕이 「주고(酒誥)」로 경계하였으니, 위나라 사람들이 자손의 법으로 전하였다. 유왕의 세대에는 위아래로 빠져서 무공이 술을 마시고 스스로 후회하며 이 시를 지었던 것이다."[643]

○ 安成劉氏曰 : "此詩言德者一, 而言威儀者五. 酒誥言德者八, 而言威儀者一. 詳略可互相備. 武公此詩, 其眞有得於武王康叔之家法歟."[644]

안성 유씨가 말하였다 : "여기의 시에서 덕을 말한 곳은 한 군데이고 위의를 말한 곳은 다섯 군데이고, 「주고」에서 덕을 말한 곳은 여덟 군데이고 위의를 말한 곳은 한 군데이니, 자세함과 간략함을 서로 갖추었다. 무공의 이 시에는 진실로 무왕과 강숙의 가법에서 받은 것이 있을 것이다."[645]

서로 비슷하다. 그런데「억」시의 '여(女)'라고 하고 '이(爾)'라고 한 것은, 「집전」에서는 무공이 시를 외우자가 자신에게 명하는 말로 여긴 것이다. 이제 여기의 시를 살펴보건대, '빈(賓)'이라고 하고 '이(爾)'라고 하는 것은 아마 역시 무공이 스스로를 말하는 것인 듯하다.'(安成劉氏曰 : …. 以至此詩有童羖之語, 抑詩亦有彼童而角之喩, 其語意多相類也. 然抑詩凡言女言爾, 集傳以爲武公使誦詩者命己之詞, 今按此詩, 凡言賓言爾者, 恐亦武公自謂也.)"라고 되어 있다.

[642] 『시전대전(詩傳大全)』에 반양 동씨의 말로 실려 있다.
[643] 『시전대전(詩傳大全)』에는 "반양 동씨가 말하였다 : '사홍점이 말하였다 : 위나라 사람들이 어째서 「주고」의 훈계를 따르며 대대로 무궁하게 지키는가? 처음에 상나라의 풍속이 음란하여 무왕이 「주고(酒誥)」로 경계하였고, 유왕의 세대에는 위아래로 빠져서 무공이 술을 마시고 스스로 후회하며 이 「빈지초연」을 지었던 것이다. 위나라 사람들을 보면 단지 한 때에 훈계를 듣고 감히 금지된 경계를 스스로 넘어서지 않을 뿐만이 아니라 또 금지된 경계를 가지고 자손의 법으로 전한 것이다.'(鄱陽董氏曰 : 史鴻漸云, 衞人何其服酒誥之訓, 世守於無窮也. 始也, 商俗淫湎, 武王以酒誥戒之. 幽王之世, 上下沈湎, 武公飮酒, 自悔作賓之初筵. 覓衛人, 非特一時聞訓, 不敢自越於禁防. 又能以其所以禁防者, 傳爲子孫法焉.)"라고 되어 있다.
[644] 『시전대전(詩傳大全)』에 안성 유씨의 말로 실려 있다.
[645] 『시전대전(詩傳大全)』에는 "안성 유씨가 말하였다 : '…. 술이 화가 되는 것은 안으로 사람의 덕을 잃는 것이고, 밖으로 사람의 위의를 잃는 것이다. 술을 삼가는 핵심은 또한 이 두 가지에 주력하는 것일 뿐이다. 그러므로 여기의 시에서 덕을 말한 곳은 한 군데이고 위의를 말한 곳은 다섯 군데이고, 「주고」

[2-7-7-1]

魚在在藻, 有頒其首.

고기가 마름풀에 있으니 그 머리가 크기도 하도다.

詳說

○ 音燔.

'반(頒)'의 은 '번(燔)'이다.

王在在鎬, 豈樂飲酒.

왕이 호경에 계시니 즐겁게 술을 마시도다.

詳說

○ 音愷.

'개(豈)'의 음은 '개(愷)'이다.

○ 音洛.646)

'락(樂)'의 음은 '락(洛)'이다.

朱註

興也. 藻, 水草也. 頒, 大首貌. 豈, 亦樂也. ○ 此天子燕諸侯, 而諸侯美天子之詩也. 言魚何在乎.

흥(興)이다. 조(藻)는 수초(水草)이다. 반(頒)은 머리가 큰 모양이다. 개(豈)는 또한 즐거움이다. ○ 이것은 천자가 제후들에게 잔치를 베풂에 제후들이 천자를 찬미한 시이다. 고기는 어디에 있는가.

詳說

에서 덕을 말한 곳은 여덟 군데이고 위의를 말한 곳은 한 군데이니, 자세함과 간략함을 서로 갖춘 것이다. 무공의 이 시에는 진실로 무왕과 강숙의 가법에서 받은 것이 있을 것이다."安成劉氏曰 : …. 夫酒之爲禍, 內則喪人之德, 外則喪人威儀. 謹酒之要, 亦惟致力於二者而已. 故此詩言德者一, 而言威儀者五, 酒誥言德者八, 而言威儀者一, 詳畧可互相備矣. 武公此詩, 其眞有得於武王康叔之家法歟."라고 되어 있다.

646) 音洛 : 『시전대전(詩傳大全)』에도 동일하게 되어 있다.

○ 添何字.
　‘하(何)’자를 더하였다.

朱註

在乎藻也, 則有頒其首矣, 王何在乎在乎? 鎬京也. 則豈樂飮酒矣.
마름풀에 있으니 그 머리가 크기도 하며, 왕은 어디에 계신가. 호경(鎬京)에 계시니 즐겁게 술을 마신다는 것이다.

[2-7-7-2]

魚在在藻, 有莘其尾,

고기가 마름풀에 있으니 그 꼬리가 길기도 하도다.

詳說

○ 所巾反.647)
　‘신(莘)’의 음은 ‘소(所)’와 ‘건(巾)’의 반절이다..

王在在鎬, 飮酒樂豈.

왕이 호경에 계시니 술을 마시며 즐거워하시도다.

詳說

○ 叶, 去幾反.648)
　‘개(豈)’는 협운으로 ‘거(去)’와 ‘기(幾)’의 반절이다.

朱註

興也. 莘, 長也.
흥(興)이다. 신(莘)은 긺이다.

---

647) 所巾反:『시전대전(詩傳大全)』에도 동일하게 되어 있다.
648) 叶, 去幾反:『시전대전(詩傳大全)』에도 동일하게 되어 있다.

[2-7-7-3]

魚在在藻, 依于其蒲.

고기가 마름풀에 있으니 그 부들에 의지해 있도다.

王在在鎬, 有那其居.

왕이 호경에 계시니 그 거처함에 편안하시도다.

詳說

○ 乃多反.649)

'나(那)'의 음은 '내(乃)'와 '다(多)'의 반절이다.

朱註

興也.

흥(興)이다.

詳說

○ 自藻而蒲.

마름풀에서 부들로 간 것이다.

朱註

那安居處也.

나(那)는 편안함이요, 거(居)는 처함이다.

詳說

○ 上聲.

'처(處)'는 상성이다.

朱註

---

649) 乃多反 : 『시전대전(詩傳大全)』에도 동일하게 되어 있다.

魚藻三章, 章四句.
「어조」는 3장이고, 장은 4구이다.

詳說

○ 慶源輔氏曰 : "此詩與鴛鴦相類. 辭雖簡而意則切, 但美其樂飲安居, 不頌其德者, 尊敬之至, 不敢加以形容也."650)

경원 보씨가 말하였다 : "이 시는 「원앙(鴛鴦)」과 서로 비슷하다. 말은 간략하나 의미는 간절한데, 다만 즐겁게 마시고 편안하게 거처함을 찬미하고 그 덕을 기리지 않은 것은 지극히 존경하는 것으로 감히 형용해서 더할 수 없기 때문이다."651)

[2-7-8-1]

采菽采菽, 筐之筥之.
콩을 거두고 콩을 거두어 네모진 바구니와 둥근 바구니에 담도다.

詳說

○ 音匡.652)
'광(筐)'의 음은 '광(匡)'이다.

○ 音舉.653)
'거(筥)'의 음은 '거(舉)'이다.

君子來朝, 何錫予之.

---

650) 『시전대전(詩傳大全)』에 경원 보씨의 말로 실려 있다.
651) 『시전대전(詩傳大全)』에는 "경원 보씨가 말하였다 : '이 시는 「원앙(鴛鴦)」과 서로 비슷하다. 말은 간략하나 의미는 간절한데, 그 덕을 기리지 않은 것은 덕이 성대해서 말로 다할 수 있는 것이 아닌 것으로 또한 지극히 존경해서 감히 형용해서 더할 수 없으니, 단지 즐겁게 마시고 편안하게 거처함을 찬미한 것으로 성대한 덕이 아니라면, 그 누가 이렇게 할 수 있겠는가?'(慶源輔氏曰 : 此詩與鴛鴦相類. 辭雖簡而意則切矣, 不頌其德者, 德盛而非言之所能盡, 亦尊敬之至, 而不敢加以形容也, 但美其樂飲安居而已, 則非盛德, 其孰能之.)"라고 되어 있다.
652) 音匡 : 『시전대전(詩傳大全)』에도 동일하게 되어 있다.
653) 音舉 : 『시전대전(詩傳大全)』에도 동일하게 되어 있다.

군자가 와서 조회함에 무엇을 내려줄꼬!

詳說

○ 音潮.654)
'조(朝)'의 음은 '조(潮)'이다.

○ 音與.655)
'여(予)'의 음은 '여(與)'이다.

雖無予之, 路車乘馬.

비록 줄 것이 없으나 노거와 승마로다.

詳說

○ 去聲.
'승(乘)'은 거성이다.

○ 叶, 滿補反.656)
'마(馬)'는 협운으로 음은 '만(滿)'과 '보(補)'의 반절이다.

又何予之. 玄袞及黼.

또 무엇을 줄꼬! 현곤(玄袞) 및 보(黼)로다.

詳說

○ 反.657)
'곤(袞)'의 음은 '고(古)'와 '본(本)'의 반절이다.

○ 音甫.658)

---

654) 音潮:『시전대전(詩傳大全)』에도 동일하게 되어 있다.
655) 音與:『시전대전(詩傳大全)』에도 동일하게 되어 있다.
656) 叶, 滿補反:『시전대전(詩傳大全)』에도 동일하게 되어 있다.
657) 古本反:『시전대전(詩傳大全)』에도 동일하게 되어 있다.

'보(黼)'의 음은 '보(甫)'이다.

朱註
興也. 菽, 大豆也. 君子, 諸侯也. 路車, 金路, 以賜同姓, 象路, 以賜異姓也.
흥(興)이다. 숙(菽)은 대두이다. 군자는 제후이다. 노거(路車)로 금로(金路)는 동성(同姓)에게 하사하고, 상로(象路)는 이성(異姓)에게 하사한다.

詳說
○ 見周禮巾車.
『주례』「건거(巾車)」에 있다.

朱註
玄袞, 玄衣而畫以卷龍也. 黼, 如斧形, 刺之於裳也.
현곤(玄袞)은 검은 옷에 고개 숙인 용(龍)을 그리는 것이다. 보(黼)는 도끼의 형상과 같으니, 이것을 치마에 자수 놓은 것이다.

詳說
○ 音話.
'화(畫)'의 음은 '화(話)'이다.

○ 音袞
'권(卷)'의 음은 '곤(袞)'이다.

○ 入聲.
'자(刺)'는 입성이다.

○ 東萊呂氏曰 : "袞, 九章之第一, 黼第八也. 上公之服."659)

---

658) 音甫 : 『시전대전(詩傳大全)』에도 동일하게 되어 있다.
659) 『시전대전(詩傳大全)』에 동래 여씨의 말로 실려 있다.

동래 여씨가 말하였다 : "곤(袞)은 구장의 제 일이고, 보(黼)는 제 팔인데, 상공의 옷이다."660)

朱註

周制諸公, 袞冕九章, 已見九罭篇. 侯伯鷩冕七章, 則自華蟲以下,

주(周)나라 제도에 제공(諸公)이 곤면(袞冕) 구장(九章)을 입는 것은 이미「구역편(九篇)」에 있다. 후백(侯伯)은 별면(鷩冕) 칠장(七章)이니, 화충(華蟲) 이하이고

詳說

○ 音現.

'현(見)'의 음은 '현(現)'이다.

○ 音鼈

'별(鷩)'의 음은 '별(鼈)'이다.

○ 鄭氏曰 : "衣三章, 裳四章."661)

정씨가 말하였다 : "상의는 삼장이고, 치마는 사장이다."662)

朱註

子男, 毳冕五章, 衣自宗彛以下, 而裳黼黻, 孤卿, 絺冕三章, 則衣粉米, 而裳黼黻, 大夫玄冕, 則玄衣黻裳而已.

자남(子男)은 취면(毳冕) 오장(五章)이니, 상의(上衣)에는 종이(宗彛) 이하(以下)를 그리고, 치마에는 보불을 자수하며, 고경(孤卿)은 치면(絺冕) 삼장(三章)이니, 상의(上衣)에는 분미(粉米)를 그리고 치마에는 보불을 자수하며, 대부(大夫)는 현면(玄冕)이니, 검은 상의(上衣)에 불(黻)을 수놓은 치마일 뿐이다.

---

660) 『시전대전(詩傳大全)』에는 "동래 여씨가 말하였다 : '현은 옷의 색으로 곤(袞)은 상의에 그림을 그린 것으로 구장의 제 일장이고, 보(黼)는 치마에 수를 놓은 것으로 9장의 제 팔장인데, 상공의 옷이다.'(東萊呂氏曰 : 玄者, 衣之色, 袞, 畫於衣, 九章之第一章也, 黼, 繡於裳, 九章之第八章也, 上公之服.)"라고 되어 있다.
661) 『시전대전(詩傳大全)』에 정씨의 말로 실려 있다.
662) 『시전대전(詩傳大全)』에는 "정씨가 말하였다 : '일은 용, 이는 산, 삼은 화충, 사는 불, 오는 종이로 모두 그림을 그린 것이고, 육은 수초, 칠은 분미, 팔은 보, 구는 불로 모두 수를 놓은 것이다. 상의는 오장이고, 치마는 사장이다.(鄭氏曰 : 一曰龍, 二曰山, 三曰華蟲, 四曰火, 五曰宗彛, 皆畫, 六曰藻, 七曰粉米, 八曰黼, 九曰黻, 皆繡. 衣五章, 裳四章.)"라고 되어 있다.

詳說

○ 尺銳反.

'취(毳)'의 음은 '척(尺)'과 '예(銳)'의 반절이다.

○ 知, 上聲.

'치(絺)'는 음이 지(知)로 상성이다.

○ 鄭氏曰 : "玄, 無文."663)

정씨가 말하였다 : "현은 무늬가 없는 것이다."664)

○ 見周禮司服.

『주례』「사복(司服)」에 있다.

朱註

○ 此天子所以答魚藻也. 采菽采菽, 則必以筐筥盛之,

이것은 천자가 「어조(魚藻)」에 답한 것이다. 콩을 거두고 콩을 거둘 때에는 반드시 네모진 바구니와 둥근 바구니로써 이것을 담을 것이고,

詳說

○ 音成.

'성(盛)'의 음은 '성(成)'이다.

朱註

君子來朝, 則必有以錫予之. 又言今雖無以予之, 然已有路車乘馬玄袞及黼之賜矣

군자가 와서 조회하면 반드시 물건을 내려줌이 있어야 한다. 또 "지금 비록 줄 것이 없으나, 그러나 이미 노거(路車)와 승마(乘馬)와 현곤(玄袞)과 보(黼)의 하사품이 있다."라고 하였는데,

---

663) 『시전대전(詩傳大全)』에 정씨의 말로 실려 있다.
664) 『시전대전(詩傳大全)』에는 "정씨가 말하였다 : '현은 상의에 무늬가 없는 것이고 치마에 수를 놓은 것일 뿐이기 때문에 현이라고 하는 것이다.(鄭氏曰 : 玄者, 衣無文, 裳刺黻而已, 是以謂玄焉. ….)"라고 되어 있다.

詳說
○ 補已字.
　'이(已)'자를 더하였다.

朱註
其言如此者, 好之無已, 意猶以爲薄也.
그 말함이 이와 같이 한 것은 그 좋아함이 그침이 없어서 뜻에 오히려 박하다고 여긴 것이다.

詳說
○ 去聲.
　'호(好)'는 거성이다.

○ 三句, 論也.
　세 구는 경문의 의미 설명이다.

○ 永嘉陳氏曰 : "諸侯豈皆上公. 詩人取其錫予之至厚者耳."665)
　영가 진씨가 말하였다 : "제후가 어찌 모두 상공이겠는가? 시인은 하사한 것의 지극히 후덕한 것을 취했을 뿐이다."666)

○ 豐城朱氏曰 : "先王以來, 常禮如此, 吾遵而行之, 非能有加, 則其歉然不自足之意, 可見矣."667)
　풍성 주씨가 말하였다 : "선왕 이래로 상례가 이와 같아 내가 따라서 행하는데, 더할 수 있는 것이 없는 것에서는 겸연히 스스로 만족하지 못하는 의미를 알 수 있다."668)

---

665)『시전대전(詩傳大全)』에 영가 진씨의 말로 실려 있다.
666)『시전대전(詩傳大全)』에는 "영가 진씨가 말하였다 : "주는 것이 없을지라도 좋아하는 마음은 그침이 없다. 상공 구장은 그 옷에 곤(袞)을 쓴 것인데, 제후가 어찌 모두 상공이어서 이것을 하사했겠는가? 시인은 하사한 것의 지극히 후덕한 것을 취했을 뿐이다.(永嘉陳氏曰 : 雖無予之者, 好之之心無已也. 上公九章, 其服用袞, 諸侯豈皆上公, 而有是賜哉. 詩人取其錫予之至厚者爾."라고 되어 있다.
667)『시전대전(詩傳大全)』에 풍성 주씨의 말로 실려 있다.
668)『시전대전(詩傳大全)』에는 "풍성 주씨가 말하였다 : '거마를 주어 타게 하고, 곤과 보를 주어 옷을 입게 하니, 그 예가 이미 후덕하다. 그런데 오히려 박하다고 여기는 것은 대개 거마와 의복의 하사는 선왕 이래로 제후를 이처럼 품은 것이어서 내가 따라서 행하는데, 상례 외에 더할 수 있는 것이 없는 것

[2-7-8-2]

觱沸檻泉, 言采其芹.

용솟음쳐 나오는 함천에 그 미나리를 뜯노라.

詳說

○ 音必.669)

'필(觱)'의 음은 '필(必)'이다.

○ 音弗.670)

'불(沸)'의 음은 '불(弗)'이다.

○ 胡覽反.671)

'함(檻)'의 음은 '호(胡)'와 '람(覽)'의 반절이다.

○ 叶, 才勻反.672)

'천(泉)'은 협운으로 음은 '재(才)'와 '균(勻)'의 반절이다.

○ 音勤.

'근(芹)'의 음은 '근(勤)'이다.

君子來朝, 言觀其旂.

군자가 와서 조회함에 그 깃발을 보노라.

詳說

○ 音祈, 叶, 巨斤反.673)

에서는 겸연히 스스로 만족하지 못하는 의미를 알 수 있다.豊城朱氏曰 : 予之以車馬, 所以爲之乘, 予之以衰黼, 所以爲之衣, 其禮亦已厚矣. 而猶以爲薄者. 蓋以車馬衣服之賜, 自先王以來, 所以懷諸侯者如此, 吾遵而行之, 非能有加於常禮之外也, 則其歉然不自足之意, 可見矣.)"라고 되어 있다.

669) 音必:『시전대전(詩傳大全)』에도 동일하게 되어 있다.
670) 音弗:『시전대전(詩傳大全)』에도 동일하게 되어 있다.
671) 胡覽反:『시전대전(詩傳大全)』에도 동일하게 되어 있다.
672) 叶, 才勻反:『시전대전(詩傳大全)』에도 동일하게 되어 있다.

'기(旂)'의 음은 '기(祈)'이고, 협운으로 음은 '거(巨)'와 '근(斤)'의 반절이다.674)

其旂淠淠, 鸞聲嘒嘒,

그 깃발이 펄럭이며 그 방울소리가 혜혜(嘒嘒)히 울리며,

詳說

○ 匹弊反.675)

'비(淠)'의 음은 '필(匹)'과 '폐(弊)'의 반절이다.

○ 呼惠反.676)

'혜(嘒)'의 음은 '호(呼)'와 '혜(惠)'의 반절이다.

載驂載駟, 君子所届.

참마가 있으며 사마가 있으니 군자가 이르렀도다.

詳說

○ 七南反.677)

'참(驂)'의 음은 '칠(七)'과 '남(南)'의 반절이다.

○ 叶, 居氣反.678)

'계(届)'는 협운으로 '거(居)'와 '기(氣)'의 반절이다.

朱註

興也. 淠沸泉出貌. 檻泉, 正出也.

---

673) 叶, 巨斤反 : 『시전대전(詩傳大全)』에는 다소 다르게 되어 있다.
674) 『시전대전(詩傳大全)』에는 "'기(旂)'의 음은 '거(巨)'와 '의(依)'의 반절이고, 협운으로 음은 '거(巨)'와 '근(斤)'의 반절이다.(巨依反, 叶巨斤反.)"라고 되어 있다.
675) 匹弊反 : 『시전대전(詩傳大全)』에도 동일하게 되어 있다.
676) 呼惠反 : 『시전대전(詩傳大全)』에도 동일하게 되어 있다.
677) 七南反 : 『시전대전(詩傳大全)』에도 동일하게 되어 있다.
678) 叶, 居氣反 : 『시전대전(詩傳大全)』에도 동일하게 되어 있다.

흥(興)이다. 필비(沸)은 샘이 솟아 나오는 모양이다. 함천(檻泉)은 바로 나오는 것이다.

詳說

○ 孔氏曰 : "涌泉也."679)
공씨가 말하였다 : "용솟음쳐 나오는 샘이다."680)

○ 三山李氏曰 : "從下上出."681)
삼산 이씨가 말하였다 : "아래에서 위로 나오는 것이다."682)

朱註

芹, 水草可食. 渒渒,
근(芹)은 수초(水草)로써 먹을 수 있다. 비비(渒渒)는

詳說

○ 諺音, 與小弁, 矛盾.
『언해』의 음은 「소변(小弁)」과 모순된다.

朱註

動貌, 嘒嘒, 聲也.
움직이는 모양이고, 혜혜(渒渒)는 소리이다.

詳說

○ 毛氏曰 : "中節也."
모씨가 말하였다 : "절도에 맞는 것이다."

朱註

---

679) 『시전대전(詩傳大全)』에 공씨의 말로 실려 있다.
680) 『시전대전(詩傳大全)』에는 "공씨가 말하였다 : '바로 나오는 것은 용천이다.'(孔氏曰 : 正出. 涌泉也.)"라고 되어 있다.
681) 『시전대전(詩傳大全)』에 삼산 이씨의 말로 실려 있다.
682) 『시전대전(詩傳大全)』에는 "삼산 이씨가 말하였다 : '샘물이 아래에서 위로 나오는 것을 용천이라고 한다.'(三山李氏曰 : 水泉從下上出曰, 涌泉.)"라고 되어 있다.

屆, 至也. ○ 鬻沸檻泉, 則言采其芹, 諸侯

계(屆)는 이름이다. ○ 용솟음쳐 나오는 함천(檻泉)에는 그 미나리를 뜯고, 제후가

> 詳說
> ○ 君子.
>> 제후는 군자이다.

朱註

來朝, 則言觀其旂. 見其旂, 聞其鸞聲, 又見其馬,

와서 조회함엔 그 깃발을 볼 수가 있다. 그 깃발을 보고 그 방울소리를 들으며, 또 그 말을 보니,

> 詳說
> ○ 驂並服, 則爲駟.
>> 참마에 의복을 아우르면 사마이다.

朱註

則知君子之至於是也.

군자가 이에 이름을 알 수 있는 것이다.

[2-7-8-3]

赤芾在股, 邪幅在下.

붉은 슬갑은 다리에 있고 사폭(邪幅)은 그 아래에 있도다.

> 詳說
> ○ 音弗.683)
>> '불(芾)'은 '불(弗)'이다.

---

683) 音弗:『시전대전(詩傳大全)』에도 동일하게 되어 있다.

○ 叶, 後五反.684)

　　'하(下)'는 협운으로 '후(後)'와 '오(五)'의 반절이다.

彼交匪紓, 天子所予.

저 사귐이 느리지 아니하니 천자가 허여하는 바로다.

詳說

○ 音舒, 叶, 上與反.685)

　　'여(予)'의 음은 '서(舒)'이고, 협운으로 음은 '上(상)'과 '여(與)'의 반절이다.

○ 音與.686)

　　'여(予)'의 음은 '여(與)'이다.

樂只君子, 天子命之.

즐거운 군자여 천자가 명령하시도다.

詳說

○ 音洛.687)

　　'락(樂)'의 음은 '락(洛)'이다.

○ 音止.688)

　　'지(只)'의 음은 '지(止)'이다.

○ 叶, 彌幷反.689)

　　'명(命)'은 협운으로 '미(彌)'와 '병(幷)'의 반절이다.

---

684) 叶, 後五反:『시전대전(詩傳大全)』에도 동일하게 되어 있다.
685) 音舒, 叶上與反:『시전대전(詩傳大全)』에도 동일하게 되어 있다.
686) 音與:『시전대전(詩傳大全)』에도 동일하게 되어 있다.
687) 音洛:『시전대전(詩傳大全)』에도 동일하게 되어 있다.
688) 音止:『시전대전(詩傳大全)』에도 동일하게 되어 있다.
689) 叶, 彌幷反:『시전대전(詩傳大全)』에도 동일하게 되어 있다.

樂只君子, 福祿申之.

즐거운 군자여 복록으로 거듭하도다.

朱註

賦也. 脛本曰股. 邪幅, 偪也, 邪纏於足. 如今行縢,

부(賦)이다. 정강이의 뿌리를 고(股)라 한다. 사폭(邪幅)은 행전(行纏)이니, 발에 비스듬히 묶는 것이다. 지금의 행등(行縢)과 같으니,

詳說

○ 今謂之行纏.
지금에는 행전이라고 한다.

○ 孔氏曰 : "行而緘束之."690)
공씨가 말하였다 : "걸어 다니는 데 줄로 묶어 놓는 것이다."691)

朱註

所以束脛,
정갱이를 묶는 것으로

詳說

○ 句.
구두해야 한다.

朱註

在股下也. 交, 交際也.
다리 아래에 있다. 교(交)는 교제(交際)이다.

詳說

---

690) 『시전대전(詩傳大全)』에 공씨의 말로 실려 있다.
691) 『시전대전(詩傳大全)』에는 "공씨가 말하였다 : '줄로 묶어 놓는 것으로 행등이라고 부르는 것이니, 걸어 다니는데 줄로 묶어 놓는 것이다.(孔氏曰 : 縢緘也. 名行縢者, 言行而緘束之也.)"라고 되어 있다.

○ 禮際.
예의 교제이다.

朱註
紓, 緩也.
서(紓)는 느림이다.

詳說
○ 怠緩.
게으르고 느린 것이다.

朱註
○ 言諸侯服此芾偪, 見于天子, 恭敬齊遬,
제후가 이 슬갑과 행전(行纏)을 입고서 천자를 뵈올 적에 공경하고 조심하여

詳說
○ 音現.
'현(見)'의 음은 '현(現)'이다.

○ 添四字.
네 글자를 더하였다.

朱註
不敢紓緩, 則爲天子所與, 而申之以福祿也.
감히 느리게 하지 아니하니, 천자가 허여하는 것이 되어 복록(福祿)으로써 거듭함을 말한 것이다.

詳說
○ 豐城朱氏曰 : "彼交匪敖, 則萬福之所求, 彼交匪紓, 則天子之所予, 天子之所予, 卽福祿之所申也."692)
풍성 주씨가 말하였다 : "'저 사귐이 오만하지 않으니 만복이 오는 것이고, 저

사귐이 느리지 아니하니 천자가 허여하는 바로다.'라는 것은 곧 복록이 거듭하는 것이다."693)

○ 予命, 皆以福祿言. 或云, 命服, 恐非也.
허여하고 명령하는 것은 모두 복록으로 말한 것이다. 어떤 이는 '관작에 따라 입는 옷이다.'라고 하는데, 아닌 것 같다.

[2-7-8-4]
維柞之枝, 其葉蓬蓬. 樂只君子, 殿天子之邦.

갈참나무 가지여 그 잎이 무성하도다.
즐거운 군자여 천자의 나라를 진정하리로다.

詳說
○ 多見反.694)
'전(殿)'의 음은 '다(多)'와 '견(見)'의 반절이다.

○ 叶, 卜工反.695)
'방(邦)'은 협운으로 '복(卜)'과 '공(工)'의 반절이다.

樂只君子, 萬福攸同.
즐거운 군자여 만복이 모이는 바로다.

平平左右, 亦是率從.
뚝뚝한 좌우들이 또한 따라오도다.

---

692) 『시전대전(詩傳大全)』에 풍성 주씨의 말로 실려 있다.
693) 『시전대전(詩傳大全)』에는 "풍성 주씨가 말하였다 : '예는 빠름으로 공경을 삼는데, 저 사귐이 오만하지 않으니 만복이 오는 것이고, 저 사귐이 느리지 아니하니 천자가 허여하는 것이다. 천자가 허여하는 것은 곧 복록이 거듭하는 것이다.(豐城朱氏曰 : 禮以齊遫爲敬, 彼交匪敖, 則萬福之所求, 彼交匪紓, 則天子之所予. 天子之所予, 即福祿之所申也.)"라고 되어 있다.
694) 多見反 : 『시전대전(詩傳大全)』에도 동일하게 되어 있다.
695) 叶, 卜工反 : 『시전대전(詩傳大全)』에도 동일하게 되어 있다.

詳說

○ 音梗.

'평(平)'의 음은 '편(梗)'이다.

朱註

興也. 柞見車舝篇. 蓬蓬, 盛貌. 殿, 鎭也.

흥(興)이다. 작(柞)은「차할(車舝)」편에 보인다. 봉봉(蓬蓬)은 성한 모양이다. 전(殿)은 진정함이다.

詳說

○ 音現.

'현(見)'의 음은 '현(現)'이다.

○ 孔氏曰 : "軍後曰殿, 取鎭重之義也."696)

공씨가 말하였다 : "군대의 후미를 전(殿)이라고 하니 진중한 의미를 취한 것이다."697)

朱註

平平, 辯治也.

변변(平平)은 분변하고 다스림이다.

詳說

○ 敏給.

민첩한 것이다.

朱註

左右, 諸侯之臣也. 率, 循也. ○ 維柞之枝, 則其葉蓬蓬然, 樂只君子, 則亦殿天子之邦而爲萬福之所聚.

---

696) 『시전대전(詩傳大全)』에 공씨의 말로 실려 있다.
697) 『시전대전(詩傳大全)』에는 "공씨가 말하였다 : '군대의 행렬이 뒤에 있는 것을 전(殿)이라고 하는 것은 진중한 의미를 취한 것이기 때문에 전(殿)을 진정함이라고 하는 것이다.(孔氏曰 : 軍行在後曰殿, 取鎭重之義. 故曰殿鎭也.)"라고 되어 있다.

좌우는 제후의 신하들이다. 솔(率)은 따름이다. ○ 갈참나무 가지에는 그 잎이 무성하고, 즐거운 군자는 천자의 나라를 진정하여, 만복의 모이는 곳이 되어야 한다.

詳說

○ 同.
모이는 곳은 함께 하는 곳이다.

○ 二句, 興四句.
둘째 구가 넷째 구를 흥하였다.

○ 君子, 與柞枝應.
군자(君子)는 '작지(柞枝)'와 호응한다.

朱註
又言其左右之臣, 亦從之而至此也.
또 그 좌우의 신하들도 따라서 여기에 이르렀다는 말이다.

[2-7-8-5]
汎汎楊舟, 紼纚維之.
둥 떠있는 버드나무 배여 동아줄로 묶어 매놓도다.

詳說

○ 芳劍反.698)
'범(汎)'은 '방(芳)'과 '검(劍)'의 반절이다.

○ 音弗.699)
'불(紼)'의 음은 '불(弗)'이다.

---

698) 芳劍反:『시전대전(詩傳大全)』에도 동일하게 되어 있다.
699) 音弗:『시전대전(詩傳大全)』에도 동일하게 되어 있다.

○ 力馳反.700)

'리(纚)'의 음은 '역(力)'과 '치(馳)'의 반절이다.

樂只君子, 天子葵之. 樂只君子, 福祿膍之.

즐거운 군자여 천자가 헤아리도다.
즐거운 군자여 복록으로 후히 하도다.

詳說

○ 音琵.

'비(膍)'의 음은 '비(琵)'이다.

優哉遊哉, 亦是戾矣.

넉넉하고 한가로운지라 또한 이에 이르렀도다.

詳說

○ 叶, 郎之反.701)

'려(戾)'는 협운으로 음은 '랑(郎)'과 '지(之)'의 반절이다.

朱註

興也. 紼, 綍也.

흥(興)이다. 불(紼)은 동아줄이다.

詳說

○ 音律.

'률(綍)'의 음은 '률(律)'이다.

○ 孫氏炎曰 : "大索."702)

손씨 염이 말하였다 : "큰 동아줄이다."703)

---

700) 力馳反 : 『시전대전(詩傳大全)』에도 동일하게 되어 있다.
701) 叶, 郎之反 : 『시전대전(詩傳大全)』에도 동일하게 되어 있다.
702) 『시전대전(詩傳大全)』에 공씨가 손염의 말을 인용한 것으로 실려 있다.

朱註

纚維, 皆繫也, 言以大索纚其舟而繫之也.

이(纚)와 유(維)는 모두 동여매는 것이니, 큰 새끼줄을 가지고 그 배를 묶어서 매놓는다는 말이다.

詳說

○ 繫於杙.

말뚝에 묶어두는 것이다.

朱註

葵, 揆也, 揆猶度也.

규(葵)는 규(揆)이고, 규(揆)는 헤아림과 같다.

詳說

○ 入聲.

'탁(度)'은 입성이다.

○ 重訓之.

거듭하며 풀이한 것이다.

朱註

膍, 厚, 戻, 至也. ○ 汎汎楊舟, 則必以紼纚維之, 樂只君子, 則天子必葵之

비(膍)는 후함이고, 여(戻)는 이르는 것이다. ○ 둥둥 떠 있는 버드나무 배는 반드시 동아줄로 묶어서 매놓을 것이고, 즐거운 군자는 천자가 반드시 헤아리고,

詳說

○ 慶源輔氏曰 : "度諸侯之心, 而知其底蘊."704)

─────────
703) 『시전대전(詩傳大全)』에는 "공씨가 말하였다 : '손염은 「불(紼)은 큰 동아줄이다.」라고 하였고, 이순은 「배를 묶어 지키는 것이다.」라고 하였다.'(孔氏曰 : 孫炎云, 紼大索也. 李巡云, 所以維持舟者.)"라고 되어 있다.

경원 보씨가 말하였다 : "제후들의 마음을 헤아려 속마음을 아는 것이다."705)

朱註

福祿必膍之.
복록(福祿)으로 반드시 후하게 한다.

詳說

○ 二句興四句.
둘째 구가 넷째 구를 흥하였다.

朱註

於是, 又歎其優遊而至於此也.
이에 또 편안하고 한가롭게 여기에 이르게 됨을 탄식한 것이다.

詳說

○ 慶源輔氏曰 : "優遊自適, 而無勉强, 不得已之意."706)
경원 보씨가 말하였다 : "편안하고 한가롭게 마음대로 하고 힘써 억지로 함이 없이 멈출 수 없다는 의미이다."707)

朱註

采菽五章, 章八句.
「채숙」은 5장이고, 장은 8구이다.

---

704) 『시전대전(詩傳大全)』에 경원 보씨의 말로 실려 있다.
705) 『시전대전(詩傳大全)』에는 "경원 보씨가 말하였다 : '「천자가 헤아린다.」는 것은 제후들의 마음을 헤아릴 수 있어 속마음을 아는 것이다.'(慶源輔氏曰 : "天子葵之, 言天子能葵度諸侯之心, 而知其底蘊也.")"라고 되어 있다.
706) 『시전대전(詩傳大全)』에 경원 보씨의 말로 실려 있다.
707) 『시전대전(詩傳大全)』에는 "경원 보씨가 말하였다 : '…. 편안하고 한가롭게 마음대로 하고 힘써 억지로 함이 없이 멈출 수 없다는 의미이다. 조금이라도 힘써 억지로 함이 있으면 지겹게 된다.(慶源輔氏曰 : … 優游自適而無勉强不得已之意. 一有勉强之心, 則怠矣.)"라고 되어 있다.

[2-7-9-1]

騂騂角弓, 翩其反矣.

조화로운 각궁(角弓)이여 편연(翩然)히 뒤집혔도다.

詳說

○ 音觲.

'성(騂)'의 음은 '성(觲)'이다.

○ 音篇.

'편(翩)'의 음은 '편(篇)'이다.

○ 叶, 分邅反.708)

'반(反)'은 협운으로 음은 '분(分)'과 '전(邅)'의 반절이다.

兄弟昏姻, 無胥遠矣.

형제들과 인척들은 서로 멀리하지 말지어다.

詳說

○ 叶, 於圓反.709)

'원(遠)'은 협운으로 '어(於)'와 '원(圓)'의 반절이다.

朱註
興也.
흥(興)이다.

詳說

○ 兼比.

비를 겸하였다.

---

708) 叶, 分邅反 : 『시전대전(詩傳大全)』에도 동일하게 되어 있다.
709) 叶, 於圓反 : 『시전대전(詩傳大全)』에도 동일하게 되어 있다.

朱註
騂騂, 弓調和貌. 角弓, 以角飾弓也.
성성(騂騂)은 활이 조화로운 모양이다. 각궁(角弓)은 뿔로써 활을 장식한 것이다.

詳說
○ 孔氏曰 : "弓, 六材, 榦角筋膠絲漆也."710)
공씨가 말하였다 : "활은 여섯 재료로 되어 있으니, 산뽕나무·뿔·힘줄·아교·실·옻이다."711)

朱註
翩, 反貌. 弓之爲物, 張之則內向而來, 弛之則外反而去, 有似兄弟昏姻親疏遠近之意.
편(翩)은 뒤집혀진 모양이다. 활이란 것은 당기면 안으로 향하여 오고, 풀어놓으면 밖으로 뒤집혀 가서 형제와 혼인한 사람들이 친하고 소원하며 멀리하고 가까이 하는 것과 같은 뜻이 있다.

詳說
○ 音始.
'이(弛)'의 음은 '시(始)'이다.

○ 廬陵歐陽氏曰 : "親之以恩, 則內附, 若不以仁恩結之, 則離叛而去."712)
여릉 구양씨가 말하였다 : "은혜로 가까이 하면 안으로 의지하는데, 만약 어짊과 은혜로 결합시키지 못하면 이반되어 떠나가는 것이다."713)

---

710) 『시전대전(詩傳大全)』에 공씨의 말로 실려 있다.
711) 『시전대전(詩傳大全)』에는 "공씨가 말하였다 : '활을 만드는 사람은 활은 여섯 가지 재료로 만드니, 산뽕나무·풀·힘줄·아교·실·옻을 말한다.'(孔氏曰 : 弓人以六材爲弓, 謂榦角筋膠絲漆也.)"라고 되어 있다.
712) 『시전대전(詩傳大全)』에 여릉 구양씨의 말로 실려 있다.
713) 『시전대전(詩傳大全)』에는 "여릉 구양씨가 말하였다 : '활이란 것은 몸체가 왕래하는 것으로 시인이 그것을 가지고 흥을 하였으니, 구족의 친척을 왕이 은혜로 가까이 하면 안으로 의지하는데, 만약 어짊과 은혜로 결합시키지 못하면 이반되어 떠나간다는 것이다.'(廬陵歐陽氏曰 : 弓之爲物, 其體往來, 詩人以興, 九族之親, 王若親之以恩, 則內附, 若不以仁恩結之, 則亦離叛而去矣.)"라고 되어 있다.

朱註

胥, 相也. ○ 此刺王不親九族, 而好讒佞, 使宗族相怨之詩. 言騂騂角弓, 既翩然而反矣, 兄弟昏姻,

서(胥)는 서로이다. ○ 이것은 왕이 구족을 친애하지 아니하고, 아첨하는 사람들을 좋아하여 종족이 서로 원망하게 함을 풍자한 시이다. 조화로운 각궁이 이미 편연(翩然)히 뒤집혀졌거니와 형제와 혼인은

詳說

○ 小序曰 : "幽王"

「소서」에서 말하였다 : "왕은 유왕이다."

○ 昏姻帶說.

혼인은 겸하여 말한 것이다.

朱註

則豈可以相遠哉

어찌 서로 멀리 할 수 있겠느냐고 말한 것이다.

詳說

○ 弓, 則固然, 而宗族, 則不可如此也.

활이 진실로 그럴지라도 종족은 그래서는 안된다는 것이다.

[2-7-9-2]

爾之遠矣, 民胥然矣,

네 멀리하면 백성들이 서로 그렇게 하며,

詳說

○ 同前.714)

앞과 같다.715)

---

714) 同前 : 『시전대전(詩傳大全)』에는 거의 비슷하게 되어 있다.

爾之敎矣, 民胥傚矣.

네 가르치면 백성들이 서로 본받으리라.

朱註

賦也. 爾, 王也.

부(賦)이다. 이(爾)는 왕(王)이다.

詳說

○ 慶源輔氏曰 : "遠字, 本上章而言."716)

경원 보씨가 말하였다 : "'원(遠)'자는 위의 장에 근본하여 말한 것이다."717)

朱註

上之所爲, 下必有甚者.

윗사람이 하는 것은 아랫사람들이 반드시 그보다 더 심하게 함이 있는 것이다.

詳說

○ 出孟子滕文公.

『맹자』「등문공」이 출처이다.718)

○ 敎, 謂敎以親親之道.

가르친다는 것은 친척에게 친하게 하는 도를 가르치는 것을 말한다.

○ 慶源輔氏曰 : "其應甚速, 不可不謹也."719)

경원 보씨가 말하였다 : "그 호응이 아주 신속하니, 삼가지 않아서는 안된

---

715) 『시전대전(詩傳大全)』에는 "위와 같다.(同上)"라고 되어 있다.
716) 『시전대전(詩傳大全)』에 경원 보씨의 말로 실려 있다.
717) 『시전대전(詩傳大全)』에는 "경원 보씨가 말하였다 : '왕이라는 지위는 백성들이 그렇게 되는 곳이어서 네가 가르치면 백성들이 본받아 그 호응이 아주 신속하니, 삼가지 않아서는 안된다. 원(遠)자는 위의 장에 이어 말한 것이다.(慶源輔氏曰 : 王位在民然, 爾敎則民傚, 其應甚速, 不可不謹也. 遠字承上章而言.)"라고 되어 있다.
718) 『맹자』「등문공」이 출처이다 : 『맹자』「등문공상」에는 "공자가 '…. 위에서 좋아함이 있으면 아래에는 반드시 그보다 더 심함이 있는 것이다. 군자의 덕은 바람이고, 소인의 덕은 풀이니, 풀 위에 바람이 가해지면 반드시 그리로 쏠린다.'라고 하셨다.(孔子曰 : …. 上有好者, 下必有甚焉者矣. 君子之德, 風也, 小人之德, 草也, 草尙之風, 必偃.)"라고 되어 있다.
719) 『시전대전(詩傳大全)』에 경원 보씨의 말로 실려 있다.

다..”720)

[2-7-9-3]
此令兄弟, 綽綽有裕,

이 훌륭한 형제(兄弟)들은 작작(綽綽)히 여유가 있는데,

詳說
○ 預與二音.721)
'유(裕)'는 '예(預)'와 '여(與)' 두 음이다.

不令兄弟, 交相爲瘉.

좋지 못한 형제들은 서로 폐해를 입히도다.

詳說
○ 同上.
위와 같다.

○ 上指裕音.
'위와 같다.'는 것은 위로 '유(裕)'의 음을 가리킨 것이다.

朱註
賦也. 令, 善, 綽, 寬, 裕, 饒, 瘉, 病也. ○ 言雖王化之不善
부(賦)이다. 영(令)은 좋음이고, 작(綽)은 너그러움이고, 유(裕)는 넉넉함이며, 유(瘉)는 병듦이다. ○ 비록 왕의 교화가 좋지 못하나,

詳說
○ 承上二章遠字.

---

720) 『시전대전(詩傳大全)』에는 "경원 보씨가 말하였다 : '왕이라는 지위는 백성들이 그렇게 되는 곳이어서 네가 가르치면 백성들이 본받아 그 호응이 아주 신속하니, 삼가지 않아서는 안된다. 원(遠)자는 ….(慶源輔氏曰 : 王位在民然, 爾敎則民傚, 其應甚速, 不可不謹也. 遠字….)"라고 되어 있다.
721) 預與二音 : 『시전대전(詩傳大全)』에도 동일하게 되어 있다.

위의 두 장에서 '원(遠)'자를 이어받은 것이다.

朱註
然此善兄弟, 則綽綽有裕而不變,
이 훌륭한 형제들은 작작(綽綽)히 여유가 있어서 변치 않는데,

詳說
○ 補二字.
두 글자를 더하였다.

朱註
彼不善之兄弟, 則由此
저 좋지 못한 형제들은 이 때문에

詳說
○ 指王不善.
왕의 선하지 못함을 가리킨다.

朱註
而交相病矣, 蓋指讒己之人而言也.
서로 피해를 입힌다고 말했으니, 자기를 참소하는 사람을 가리켜 말한 것이다.

詳說
○ 此句, 論也.
이 구는 경문의 의미 설명이다.

○ 讒者, 是宗族耳.
참소하는 자가 종족인 것이다.

[2-7-9-4]

民之無良, 相怨一方. 受爵不讓, 至于已斯亡.

선량하지 못한 사람은 서로 한쪽으로 원망하느니라.
작위를 받고 사양하지 않아 이 망함에 이르렀도다.

詳說

○ 叶, 如羊反.722)

'양(讓)'은 '여(如)'와 '양(羊)'의 반절이다.

朱註

賦也. 一方, 彼一方也. ○ 相怨者, 各據其一方耳,

부(賦)이다. 일방(一方)은 저 한 쪽으로이다. ○ 서로 원망하는 자는 각기 그 한 쪽만을 근거로 하나니,

詳說

○ 臨川王氏曰 : "民喪其良心, 不糸彼己之曲折, 各相怨於一方."723)

임천 왕씨가 말하였다 : "백성들이 그 양심을 잃어버리면 저들 자신의 곡절을 헤아리지 못해 각기 한쪽으로 서로 원망한다."724)

朱註

若以責人之心責己, 愛己之心愛人, 使彼己之間交見而無蔽,

만일 남을 책하는 마음으로 자기를 책하고, 자기를 사랑하는 마음으로 남을 사랑하여 피아 사이에 서로 드러나 가림이 없게 한다면,

詳說

---

722) 叶, 如羊反 : 『시전대전(詩傳大全)』에도 동일하게 되어 있다.
723) 『시전대전(詩傳大全)』에 임천 왕씨의 말로 다소 다르게 실려 있다.
724) 『시전대전(詩傳大全)』에는 "임천 왕씨가 말하였다 : '백성들이 그 양심을 잃어버리면 저들 자신의 곡직을 헤아리지 못해 각기 한쪽으로 서로 원망한다.'(臨川王氏曰 : 民喪其良心, 不糸彼己之曲直, 則各相怨於一方.)"라고 되어 있다.

○ 音現.
'현(見)'의 음은 '현(現)'이다.

○ 慶源輔氏曰:"卽大學絜矩之道."725)
경원 보씨가 말하였다:"곧 대학에서 혈구의 도이다."

朱註
則豈有相怨者哉.
어찌 서로 원망하는 자가 있겠는가?

詳說
○ 五句, 論也.
다섯 구는 경문의 의미 설명이다.

朱註
況兄弟相怨相讒,
하물며 형제간에 서로 원망하고 서로 참소하면서

詳說
○ 補此句.
이 구를 더하였다.

朱註
以取爵位, 而不知遜讓
작위를 취하여 사양할 줄을 알지 못하니,

詳說
○ 廬陵歐陽氏曰:"貪爭不已."726)

---

725) 『시전대전(詩傳大全)』에 경원 보씨의 말로 동일하게 실려 있다.
726) 『시전대전(詩傳大全)』에 여릉 구양씨의 말로 실려 있다.

여릉 구양씨가 말하였다 : "탐욕스럽게 다툼을 그치지 않는다."727)

朱註

終亦必亡而已矣.
끝내 또한 반드시 멸망할 뿐이다.

詳說

○ 此句, 出孟子告子.
이 구는 『맹자』「고자」가 출처이다.728)

○ 須溪劉氏曰 : "末句, 猶云至于亡斯已也."729)
수계 유씨가 말하였다 : "끝은 구절은 '이 자신을 망하게 된다.'라고 하는 것과 같다."730)

○ 本文古語倒.
본문은 옛날로 도치된 것이다.

○ 慶源輔氏曰 : "此章, 始則詔之以相怨之由, 終則戒之以不遜之禍, 其曉之也切矣."731)
경원 보씨가 말하였다 : "여기의 장에서 처음에는 서로 원망하는 연유를 말하고, 끝에는 불손한 화로 경계하였으니, 깨닫게 하는 것이 절실하다."

[2-7-9-5]

老馬反爲駒, 不顧其後.

---

727) 『시전대전(詩傳大全)』에는 "여릉 구양씨가 말하였다 : '탐욕스럽게 다툼을 그치지 않아 자신을 망하게 한다.'(廬陵歐陽氏曰 : 貪爭不已, 至於亡身也.)"라고 되어 있다.
728) 이 구는 『맹자』「고자」가 출처이다 : 『맹자』「고자상」에 "지금 사람들은 하늘이 준 관작을 닦아서 사람이 주는 관작을 구하려 하고, 사람이 주는 관작을 얻고 나면 하늘이 준 관작을 버리니, 매우 미혹된 짓이다. 끝내는 반드시 사람이 준 관작마저 잃게 될 것이다.(今之人, 修其天爵, 以要人爵, 旣得人爵, 而棄其天爵, 則惑之甚者也, 終亦必亡而已矣.)"라는 말이 있다.
729) 『시전대전(詩傳大全)』에 수계 유씨의 말로 다소 다르게 실려 있다.
730) 『시전대전(詩傳大全)』에는 수계 유씨가 말하였다 : "끝은 구절은 '이 자신을 망하게 된다.'라고 하는 것과 같다.(須溪劉氏曰 : 末句, 猶云至于己斯亡也.)"라고 되어 있다.
731) 『시전대전(詩傳大全)』에 경원 보씨의 말로 동일하게 실려 있다.

늙은 말이 도리어 젊은 말이라고 하여 그 뒤를 돌아보지 아니하도다.

詳說

○ 叶, 去聲.732)
'구(駒)'는 협운이고 거성이다.

○ 叶, 下故反.733)
'후(後)'는 협운으로 '하(下)'와 '고(故)'의 반절이다.

如食宜饇, 如酌孔取.

밥을 먹음에 마땅히 배부를 듯이 하는데 술잔을 듦에 심히 취하는 것과 같도다.

詳說

○ 音嗣.734)
'사(食)'의 음은 '사(嗣)'이다.

○ 音飫.
'어(饇)'의 음은 '어(飫)'이다.

○ 叶, 音娶.735)
'취(取)'는 협운으로 음은 '취(娶)'이다.

朱註

比也. 饇, 飽, 孔, 甚也. ○ 言其但知讒害人, 以取爵位.
비(比)이다. 어(饇)는 배부름이고, 공(孔)은 심함이다. ○ '다만 남을 참소하여 해쳐서 작위를 취할 줄만 알고,

---

732) 叶, 去聲:『시전대전(詩傳大全)』에도 동일하게 되어 있다.
733) 叶, 下故反:『시전대전(詩傳大全)』에도 동일하게 되어 있다.
734) 音嗣:『시전대전(詩傳大全)』에도 동일하게 되어 있다.
735) 叶, 音娶:『시전대전(詩傳大全)』에도 동일하게 되어 있다.

詳說

○ 承上章.
위의 장을 이어받았다.

朱註

而不知其不勝任,
그 임무를 감당하지 못할 줄을 알지 못하니,

詳說

○ 平聲, 下同.
'승(勝)'은 평성으로 아래에서도 같다.

○ 補此句.
이 구를 더하였다.

朱註

如老馬憊矣, 而反自以爲駒,
늙은 말이 파리한데 도리어 스스로 젊은 말이라고 하면서

詳說

○ 蒲拜反.
'비(憊)'의 음은 '포(蒲)'와 '배(拜)'의 반절이다.

○ 馬之壯者.
'구(駒)'는 말의 건강한 것이다.

朱註

不顧其後, 將有不勝任之患也.
그 뒤를 돌아보지 않는 것과 같아 임무를 감당하지 못하는 우환이 있을 것이다.

詳說

○ 補八字.
여덟 글자를 더하였다.

○ 慶源輔氏曰 : "此必指實事而言. 蓋時有譖己, 以取其爵位, 而不度己之不勝任者."736)
경원 보씨가 말하였다 : "여기에서는 반드시 실제의 일이 있어 말한 것이다. 대개 때로 자신을 참소하여 작위를 취하는데 자신이 책임을 감당하지 못함을 헤아리지 못한 것이다."737)

朱註

又如食之已多, 而宜飽矣, 酌之所取亦已甚矣.
또 밥 먹기를 이미 많이 했으면 배부른 듯이 해야 하는데, 술잔으로 취하는 것이 또한 너무 심한 것과 같다.'는 말이다.

詳說

○ 一釋兩如字
한 번에 두 번의 '여(如)'자를 풀이하였다.

○ 宜其知足, 而乃益貪也.
만족할 줄 알아야 하는데 이에 더욱 탐욕스러워지는 것이다.

○ 慶源輔氏曰 : "以比其貪黷之無厭, 攬取之太甚."738)
경원 보씨가 말하였다 : "탐욕스럽게 되어 만족이 없는 것과 심하게 취하는 것을 비(比)한 것이다."739)

---

736) 『시전대전(詩傳大全)』에 경원 보씨의 말로 실려 있다.
737) 『시전대전(詩傳大全)』에는 "경원 보씨가 말하였다 : '늙은 말이 도리어 젊은 말이라고 하여 그 뒤를 돌아보지 아니하도다.'라는 구절, 이것은 반드시 실제의 일이 있어 말한 것이다. 대개 때로 자신을 참소하여 작위를 취하는데 자신이 책임을 감당하지 못함을 헤아리지 못한 것이다. 「밥을 먹음에 마땅히 배부를 듯이 한다.」라는 것은 탐욕스럽게 되어 만족이 없다는 것을 비(比)한 것이고, 「술잔을 듦에 심히 취하는 것과 같도다.」라는 것은 심하게 취하는 것을 비(比)한 것이다.'(慶源輔氏曰 : 老馬反爲駒, 不顧其後, 此必指當時實事而言. 蓋時有譖己, 以取其爵位, 而不度其己之不勝任者. 如食宜飽, 以比其貪黷之無厭, 如酌孔取, 以比其攬取之太甚.)"라고 되어 있다.
738) 『시전대전(詩傳大全)』에 경원 보씨의 말로 실려 있다.

○ 雖著如字, 猶未露出本事, 是亦比體而已.
'여(如)'자를 드러냈을지라도 여전히 본래의 일을 드러내지 않았으니 또한 비(比)의 문제이다.

[2-7-9-6]
毋敎猱升木. 如塗塗附. 君子有徽猷, 小人與屬.
원숭이에게 나무타기를 가르치지 말지어다. 진흙에 진흙을 붙이는 것과 같으니라. 군자가 아름다운 도를 두면 소인들이 붙으리라.

詳說
○ 音蜀, 叶殊遇反.740)
'촉(屬)'의 음은 '촉(蜀)'이고, 협운으로 '수(殊)'와 '우(遇)'의 반절이다.741)

朱註
比也.
비(比)이다.

詳說
○ 兼賦.
부(賦)를 겸하였다.

朱註
猱獼猴也, 性善升木, 不待敎而能也. 塗, 泥, 附, 著,
노(猱)는 원숭이로 성품이 나무타기를 잘 해서 가르칠 필요도 없이 능하다. 도(塗)는 진흙이고, 부(附)는 붙음이며,

---

739) 『시전대전(詩傳大全)』에는 "경원 보씨가 말하였다 : '⋯. 「밥을 먹음에 마땅히 배부를 듯이 한다.」라는 것은 탐욕스럽게 되어 만족이 없다는 것을 비(比)한 것이고, 「술잔을 듦에 심히 취하는 것과 같도다.」라는 것은 심하게 취하는 것을 비(比)한 것이다.'(慶源輔氏曰 : ⋯. 如食宜饇, 以比其貪饕之無厭, 如酌孔取, 以比其攫取之太甚.)"라고 되어 있다.
740) 音蜀. 叶殊遇反:『시전대전(詩傳大全)』에는 거의 비슷하게 되어 있다.
741) 『시전대전(詩傳大全)』에는 "'촉(屬)'의 음은 '촉(蜀)'이고, 협운으로 '시(時)'와 '우(遇)'의 반절이다.(音蜀, 叶時遇反.)"라고 되어 있다.

詳說

○ 直略反.
'착(著)'의 음은 '직(直)'과 '략(略)'의 반절이다.

朱註

徽, 美, 猷, 道, 屬,
휘(徽)는 아름다움이고, 유(猷)는 도(道)며, 촉(屬)은

詳說

○ 諺音非誤. 蓋恐讀者, 作燭音, 故如字而特訓之
『언해』의 음이 잘못이 아니다. 아마도 독자들이 촉(燭)의 음으로 했기 때문에 본래의 음 대로 읽는 것임을 특별히 풀이했던 것이다.

朱註

附也 ○ 言小人, 骨肉之恩, 本薄, 王又好讒佞以來之, 是猶敎猱升木, 又如於泥塗之上
붙음이다. ○ 소인은 골육의 은혜가 본래 박한데, 왕이 또 아첨하는 사람을 좋아하여 오게 하니, 원숭이에게 나무타기를 가르치는 것과 같으며, 또 진흙 위에

詳說

○ 讒者.
'소인'은 참소하는 자이다.

○ 去聲.
'호(好)'는 거성이다.

○ 新安胡氏曰 : "毋敎云者, 申二章爾敎之義, 而禁止之."[742]
신안 호씨가 말하였다 : "'가르치지 말라.'고 한 것은 2장의 '네 백성을 가르친다.'는 의미를 거듭해서 금지한 것이다."[743]

---

[742] 『시전대전(詩傳大全)』에 신안 호씨의 말로 실려 있다.
[743] 『시전대전(詩傳大全)』에는 『시전대전(詩傳大全)』에는 "신안 호씨가 말하였다 : 「가르치지 말라.」고 한

○ 釋上塗字
　위의 '도(塗)'자를 풀이한 것이다.

朱註
加以泥塗,
진흙을 더 붙이는 것과 같은 것이다.

詳說
○ 釋下塗字.
　아래의 '도(塗)'자를 풀이한 것이다.

朱註
苟王有美道, 則小人將反爲善
만일 왕이 아름다운 도를 두면 소인들이 도리어 선을 행하면서

詳說
○ 補二字.
　두 글자를 더했다.

朱註
以附之
붙어서

詳說
○ 益之.
　더하는 것이다.

朱註
不至於如此矣.

것은 2장의 「네 백성을 가르친다.」는 의미를 거듭해서 금지한 것이다. 군자와 소인은 자리로 말한 것이다.(新安胡氏曰 : 毋教云者, 申二章爾教之義, 而禁止之也. 君子小人以位言.)"라고 되어 있다.

이 지경에 되지 않을 것임을 말한 것이다.

詳說

○ 指猱塗

원숭이와 진흙을 가리킨 것이다.

○ 補此句.

이 구를 더했다.

[2-7-9-7]
雨雪瀌瀌, 見晛曰消.

함박눈이 펄펄 내리나 햇빛을 보면 사라지느니라.

詳說

○ 去聲.

'우(雨)'는 거성이다.

○ 音標.

'표(瀌)'의 음은 '표(標)'이다.

○ 乃見反.744)

'현(晛)'의 음은 '내(乃)'와 '견(見)'의 반절이다.

○ 音越. 韓詩劉向作聿. 下章放此.745)

'왈(曰)'의 음은 '월(越)'이다. 『한시』에서 유향은 '율(聿)'로 했다. 아래에서도 이와 같다.

莫肯下遺, 式居婁驕.

---

744) 乃見反:『시전대전(詩傳大全)』에도 동일하게 되어 있다.
745) 音越. 韓詩劉向作聿. 下章放此:『시전대전(詩傳大全)』에도 동일하게 되어 있다.

폄하하여 버리기를 즐겨하지 아니하고 지위에 거하여 자주 교만하게 하도다.

詳說
○ 去聲.
'하(下)'는 거성이다.

○ 力住反. 荀子作屢.746)
'루(屢)'의 음은 '력(力)'과 '주(住)'의 반절이다.

朱註
比也. 濔濔, 盛貌. 睍,
비(比)이다. 표표(濔濔)는 성한 모양이다. 현(睍)은

詳說
○ 兼賦.
'부(賦)'를 겸하였다.

○ 諺音誤.
『언해』의 음이 잘못되었다.

朱註
日氣也. 張子曰 : 讒言遇明者, 當自止,
해의 기운이다. 장자가 말하였다 : "참소하는 말은 현명한 자를 만나면 마땅히 저절로 그치는데,

詳說
○ 安成劉氏曰 : "盛雪見日氣, 則自消, 正如此也."747)
안성 유씨가 말하였다 : "함박눈이 햇빛을 보면 저절로 사라지는 것이 바로 이와 같은 것이다."

---

746) 力住反. 荀子作屢 : 『시전대전(詩傳大全)』에도 동일하게 되어 있다.
747) 『시전대전(詩傳大全)』에 안상 유씨의 말로 동일하게 실려 있다.

朱註

而王甘信之, 不肯貶下, 而遺棄之,
왕은 도리어 그 말을 믿고는 폄하하여 버리기를 즐겨하지 아니하고,

詳說

○ 貶逐讒者.
참소하는 자를 폄하하여 물리치는 것이다.

朱註

夏益以長慢也.
다시 더욱 교만함을 조장하게 한다."

詳說

○ 一作反.
'갱(夏)'은 어떤 판본에는 '반(反)'으로 되어 있다.

○ 上聲.
'장(長)'은 상성이다.

○ 屢.
본문의 '루(屢)'이다.

○ 長彼之驕習
저의 교만한 습성을 조장하는 것이다.

○ 略居字, 豈語辭歟
'거(居)'자를 생략했으니, 어찌 어조사이겠는가?

[2-7-9-8]

雨雪浮浮, 見晛曰流. 如蠻如髦, 我是用憂.

함박눈이 펄펄 내리나 햇빛을 보면 녹아서 흐르느니라.
남만과 같으며 오랑캐와 같은지라 내 이 때문에 근심하노라.

詳說

○ 叶, 莫侯反.748)

'모(髳)'는 협운으로 '막(莫)'과 '후(侯)'의 반절이다.

朱註

比也. 浮浮, 猶瀌瀌也. 流, 流而去也. 蠻, 南蠻也, 髳, 夷髳也, 書

비(比)이다. 부부(浮浮)는 표표(瀌瀌)와 같다. 유(流)는 흘러가는 것이다. 만(蠻)은 남만(南蠻)이요, 무(髳)는 이무(夷髳)이니, 『서경(書經)』에는

詳說

○ 牧誓.

『서경』은『서경』「목서(牧誓)」이다.

朱註

作髣

무(髳)로 되어 있으니,

詳說

○ 孔氏曰 : "西夷之別名."749)

공씨가 말하였다 : "서이(西夷)의 별명이다."750)

朱註

言其無禮義而相殘賊也.

예의(禮義)가 없어 서로 해친다는 말이다.

---

748) 叶, 莫侯反 :『시전대전(詩傳大全)』에도 동일하게 되어 있다.
749) 『시전대전(詩傳大全)』에 공씨의 말로 실려 있다.
750) 『시전대전(詩傳大全)』에는 "공씨가 말하였다 : '무(髳)는 서이(西夷)의 별명이다. …'(孔氏曰 : 髳, 西夷之別名. ….)"라고 되어 있다.

詳說

○ 臨川王氏曰 : "是大亂之道, 故我是用憂也."751)

임천 왕씨가 말하였다 : "아주 어지러운 도이기 때문에 내 이 때문에 근심한다는 것이다."752)

朱註

角弓八章, 章四句.

「각궁」은 8장이고, 장은 4구이다.

詳說

○ 安成劉氏曰 : "堯協和萬邦, 必以親九族爲本, 中庸九經, 必以親親爲先. 所係之大如此. 此先王所以有常棣伐木頍弁行葦, 諸詩之深仁厚澤也. 今此詩喪其治平之本, 詩人所以於卒章深致其憂也."753)

안성 유씨가 말하였다 : "요가 만방과 화목한 것은 반드시 구족과 친함을 근본으로 하는 것이고, 『중용』의 구경은 반드시 친척과 친함을 우선으로 한 것이다. 이처럼 이어받은 것이 크니, 이것이 선왕이 「상체」「벌목」「기변」「행위」의 여러 시가 깊이 어질고 두텁게 은택이 되는 것이다. 이제 이 시에서 치국평천하는 근본을 잃어버렸으니, 시인이 마지막 장에서 크게 근심하게 되는 것이다."754)

---

751) 『시전대전(詩傳大全)』에 임천 왕씨의 말로 실려 있다.
752) 『시전대전(詩傳大全)』에는 "임천 왕씨가 말하였다 : '환하게 문채를 가지고 서로 접하고 즐겁게 은혜로 서로 사랑하는 것이 중국의 도이다. 중국의 도가 다하면 아주 어지러운 도이기 때문에 남만과 같은 것으로 아주 어지러운 도이므로 이 때문에 근심한다는 것이다.'(臨川王氏曰 : 粲然有文以相接, 驩然有恩以相愛, 中國之道也. 中國道盡, 則如髳矣, 是大亂之道也, 故我是用憂也.)"라고 되어 있다.
753) 『시전대전(詩傳大全)』에 안성 유씨의 말로 실려 있다.
754) 『시전대전(詩傳大全)』에는 "안성 유씨가 말하였다 : '요가 만방과 화목한 것은 반드시 구족과 친함을 근본으로 하는 것이고, 『중용』의 구경은 반드시 친척과 친함을 우선으로 한 것이다. 이처럼 이어받은 것이 크니, 그 도가 직위를 존중하고 복록을 중용하게 여기는 데 있으며 호오를 같이 하는 것이다. 이것이 선왕이 「상체」「벌목」「기변」「행위」의 여러 시가 깊이 어질고 두텁게 은택이 되는 것이다. 이제 이 시처럼 풍자하는 것은 치국평천하는 근본을 잃어버린 것이니, 시인이 마지막 장에서 크게 근심하게 되는 것이다. 安成劉氏曰 : 堯之協和萬邦, 必以親九族爲本, 中庸之九經, 必以親親爲先. 所係之大如此, 而其道則唯在於尊其位重其祿, 同其好惡. 此先王所以有常棣伐木頍弁行葦, 諸詩之深仁厚澤也. 今若此詩所刺, 則喪其治國平天下之本矣, 詩人所以於卒章深致其憂也."라고 되어 있다.

[2-7-10-1]

有菀者柳, 不尚息焉.

무성한 버드나무에 행여 쉬어 가고자 하지 않겠는가?

詳說

○ 音鬱.755)

'울(菀)'의 음은 '울(鬱)'이다.

上帝甚蹈, 無自暱焉.

상제가 매우 위엄스러우시니 스스로 가까이 하지 말지어다.

詳說

○ 戰國策, 作上天甚神.756)

『전국책』에는 '상천은 매우 신명스럽다.'로 되어 있다.

俾予靖之, 後予極焉.

내가 안정하게 하나 뒤에는 나에게 지극히 요구하리라.

朱註

比也.

비(比)이다.

詳說

○ 兼賦.

'부(賦)'를 겸하였다.

朱註

---

755) 音鬱:『시전대전(詩傳大全)』에도 동일하게 되어 있다.
756) 戰國策, 作上天甚神:『시전대전(詩傳大全)』에도 동일하게 되어 있다.

詩集傳詳說 卷之十二 313

柳, 茂木也. 尙, 庶幾也. 上帝, 指王也. 蹈當作神, 言威靈可畏也. 暱, 近,
靖, 安也. 極, 求之盡也. ○ 王者,

유(柳)는 무성한 나무이다. 상(尙)은 서기(庶幾)이다. 상제(上帝)는 왕을 가리킨다. 도(蹈)는 신(神)으로 해야 하니, 위령(威靈)이 두려워해야 한다는 말이다. 일(暱)은 가까움이고, 정(靖)은 편안함이다. 극(極)은 요구하기를 지극히 하는 것이다. ○ 왕이

詳說

○ 小序曰 : "幽王."

「소서」에서 말하였다 : "유왕이다."

朱註

暴虐, 諸侯不朝,

포학하니 제후들이 조회하지 아니하고

詳說

○ 音潮, 下並同.

'조(朝)'는 음이 '조(潮)'로 아래에서도 나란히 같다.

朱註

而作此詩. 言彼有菀然茂盛之柳, 行路之人, 豈不庶幾欲就止息乎. 以比人誰不欲朝事王者, 而王甚威神,

이 시를 지었던 것이다. "저 무성한 버드나무에 길가는 사람들이 어찌 행여 가서 머물러 쉬어 가고자 하지 않겠는가?"라고 말하여 사람들 중에 누가 왕에게 조회하고 섬기고자 하지 않겠는가마는 왕이 심히 위엄스럽고 신령스러워서

詳說

○ 暴虐之威.

포학한 위엄이다.

朱註

使人畏之, 而不敢近耳. 使我朝而事之, 以靖王室, 後必將極其所欲, 以求於我,
사람이 두려워 감히 가까이 하지 못하게 함을 비유한 것이다. 나에게 조회하고 섬겨 왕실을 안정시키게 하나 뒤에 반드시 그 하고지 하는 바를 끝까지 하여 나에게 구할 것이다.

詳說

○ 添欲求字.
'욕(欲)'자와 '구(求)'자를 더했다.

○ 後於予極焉.
'나에게 구할 것이다.'라는 것은 '뒤에는 나에게 지극히 요구하리라'라는 것이다.

朱註
蓋諸侯皆不朝, 而己獨至, 則王必責之無已, 如齊威王朝周, 而後反爲所辱也.
대개 제후들이 모두 조회하지 않는데, 자신만이 가면 왕이 반드시 요구하기를 끝이 없이 할 것이라는 것이니, 제의 위왕이 주나라에 조회했다가 후에 도리어 욕을 당한 것과 같은 것이다.

詳說

○ 爲周人所辱.
주나라 사람들에게 욕을 당하는 것이다.

○ 見史記魯仲連傳
『사기』「노중련전」에 있다.

○ 論也.
경문의 의미 설명이다.

朱註

或曰興也,

어떤 이는 흥(興)이라 하니,

詳說

○ 慶源輔氏曰 : "若以爲興, 則不尙息焉. 無自暱焉. 兩句意思 各別."757)

경원 보씨가 말하였다 : "흥으로 보면 '행여 쉬어 가고자 하지 않겠는가?'라는 구와 '스스로 가까이 하지 말지어다.'라는 구는 의미가 각기 별개이다."758)

○ 按字, 雖相應, 文勢語意, 於興體爲遠.

글자를 살펴보면, 서로 호응할지라도 어투와 문의가 흥의 문체에서는 멀다.

朱註

下章放此.

하장(下章)도 이와 같다.

[2-7-10-2]

有菀者柳, 不尙愒焉.

무성한 버드나무에 행여 쉬어 가고자 하지 않겠는가?

詳說

○ 欺例反.759)

'게(愒)'의 음은 '기(欺)'와 '열(例)'의 반절이다.

---

757) 『시전대전(詩傳大全)』에 경원 보씨의 말로 실려 있다.
758) 『시전대전(詩傳大全)』에는 "경원 보씨가 말하였다 : '앞의 장은 비의 문체일 뿐이라면, 사람드이 버드나무 그늘에 쉬고자 하는 것으로 사람들이 왕의 비호를 받고자 하는 것을 비유한 것이다. 흥으로 보면 「행여 쉬어 가고자 하지 않겠는가?」라는 구와 「스스로 가까이 하지 말지어다.」라는 구는 의미가 각기 별개이다.'(慶源輔氏曰 : 前章只是比體, 以人願息於桺陰, 以比人願庇於王者耳. 若以爲興, 則不尙息焉, 無自暱焉, 兩句意思各別.)"라고 되어 있다.
759) 欺例反:『시전대전(詩傳大全)』에도 동일하게 되어 있다.

上帝甚蹈, 無自療焉.

상제가 매우 위엄스러우니 스스로 병들게 하지 말지어다.

詳說

○ 見上.760)

'도(蹈)'에 대한 것은 위에 있다.

○ 側界反, 叶, 子例反.761)

'채(瘵)'의 음은 '측(側)'과 '계(界)'의 반절이고, 협운으로 음은 '자(子)'와 '열(例)'의 반절이다.762)

○ 戰國策作也.763)

'언(焉)'이 『전국책』에는 '야(也)'로 되어 있다.

俾予靖之, 後予邁焉.

나로 하여금 안정하게 하나 뒤에는 나에게 지나치게 요구하리라.

詳說

○ 叶, 力制反.764)

'매(邁)'는 협운으로 음은 '력(力)'과 '제(制)'의 반절이다.

朱註

比也. 愒, 息, 瘵, 病也. 邁, 過也, 求之, 過其分也.

비(比)이다. 게(愒)는 쉼이요, 채(瘵)는 병듦이다. 매(邁)는 지나침이니, 요구하기를 그 분(分)에 지나게 하는 것이다.

---

760) 見上 : 『시전대전(詩傳大全)』에도 동일하게 되어 있다.
761) 側界反, 叶子例反 : 『시전대전(詩傳大全)』에는 다소 다르게 되어 있다.
762) 『시전대전(詩傳大全)』에는 "'채(瘵)'의 음은 '열(例)'과 '계(界)'의 반절이고, 협운으로 음은 '자(子)'와 '열(例)'의 반절이다.(例界反, 叶子例反.)"라고 되어 있다.
763) 戰國策作也 : 『시전대전(詩傳大全)』에도 동일하게 되어 있다.
764) 叶, 力制反 : 『시전대전(詩傳大全)』에도 동일하게 되어 있다.

詳說

○ 去聲.

'분(分)'은 거성이다.

[2-7-10-3]
有鳥高飛, 亦傳于天.

새가 높이 날면 또한 하늘에 이르느니라.

詳說

○ 音附.765)

'부(傅)'의 음은 '부(附)'이다.

○ 叶, 鐵因反.766)

'천(天)'은 협운으로 음은 '철(鐵)'과 '인(因)'의 반절이다.

彼人之心, 于何其臻.

저 사람의 마음은 어디에 그 이를꼬?

曷予靖之. 居以凶矜.

어찌 내 나라를 안정시키리오! 다만 흉함을 만나 가련할 뿐이로다.

朱註

興也. 傅臻, 皆至也. 彼人斥王也. 居, 猶徒然也. 凶矜, 遭凶禍, 而可憐也. ○ 鳥之高飛, 極至於天耳. 彼王之心, 於何所極乎.
흥(興)이다. 부(傅)와 진(臻)은 모두 이름이다. 피인(彼人)은 왕을 배척한 것이다. 거(居)는 도연(徒然)과 같다. 흉긍(凶矜)은 흉화(凶禍)를 만나 가련하게 된 것이다. ○ 새가 높이 날면 하늘에 이르나니, 저 왕의 마음은 어디에 이르려는가?

---

765) 音附:『시전대전(詩傳大全)』에도 동일하게 되어 있다.
766) 叶, 鐵因反:『시전대전(詩傳大全)』에도 동일하게 되어 있다.

> [詳說]

○ 誠鳥飛之不如也.
　진실로 새가 날아가는 것만은 못한 것이다.

> [朱註]

言其貪縱無極, 求責無已,
그 탐욕스럽고 방종함이 다함이 없고, 요구하고 책함이 끝이 없어서

> [詳說]

○ 承上極邁
　위의 '극(極)'과 '매(邁)'를 이어받은 것이다.

> [朱註]

人不知其所至也.
사람들이 그 이를 곳을 알지 못하는 것이다.

> [詳說]

○ 補三句.
　세 구를 더하였다.

> [朱註]

如此則豈予能靖之乎
이와 같다면 내 어찌 나라를 안정시킬 수 있겠는가?

> [詳說]

○ 俾設辭, 曷斷辭.
　'비(俾)'는 가설해서 말하는 것이고, '갈(曷)'은 단정해서 하는 말하는 것이다.

> [朱註]

乃徒然自取凶矜耳.
마침내 다만 내 흉긍(凶矜)을 취할 뿐이다.

菀柳三章, 章六句.
「울류」는 3장이고, 장은 6구이다.

桑扈之什, 十篇, 四十三章, 二百八十二句.
「상호지십」은 10편으로 43장에 282구이다.

도인사지십 2-8(都人士之什 二之八)

[2-8-1-1]

彼都人士, 狐裘黃黃. 其容不改, 出言有章, 行歸于周, 萬民所望.

저 왕도의 인사여 여우 갖옷이 누렇고 누렇도다.
그 용모가 변치 아니하며 말을 냄에 문장이 있으니,
호경으로 돌아가거든 만민이 우러러보던 바였느니라.

詳說

○ 吀, 音亾.767)

'망(望)'은 협운이고 음은 '망(亾)'이다.

朱註

賦也. 都, 王都也. 黃黃, 狐裘色也.

부(賦)이다. 도(都)는 왕도(王都)이다. 황황(黃黃)은 여우 갖옷의 색깔이다.

詳說

○ 孔氏曰:"狐之黃者多."768)

공씨가 말하였다:"여우 중에는 누런 것이 많다."

朱註

不改, 有常也. 章, 文章也. 周, 鎬京也. ○ 亂離之後,

불개(不改)는 떳떳함이 있는 것이다. 장(章)은 문장(文章)이다. 주(周)는 호경(鎬京)이다. ○ 난리 뒤에

詳說

---

767) 吀, 音亾 : 『시전대전(詩傳大全)』에도 동일하게 되어 있다.
768) 『시전대전(詩傳大全)』에 공씨의 말로 동일하게 실려 있다.

○ 慶源輔氏曰 : "厲王流死之後."769)
　　경원 보씨가 말하였다 : "여왕이 익사한 다음이다."770)

朱註

人不復見昔日都邑之盛, 人物儀容之美, 而作此詩, 以歎惜之也.
사람들이 다시는 옛날 도읍의 성함과 인물·용모의 아름다움을 보지 못하여 이 시를 지어서 탄식하고 애석히 여긴 것이다.

詳說

○ 去聲.
　　'부(復)'는 거성이다.

○ 慶源輔氏曰 : "容則德之符也, 言則德之發也."771)
　　경원 보씨가 말하였다 : "용모는 덕의 증험이고 말은 덕의 드러남이다."772)

[2-8-1-2]

彼都人士, 臺笠緇撮.

저 왕도의 인사여 띠풀로 만든 갓에 치포관이로다.

詳說

○ 七活反, 叶, 租悅反.773)

---

769) 『시전대전(詩傳大全)』에 경원 보씨의 말로 실려 있다.
770) 『시전대전(詩傳大全)』에는 "경원 보씨가 말하였다 : '용모는 덕의 증험이고, 말은 덕의 드러남이다. 용모와 말이 이와 같다면 그 덕은 알만하기 때문에 만민에게 앙망되는 것이다. 어떤 이가 「선생은 이 시를 혼란한 다음에 지은 것으로 여기니, 이와 같다면 동천 후의 시입니다.」라고 하였다. 「여왕에 체에서 익사한 다음에 도읍이 어찌 옛날과 같았겠습니까? 하필이면 동천한 다음이겠습니까? 그러므로 선생은 단지 주를 호경으로 여겼던 것입니다.」라고 하였다.'(慶源輔氏曰 : "容則德之符也, 言則德之發也. 容言如是, 則其德可知, 故爲萬民所仰望也. 或曰, 先生以此詩爲亂離之後所作, 如此, 則東遷之後詩也. 曰, 厲王流死於彘之後, 都邑, 豈能如舊哉. 何必東遷之後乎. 故先生但以周爲鎬京也.)"라고 되어 있다.
771) 『시전대전(詩傳大全)』에 경원 보씨의 말로 실려 있다.
772) 『시전대전(詩傳大全)』에는 "경원 보씨가 말하였다 : '…. 어떤 이가 「선생은 이 시를 혼란한 다음에 지은 것으로 여기니, 이와 같다면 동천 후의 시입니다.」라고 하였다. 「여왕에 체에서 익사한 다음에 도읍이 어찌 옛날과 같았겠습니까? 하필이면 동천한 다음이겠습니까? 그러므로 선생은 단지 주를 호경으로 여겼던 것입니다.」라고 하였다.'(慶源輔氏曰 : "…. 或曰, 先生以此詩爲亂離之後所作, 如此, 則東遷之後詩也. 曰, 厲王流死於彘之後, 都邑, 豈能如舊哉. 何必東遷之後乎. 故先生但以周爲鎬京也.)"라고 되어 있다.

'찰(撮)'의 음은 '칠(七)'과 '활(活)'의 반절이고, 협운으로 음은 '조(租)'와 '열(悅)'의 반절이다.

彼君子女, 綢直如髮.

저 군자의 여자여 머리털이 숱이 많고 실처럼 곧도다.

詳說

○ 直留反.774)

'주(綢)'의 음은 '직(直)'과 '류(留)'의 반절이다.

○ 叶, 方月反.775)

'발(髮)'은 협운으로 음은 '방(方)'과 '월(月)'의 반절이다.

我不見兮, 我心不說.

내 만나보지 못한지라 내 마음에 기쁘지 않노라.

詳說

○ 音悅.776)

'열(說)'의 음은 '열(悅)'이다.

朱註

賦也. 臺, 夫須也.

부(賦)이다. 대(臺)는 부수(夫須)이다.

詳說

○ 音扶.777)

'부(夫)'의 음은 '부(扶)'이다.

---

773) 七活反, 叶租悅反 : 『시전대전(詩傳大全)』에도 동일하게 되어 있다.
774) 直留反 : 『시전대전(詩傳大全)』에도 동일하게 되어 있다.
775) 叶, 方月反 : 『시전대전(詩傳大全)』에도 동일하게 되어 있다.
776) 音悅 : 『시전대전(詩傳大全)』에도 동일하게 되어 있다.
777) 音扶 : 『시전대전(詩傳大全)』에도 동일하게 되어 있다.

○ 陸氏曰 : "莎草也, 可以爲蓑笠."778)
공씨가 말하였다 : "사초(莎草)로 도롱이와 입모를 만들 수 있다."

朱註
緇撮, 緇布冠也, 其制小, 僅可撮其髻也.
치촬(緇撮)은 치포관(緇布冠)이니, 그 제도가 작아서 겨우 상투를 쥘 만하다.

詳說
○ 孔氏曰 : "制小, 故言撮. 若是帛爲玄冠, 則有制度, 不得言撮."779)
공씨가 말하였다 : "제도가 작기 때문에 쥔다고 하였다. 비단으로 현관을 만든 것이라면 제도가 있어 쥔다고 할 수 없을 것이다."780)

○ 臨川王氏曰 : "臺笠緇撮在野與衆偕作之服."781)
임천 왕씨가 말하였다 : "띠풀로 만든 갓과 치포관은 민간에서 사람들과 모두 만들어 입는 옷이다."

朱註
君子女, 都人貴家之女也.
군자의 여자는 왕도에 사는 귀한 집의 여자이다.

詳說
○ 因士而並及女.
사로 말미암아 아울러 여자까지 언급했다.

朱註

---

778) 『시전대전(詩傳大全)』에 육씨의 말로 동일하게 실려 있다.
779) 『시전대전(詩傳大全)』에 공씨의 말로 실려 있다.
780) 『시전대전(詩傳大全)』에는 '공씨가 말하였다 : '치포관은 제도가 작기 때문에 쥔다고 하였다. 비단으로 현관을 만든 것이라면 제도가 있어 쥔다고 할 수 없을 것이다.'(孔氏曰 : 緇布冠, 制小, 故是撮. 若是帛爲玄冠, 則有制度, 不得言撮.)"라고 되어 있다.
781) 『시전대전(詩傳大全)』에 임천 왕씨의 말로 동일하게 실려 있다.

綢直如髮, 未詳其義. 然以四章五章推之, 亦言其髮之美耳.

주직여발(綢直如髮)은 그 뜻이 상세하지 않다. 그러나 사장(四章)과 오장(五章)으로 미루어 보면 또한 그 머리털의 아름다움을 말한 것이다.

詳說

○ 廬陵羅氏曰 : "其首飾密直, 如髮之本然, 謂不用髲髢爲高髻之類."782)

여릉 나씨가 말하였다 : "머리 장식이 촘촘하고 곧아 머리가 본래 그런 것과 같은 것이니, 다발을 사용하지 않고 상투를 높이 올린 것을 말한다."783)

○ 按, 羅說與諺釋, 泥於如字, 而有違註意, 蓋云綢直是髮耳. 詩中如字, 或有如此用者, 華如桃李是也

살펴보건대, 나씨의 설명과 『언해』의 해석은 '여(如)'자에 구애되어 주의 의미를 어겼으니, 대개 촘촘하고 곧은 것이 머리라고 말한 것일 뿐이다. 시에서 '여(如)'자가 혹 이처럼 사용되는 경우가 있으니, '꽃이 복숭아·오야와 같다.'는 것이 여기에 해당한다.

[2-8-1-3]

彼都人士, 充耳琇實.

저 왕도의 인사여! 충이(充耳)를 옥돌로 채웠도다.

詳說

○ 音秀.784)

'수(琇)'의 음은 '수(秀)'이다.

彼君子女, 謂之尹吉. 我不見兮, 我心苑結.

---

782) 『시전대전(詩傳大全)』에 여릉 나씨의 말로 실려 있다.
783) 『시전대전(詩傳大全)』에는 "여릉 나씨가 말하였다 : '『설문』에서 주(綢)는 촘촘한 것이다. 『해이신어(解頤新語)』에서 그 머리 장식이 촘촘하고 곧아 머리가 본래 그런 것과 같은 것이니, 다발을 사용하지 않고 상투를 높이 올린 것들을 말한다.'(廬陵羅氏曰 : 說文, 綢, 密也. 解頤新語, 其首飾綢直, 如髮之本然, 謂不用髲髢爲高髻之類)"라고 되어 있다.
784) 音秀 : 『시전대전(詩傳大全)』에도 동일하게 되어 있다.

저 군자의 여자여! 윤길이라 이르도다.
내 만나보지 못한지라 내 마음에 뭉쳐 있노라.

詳說
○ 於粉反.785)
'원(苑)'의 음은 '어(於)'와 '분(粉)'의 반절이다.

○ 叶, 繳質反.786)
'결(結)'은 협운으로 '격(繳)'과 '질(質)'의 반절이다.

朱註
賦也. 琇, 美石也. 以美石爲瑱.
부(賦)이다. 수(琇)는 아름다운 돌이니, 아름다운 돌로 귀막이 옥을 만든 것이다.

詳說
○ 充耳.
'진(瑱)'은 '충이(充耳)'이다.

○ 孔氏曰:"實塞也."
공씨가 말하였다:"'실(實)'은 채움이다.

朱註
尹吉, 未詳. 鄭氏曰: 吉讀爲姞,
윤길(尹吉)은 상세하지 않다. 정씨(鄭氏)는 "길(吉)은 길(姞)로 읽으니,

詳說
○ 其一反.
'길(姞)'의 음은 '기(其)'와 '일(一)'의 반절이다.

---

785) 於粉反:『시전대전(詩傳大全)』에도 동일하게 되어 있다.
786) 叶, 繳質反:『시전대전(詩傳大全)』에도 동일하게 되어 있다.

朱註

尹氏姞氏, 周之昏姻舊姓也. 人見都人之女, 咸謂尹氏姞氏之女, 言其有禮法也

윤씨(尹氏)와 길씨(姞氏)는 주(周)나라에서 혼인하던 옛 성(姓)이다. 사람들이 노읍 사람의 여자를 보고는 모두 윤씨와 길씨의 딸이라고 이르니, 그 예법이 있다는 말이다."라고 하였다.

詳說

○ 孔氏曰 : "尹氏世卿舊族也. 左傳曰, 姞后稷之元妃也, 是世貴舊姓昏連王室, 故見都人女有禮法者, 謂之尹吉也."787)

공씨가 말하였다 : "윤씨는 대대로 경을 지낸 옛 귀족이다. 『좌선』에서 '길(姞)'은 후직(后稷)의 원비(元妃)이니, 대대로 옛 귀족의 성으로 왕실과 혼인으로 맺어졌기 때문에 도읍 사람의 여자에게 예법이 있는 경우에 윤길이라고 하는 것이다."788)

朱註

李氏曰 : 所謂尹姞, 猶晉言王謝, 唐言崔盧也.

이씨(李氏)는 "이른바 윤길(尹姞)이라는 것은 진(晉)나라 때에 왕(王), 사(謝)라 말하고, 당(唐)나라 때에 최(崔), 노(盧)라 말한 것과 같다."라고 하였다.

詳說

○ 安成劉氏曰 : "江左王謝, 山東崔盧, 皆一時之望族."789)

안성 유씨가 말하였다 : "강좌의 왕사와 산동의 최노는 모두 한 때 사람들이 우러러보는 귀족이었다."790)

---

787) 『시전대전(詩傳大全)』에 공씨의 말로 실려 있다.
788) 『시전대전(詩傳大全)』에는 "공씨가 말하였다 : '…. 『춘추』 소공 23년에 윤씨가 왕자조를 옹립해서 대대로 공경이 되었으니, 주의 옛 귀족이다. …. 『좌전』에서 정석계가 「길(姞)은 길한 사람으로 후직의 원비이니, 길이 주나라 왕실과 혼인던 것이다. 대대로 옛 귀족의 성으로 왕실과 혼인으로 맺어졌기 때문에 도읍 사람의 여자에게 예법이 있는 경우에 윤길이라고 하는 것이다.'(孔氏曰 : …. 春秋昭二十三年, 尹氏立王子朝, 世爲公卿, 周之舊族也. …. 左傳鄭石癸曰, 姞, 吉人也, 后稷之元妃也, 是姞與周室爲昏姻也. 世貴舊姓昏連王室, 故見都人之女, 有禮法者, 謂之尹吉也.)"라고 되어 있다.
789) 『시전대전(詩傳大全)』에 안성 유씨의 말로 실려 있다.
790) 『시전대전(詩傳大全)』에는 "안성 유씨가 말하였다 : '진나라에서 강좌의 왕사와 당나라에서 산동의 최노는 모두 한 때 사람들이 우러러보는 귀족으로 대대로 일컬어지는 것이다.(安成劉氏 : 晉之江左王謝, 唐之山東崔盧, 皆一時之望族, 爲世所稱也.)"라고 되어 있다.

> 朱註

苑, 猶屈也, 積也.

울(苑)은 굴(屈)과 같으니, 쌓였다는 것이다.

> 詳說

○ 蘊通.

'울(苑)'은 '온(蘊)'과 통한다.

[2-8-1-4]

> 彼都人士, 垂帶而厲.

저 왕도의 인사여 띠를 드리워 늘어뜨리고 있도다.

> 詳說

○ 厲, 落蓋反.791)

'려(厲)'는 협운으로 '락(落)'과 '개(蓋)'의 반절이다.

> 彼君子女, 卷髮如蠆.

저 군자의 여자여 말려 올라간 머리털이 벌 꼬리와 같도다.

> 詳說

○ 音權.792)

'권(卷)'의 음은 '권(權)'이다.

○ 音瘥.

'채(蠆)'의 음은 '채(瘥)'이다.

> 我不見兮, 言從之邁.

내 만나보지 못하니 만나보면 내 따라가리라.

---

791) 厲, 落蓋反 : 『시전대전(詩傳大全)』에도 동일하게 되어 있다.
792) 音權 : 『시전대전(詩傳大全)』에도 동일하게 되어 있다.

朱註

賦也. 厲, 垂帶之貌. 卷髮, 鬢傍短髮, 不可斂者, 曲上卷然, 以爲飾也. 蠆, 螫蟲也, 尾末揵然, 似髮之曲上者. 邁, 行也. 蓋曰是不可得見也, 得見,

부(賦)이다. 여(厲)는 띠를 드리운 모양이다. 권발(卷髮)은 귀밑머리 옆의 짧은 털로써 거둘 수 없는 것을 굽게 말아 올려 꾸민 것이다. 채(蠆)는 쏘는 벌레이니, 꼬리 끝이 위로 올라가서 마치 머리털이 굽어 올라간 것과 같은 것이다. 매(邁)는 감이다. '이것은 만나볼 수가 없으니, 만나본다면

詳說

○ 諺音小誤.
'채(蠆)'는 『언해』의 음이 조금 잘못되었다.

○ 音釋.
'석(螫)'의 음은 '석(釋)'이다.

○ 音虔.
'건(揵)'의 음은 '건(虔)'이다.

○ 釋文曰 : "擧也."
『석문』에서 말하였다 : "'건(揵)'은 올라간 것이다."

○ 補二字.
두 글자를 더하였다.

朱註

則我從之邁矣, 思之甚也.
내 따라 가겠다.'고 말한 것으로 사모함이 심한 것이다.

詳說

○ 此句, 論也.

이 구는 경문의 의미설명이다.

[2-8-1-5]

匪伊垂之, 帶則有餘, 匪伊卷之, 髮則有旟. 我不見兮, 云何 盱矣.

띠를 드리우려 한 것이 아니라 띠가 남기 때문이며,
머리털을 말아 올리려 한 것이 아니라 머리털이 저절로 올라갔도다.
내 볼적이 없다고 어찌하여 바라보게 하는고?

詳說

○ 音吁.
'우(盱)'의 음은 '우(吁)'이다.

朱註

賦也. 旟, 揚也. 盱, 望也. 說見何人斯篇.
부(賦)이다. 여(旟)는 드날림이다. 우(盱)는 바라봄이니, 설명이 「하인사편(何人斯篇)」에 있다.

詳說

○ 音現.
'현(見)'의 음은 '현(現)'이다.

朱註

○ 此言士之帶, 非故垂之也, 帶自有餘耳, 女之髮非故卷之也,
이는 선비의 띠를 고의로 드리우려고 한 것이 아니라, 띠가 저절로 남음이 있기 때문이고, 여자의 머리털을 고의로 말아 올린 것이 아니라,

詳說

○ 並蒙上章.
아울러 위의 장을 이어받았다.

朱註

髮自有旟耳, 言其自然閒美, 不假修飾也.
머리털이 저절로 올라갔음을 말한 것이니, 자연히 익숙하고 아름다워 수식할 필요가 없다는 말이다.

詳說
○ 二句, 論也.
두 구는 경문의 의미설명이다.

朱註

然不可得而見矣, 則如何而不望之乎.
그러나 만나볼 수가 없으니, 어찌하여 바라보지 않을 수가 있겠는가?

詳說
○ 與何人斯之釋參看.
「하인사(何人斯)」의 해석과 함께 참고하여 보라.

朱註

都人士五章, 章六句.
「도인사」는 5장이고, 장은 6구이다.

[2-8-2-1]

終朝采綠, 不盈一匊.
아침내 왕추(王芻)를 캐었으나 한 움큼도 채우지 못했노라.

詳說
○ 音菊.
'국(匊)'의 음은 '국(菊)'이다.

予髮曲局, 薄言歸沐.

내 머리가 굽고 말렸으니 잠깐 돌아가 감으리라.

朱註
賦也. 自旦及食時爲終朝. 綠, 王芻也.
부(賦)이다. 아침부터 밥 먹을 때까지를 종조(終朝)라 한다. 녹(綠)은 왕추(王芻)이다.

詳說
○ 爾雅注曰 : "今呼鴟脚莎."793)
『이아』의 주에서 말하였다 : "지금에는 치각사(鴟脚莎)라고 부른다."794)

朱註
兩手曰, 匊. 局卷也,
두 손으로 움켜쥐는 것을 국(匊)이라 한다. 국(局)은 말림이니,

詳說
○ 音權.795)
'권(卷)'의 음은 '권(權)'이다.

朱註
猶言首如飛蓬也.
머리가 날리는 쑥대와 같다는 말과 같다.

詳說
○ 見伯兮.
「백혜(伯兮)」에 있다.

---

793) 『시전대전(詩傳大全)』에 『이아』 주의 말로 실려 있다.
794) 『시전대전(詩傳大全)』에는 "『이아』의 주에서 녹욕(菉蓐)으로 지금에는 치각사(鴟脚莎)라고 부른다.(爾雅注, 菉蓐也, 今呼鴟脚莎.)"라고 되어 있다.
795) 音權 : 『시전대전(詩傳大全)』에도 동일하게 되어 있다.

○ 疊山謝氏曰 : "婦人夫不在, 不事容飾."796)
첩산 사씨가 말하였다 : "부인은 남편이 있지 않으면 용모의 꾸밈을 일삼지 않
는다."797)

朱註
○ 婦人思其君子,
부인이 남편을 그리워하여

詳說
○ 行役未歸.
행역에서 돌아오지 않은 것이다.

朱註
而言終朝采綠, 而不盈一匊者, 思念之深不專於事也,
아침내 왕추(王芻)를 캐었으나 한 움큼도 채우지 못한 것은 그리움이 깊어서 일에 전념하지 못했기 때문이고,

詳說
○ 補二句.
두 구를 더했다.

○ 猶言不盈傾筐也.
나물 캐는 광주리를 채우지 못했다고 말하는 것과 같다.

朱註
又念其髮之曲局, 於是舍之,
또 그 머리가 굽고 말렸음을 생각하고 이에 캐던 것을 내팽개치고

―――――
796) 『시전대전(詩傳大全)』에 첩산 사씨의 말로 실려 있다.
797) 『시전대전(詩傳大全)』에는 "첩산 사씨가 말하였다 : '부인은 남편이 있지 않으면 용모의 꾸밈을 일삼지 않기 때문에「백혜」에서「낭군이 동쪽으로 출정한 뒤로는 머리칼이 날리는 쑥대와 같다.」라고 하였던 것이다.(疊山謝氏曰 : 婦人夫不在, 不事容飾, 故伯兮曰, 自伯之東, 首如飛蓬.)"라고 되어 있다.

詳說

○ 舍其所采.

나물 캐던 것을 내팽개친다는 것이다.

朱註

而歸沐以待其君子之還也.

돌아가서 머리를 감고 군자가 돌아오기를 기다린다는 말이다.

詳說

○ 慶源輔氏曰："薄言歸沐, 恐君子之或歸也. 好飾者, 婦人之性."798)

경원 보씨가 말하였다："'잠깐 돌아가 감는다.'는 것은 군자가 혹시 돌아올까 생각하기 때문이다. 꾸미기를 좋아하는 것은 여인들의 본성이다."

[2-8-2-2]

終朝采藍, 不盈一襜.

아침내 쪽을 캐었으나 한 앞치마에도 채우지 못했노라.

詳說

○ 尺占反, 叶, 都甘反.799)

'첨(襜)'의 음은 '척(尺)'과 '점(占)'의 반절이고, 협운으로 음은 '도(都)'와 '감(甘)'의 반절이다.

五日爲期, 六日不詹.

5일로 약속을 하였는데 6일이 되어도 보지 못하노라.

詳說

○ 音占, 叶多甘反.800)

---

798) 『시전대전(詩傳大全)』에 경원 보씨의 말로 동일하게 실려 있다.
799) 尺占反, 叶都甘反 : 『시전대전(詩傳大全)』에도 동일하게 되어 있다.

'첨(詹)'의 음은 '점(占)'이고, 협운으로 '다(多)'와 '감(甘)'의 반절이다.

朱註
賦也. 藍, 染草也.
부(賦)이나. 남(藍)은 물들이는 풀이다.

詳說
○ 濮氏曰 : "染靑."801)
복씨가 말하였다 : "푸르게 물들이는 것이다."802)

朱註
衣蔽前謂之襜, 卽蔽膝也. 詹,
옷으로 앞을 가림을 첨(襜)이라 이르니, 바로 폐슬(蔽膝)이다. 첨(詹)은

詳說
○ 諺音更商.
『언해』의 음은 다시 생각해 봐야 할 것이다.

朱註
與瞻同. 五日爲期, 去時之約也, 六日不詹, 過期而不見也.
첨(瞻)과 같다. 오일위기(五日爲期)는 갈 때의 약속이요, 육일불첨(六日不詹)은 기한이 지났는데도 보지 못하는 것이다.

詳說
○ 長樂劉氏曰 : "六日未久, 尚旦望而憂之, 況於遲久而不歸耶.803)
장락 유씨가 말하였다 : "6일은 아직 오래되지 않았는데도 오히려 아침부터

---

800) 音占. 叶多甘反.『시전대전(詩傳大全)』에도 동일하게 되어 있다.
801)『시전대전(詩傳大全)』에 박씨의 말로 실려 있다.
802)『시전대전(詩傳大全)』에는 "복씨가 말하였다 : '남(藍)은 남색이 될 수 있으니, 푸르게 물들일 때 그것으로 한다. 전(靛)의 음은 전(奠)이다.(濮氏曰 : 藍, 可以爲靛, 染靑以之. 靛, 音奠.)"라고 되어 있다.
803)『시전대전(詩傳大全)』에 장락 유씨의 말로 실려 있다.

기다리며 근심하는데, 하물며 더디게 오래도록 돌아오지 않음에야 말해 무엇 하겠는가?"804)

[2-8-2-3]
之子于狩, 言韔其弓,

지자(之子)가 사냥을 하신다면 그 활을 활집에 넣어드리며,

詳說

○ 音獸.
'수(狩)'의 음은 '수(獸)'이다.

○ 音暢.
'창(韔)'의 음은 '창(暢)'이다.

○ 叶, 姑弘反.805)
'궁(弓)'은 협운으로 '고(姑)'와 '홍(弘)'의 반절이다.

之子于釣, 言綸之繩.

지자(之子)가 낚시를 하신다면 낚싯줄을 만들어 드리리라.

朱註

賦也. 之子, 謂其君子也. 理絲,
부(賦)이다. 지자(之子)는 그 군자를 말한다. 실을 다스림을

詳說

○ 合絲.

---
804) 『시전대전(詩傳大全)』에는 "장락 유씨가 말하였다 : '이미 기한을 넘었는데도 오히려 아직 보지 못하는 것이다. 6일은 아직 오래되지 않았는데도 오히려 아침부터 기다리며 근심하는데, 하물며 더디게 오래도록 돌아오지 않음에야 말해 무엇 하겠는가?'(長樂劉氏曰 : 既踰於期, 猶未瞻見也. 六日不詹未久也, 尚且望而憂之, 又況於遲久而弗歸耶.)"라고 되어 있다.
805) 叶, 姑弘反 : 『시전대전(詩傳大全)』에도 동일하게 되어 있다.

실을 겹치는 것이다.

朱註

曰綸 ○ 言君子若歸, 而欲往狩耶,
윤(綸)이라 한다. ○ "군자가 만일 돌아와서 사냥을 가고자 하면,

詳說

○ 補歸字.
'귀(歸)'자를 더했다.

○ 于.
'왕(往)'은 본문에서 '우(于)'이다.

朱註

我則爲之韔其弓, 欲往釣耶, 我則爲之綸其繩,
내 그를 위하여 그 활을 활집에 넣어드릴 것이고, 낚시질을 가고자 하면, 내 그를 위하여 낚시 줄을 만들어 드릴 것이다."라고 하였으니,

詳說

○ 去聲, 下同.
'위(爲)'는 거성으로 아래에서도 같다.

○ 之
'기(其)'는 본문에서 '지(之)'이다.

○ 丘氏曰 : "思其如此而不可得."806)
구씨가 말하였다 : "그리움이 이와 같은데 할 수 없는 것이다."807)

---

806) 『시전대전(詩傳大全)』에 구씨의 말로 실려 있다.
807) 『시전대전(詩傳大全)』에는 "구씨가 말하였다 : '지금 멀리 떠나 복역으로 오래도록 돌아오지 못해 그리움이 이와 같은데 할 수 없는 것이다.'(丘氏曰 : 今遠行從役, 久而不歸, 思其如此而不可得也.)"라고 되어 있다.

朱註
望之切, 思之深, 欲無往而不與之俱也.
바람이 간절하고 그리움이 깊어서 어느 곳에 갈지라도 함께 하지 않음이 없고자 한 것이다.

詳說

○ 三句, 論也.
세 구는 경문의 의미 설명이다.

○ 與俱句, 從下章觀字言之
'여구(與俱)'구는 아래 장의 관(觀)자로 말한 것이다.

○ 慶源輔氏曰 : "狩則韔弓, 釣綸, 本非婦人之事, 望切思深, 設言其如此, 是雖夫婦之正情, 然其形於言, 則怨曠甚矣.808)"
경원 보씨가 말하였다 : "사냥에 활집에 활을 넣고 낚시에 낚시줄을 만드는 것은 본래 부인의 일이 아니다. 바람과 그리움이 간절하고 깊어 이처럼 가설해서 말한 것으로 부인의 바른 심정일지라도 말로 형용한 것은 원망이 아주 심한 것이다."809)

[2-8-2-4]

其釣維何. 維魴及鱮.

그 낚은 것은 무엇인고? 방어와 연어로다.

詳說

○ 音房.810)

---

808) 『시전대전(詩傳大全)』에 경원 보씨의 말로 실려 있다.
809) 『시전대전(詩傳大全)』에는 "경원 보씨가 말하였다 : '사냥에 활집에 활을 넣고 낚시에 낚시줄을 만드는 것은 본래 부인의 일이 아니다. 바람과 그리움이 간절하고 깊어 이처럼 가설해서 말한 것으로 어느 곳에 갈지라도 함께 하지 않음이 없고자 한 것을 드러낸 것이니, 부인의 바른 심정일지라도 말로 형용하게 했다면 원망이 아주 심한 것이다.'(慶源輔氏曰 : 狩而韔弓, 釣而綸繩, 本非婦人之事. 望之切, 思之深, 設言其如此, 以見其欲無往而不與之俱, 是雖夫婦之正情, 然使其形於言焉, 則怨曠甚矣.)"라고 되어 있다.
810) 音房 : 『시전대전(詩傳大全)』에도 동일하게 되어 있다.

'방(魴)'의 음은 '방(房)'이다.

○ 音敍, 叶音湑.811)
'서(鱮)'이 음은 '서(敍)'이고, 협운으로 음은 '서(湑)'이니.

維魴及鱮, 薄言觀者.
방어와 연어여 잠깐 구경하리라.

詳說
○ 叶, 掌與反.812)
'자(者)'는 협운으로 음은 '장(掌)'과 '여(與)'의 반절이다.

朱註
賦也. 於其釣而有獲也, 又將從而觀之
부(賦)이다. 낚시하여 고기를 잡으면 또 따라가 구경한다는 것이니,

詳說
○ 慶源輔氏曰 : "承上章末句而言.813)
경원 보씨가 말하였다 : "위의 장에서 끝 구를 이어서 말한 것이다."814)

○ 言釣以該狩.
낚시를 말해 사냥까지 함께 말했다.

朱註
亦上章之意也.
또한 위의 장의 뜻이다.

---

811) 音敍, 叶音湑 : 『시전대전(詩傳大全)』에도 동일하게 되어 있다.
812) 叶, 掌與反 : 『시전대전(詩傳大全)』에도 동일하게 되어 있다.
813) 『시전대전(詩傳大全)』에 경원 보씨의 말로 실려 있다.
814) 『시전대전(詩傳大全)』에는 "경원 보씨가 말하였다 : '여기의 장은 위의 장에서 끝 구를 이어서 말한 것으로 또한 요행을 기뻐하는 말이다.(慶源輔氏曰 : 此章, 承上章末句而言, 亦喜幸之詞也.)"라고 되어 있다.

詳說

○ 慶源輔氏曰 : "亦喜幸之詞."815)
　경원 보씨가 말하였다 : "또한 요행을 기뻐하는 말이다."816)

○ 望切思深之意也.
　바람과 그리움이 간절하고 깊다는 의미이다.

朱註

采綠四章, 章四句.
「채록」은 4장이고, 장은 4구이다.

[2-8-3-1]

芃芃黍苗, 陰雨膏之.

우북한 기장싹을 음우(陰雨)가 적셔주도다.

詳說

○ 音蓬.
　'봉(芃)'의 음은 '봉(蓬)'이다.

○ 去聲.
　'고(膏)'는 거성이다.

悠悠南行, 召伯勞之.

유유(悠悠)한 남쪽 길을 소백(召伯)이 위로하도다.

---

815) 『시전대전(詩傳大全)』에 경원 보씨의 말로 실려 있다.
816) 『시전대전(詩傳大全)』에는 "경원 보씨가 말하였다 : '… 또한 요행을 기뻐하는 말이다.(慶源輔氏曰 : …. 亦喜幸之詞也.)"라고 되어 있다.

詳說

○ 去聲.

'로(勞)'는 거성이다.

朱註

興也. 芃芃, 長大貌, 悠悠, 遠行之意. ○ 宣王封申伯於謝, 命召穆公

흥(興)이다. 봉봉(芃芃)은 장대(長大)한 모양이고, 유유(悠悠)은 원행(遠行)하는 뜻이다. ○ 선왕(宣王)이 신백(申伯)을 사읍(謝邑)에 봉하고는 소목공(召穆公)에게 명하여

詳說

○ 上聲.

'장(長)'은 상성이다.

○ 虎.

'소목공(召穆公)'은 호(虎)이다.

朱註

往營城邑, 故將徒役,

가서 성읍(城邑)을 경영하게 하였기 때문에 도역(徒役)을 거느리고

詳說

○ 役夫

'도역(徒役)'은 '역부(役夫)'이다.

朱註

南行, 而行者作此. 言芃芃黍苗, 則唯陰雨能膏之, 悠悠南行, 則唯召伯能勞之也

남쪽으로 길을 떠나니, 부역을 가는 자들이 이 시(詩)를 지은 것이다. 무성한 기장싹은 오직 음우(陰雨)가 적셔주고 유유(悠悠)한 남쪽 길은 오직 소백(召伯)이 위로해준다는 말이다.

詳說

○ 下泉於郇伯之勞四國, 亦以陰雨膏黍興之.

「하천」에서 순백이 사국을 위로한다는 것에서도 음우가 기장을 적셔주는 것으로 흥하였다.

[2-8-3-2]

我任我輦, 我車我牛,

우리 짐을 우리 수레에 실으며 우리 수레를 우리 소에 멍에 하는지라,

詳說

○ 音壬.817)

'임(任)'의 음은 '임(壬)'이다.

○ 叶, 魚其反.818)

'우(牛)'는 협운으로 음은 '어(魚)'와 '기(其)'의 반절이다.

我行旣集, 蓋云歸哉.

우리 행역(行役)이 이미 이루어지니 집으로 돌아갈진저.

詳說

○ 叶, 將黎反.

'재(哉)'는 협운으로 음은 '장(將)'과 '려(黎)'의 반절이다.

朱註

賦也. 任, 負任者也,

부(賦)이다. 임(任)은 짐을 지는 것이고,

詳說

---

817) 音壬 :『시전대전(詩傳大全)』에도 동일하게 되어 있다.
818) 叶, 魚其反 :『시전대전(詩傳大全)』에도 동일하게 되어 있다.

○ 孔氏曰 : "謂器物人所負持."819)
　공씨가 말하였다 : "물건을 사람들이 진다는 것을 말한다."

朱註
輦人挽車也.
연(輦)은 사람이 수레를 끄는 것이다.

詳說
○ 音晚.820)
　'만(挽)'의 음은 '만(晚)'이다.

○ 周禮鄕師注曰 : "輦車, 十五人挽行, 所以載任器也."821)
　『주례』「향사」의 주에서 말하였다 : "연거(輦車)는 끌며가는 것이니, 짊어질 것들을 실은 것이다."

朱註
牛, 所以駕大車也. 集, 成也, 營謝之役, 旣成而歸也.
우(牛)는 대거(大車)를 멍에하는 것이다. 집(集)은 이룸이니, 사읍(謝邑)을 경영하는 일을 이미 이루고 돌아가는 것이다.

詳說
○ 臨川王氏曰 : "此章見召伯之遇役夫如此."822)
　임천 왕씨가 말하였다 : "여기의 장에서는 소백이 이처럼 행역을 만났다는 것이다."

[2-8-3-3]
我徒我御, 我師我旅. 我行旣集, 蓋云歸處.

---

819) 『시전대전(詩傳大全)』에 공씨의 말로 동일하게 실려 있다.
820) 音晚 : 『시전대전(詩傳大全)』에도 동일하게 되어 있다.
821) 『시전대전(詩傳大全)』에 『주례』「향사」 주의 말로 실려 있다.
822) 『시전대전(詩傳大全)』에 임천 왕씨의 말로 동일하게 실려 있다.

우리 도어(徒御)들이며 우리 사려(師旅)들이라.
우리 행역(行役)이 이미 이루어지니 돌아가 평안히 처할지니라.

詳說

○ 處, 上聲.

'처(處)'는 상성이다.

朱註

賦也. 徒, 步行者, 御, 乘車者. 五百人爲旅,

부(賦)이다. 도(徒)는 보행하는 자이고, 어(御)는 수레를 타고 가는 자이다. 5백인을 여(旅)이고,

詳說

○ 先訓旅以便事.

먼저 여(旅)를 풀이해 일을 편하게 했다.

朱註

五旅爲師, 春秋傳

5여(旅)를 사(師)라 하니,『춘추전(春秋傳)』에서

詳說

○ 左定四年.

『좌전』정공 4년이다.

朱註

曰, 君行師從, 卿行旅從.

"임금이 출행하면 사(師)가 수행하고, 경(卿)이 출행(出行)하면 여(旅)가 수행한다."라고 하였다.

詳說

○ 召伯, 卿也, 當以旅從, 以其役大, 故並及師耳.

소백은 경이니, 여(旅)로 수행하는데, 그 행역이 크기 때문에 사(師)를 아울러 언급한 것일 뿐이다.

○ 孔氏曰 : "徒行御車, 乃是師旅之人, 別而言之, 歷數以類上章也."[823]
공씨가 말하였다 : "무리가 걸어가면서 수레를 어거하니, 바로 사(師)와 여(旅)라는 사람들은 나눠 말한 것으로 하나하나 세어 위의 장과 비슷하게 한 것이다."[824]

○ 按, 此四句, 與上章四句, 文勢雖同, 而義則小異. 蓋上章二事也, 此章則四事也.
살펴보건대, 여기의 네 구와 위의 장에서 네 구는 어투가 같을지라도 의미는 다소 다르다. 위의 장은 두 가지 일이고, 여기의 장은 네 가지 일이기 때문이다.

○ 臨川王氏曰 : "此章, 見召伯之遇征夫如此."[825]
임천 왕씨가 말하였다 : "여기의 장에서는 소백이 행역을 이처럼 만났다는 것을 드러냈다."

[2-8-3-4]

肅肅謝功, 召伯營之, 烈烈征師, 召伯成之.

엄정한 사읍(謝邑)의 일을 소백이 경영하며, 열렬히 부역 가는 무리를 소백이 이루도다.

朱註

賦也. 肅肅, 嚴正之貌. 謝, 邑名, 申伯所封國也, 今在鄧州信陽軍. 功, 工役之事也. 營, 治也. 烈烈, 威武貌. 征, 行也.
부(賦)이다. 숙숙(肅肅)은 엄정한 모양이다. 사(謝)는 읍(邑)의 이름으로 신백(申

---

[823] 『시전대전(詩傳大全)』에 공씨의 말로 실려 있다.
[824] 『시전대전(詩傳大全)』에는 "공씨가 말하였다 : '여(旅)는 사(師)에 속하니, 무리가 걸어가면서 수레를 어거하니, 바로 사(師)와 여(旅)라는 사람들은 나눠 말한 것으로 하나하나 세어 위의 장과 비슷하게 한 것이다.'(孔氏曰 : 旅屬於師. 徒行御車, 乃是師旅之人, 別而言之, 歷數以類上章也.)"라고 되어 있다.
[825] 『시전대전(詩傳大全)』에 임천 왕씨의 말로 동일하게 실려 있다.

伯)을 봉한 나라이니, 지금 등주(鄧州) 신양군(信陽軍)에 있었다. 공(功)은 공역(工役)의 일이다. 영(營)은 다스림이다. 열렬(烈烈)은 무위(武威)가 있는 모양이다. 정(征)은 길을 가는 것이다.

詳說

○ 慶源輔氏曰 : "師旅所以威武者, 皆召伯有以成之也. 然則兵, 豈能自爲强弱哉. 顧上之人, 所以御之者, 如何耳."826)

경원 보씨가 말하였다 : "사(師)와 여(旅)가 위엄이 있고 씩씩한 것은 모두 소백이 이룬 것이다. 그렇다면 병사들이 어찌 스스로 강하고 약하게 할 수 있는 것이겠는가? 위의 사람이 어거하는 것이 어떤 지를 볼 뿐인 것이다."827)

[2-8-3-5]

原隰旣平, 泉流旣淸, 召伯有成, 王心則寧.

원습(原隰)이 이미 평평하여 흐르는 샘물 이미 맑아지고, 소백이 이룸이 있어 왕의 마음 편안하시도다.

朱註

賦也. 土治曰平, 水治曰淸. ○ 言召伯營謝邑, 相其原隰之宜, 通其水泉之利,

부(賦)이다. 흙이 다스려진 것을 평(平)이라 하고, 물이 다스려진 것을 청(淸)이라 한다. ○ 소백(召伯)이 사읍(謝邑)을 경영할 적에 원습(原隰)의 마땅함을 보고 수천(水泉)의 이로움을 소통시켜

詳說

○ 去聲, 下同.

'치(治)'는 거성으로 아래에서도 같다.

---

826) 『시전대전(詩傳大全)』에 경원 보씨의 말로 실려 있다.
827) 『시전대전(詩傳大全)』에는 "경원 보씨가 말하였다 : '사(師)와 여(旅)가 이처럼 열열하지만 위엄이 있고 씩씩한 것은 모두 소백이 이루었다는 말이다. 그렇다면 병사들이 어찌 스스로 강하고 약하게 할 수 있는 것이겠는가? 위의 사람이 어거하는 것이 어떤 지를 볼 뿐인 것이다.'(慶源輔氏曰 : 言其師旅之所以得如是烈烈. 然威武者, 皆召伯方以成之也. 然則兵豈能自爲强弱哉. 顧上之人, 所以御之者, 如何耳.)"라고 되어 있다.

○ 去聲.

'상(相)'은 거성이다.

○ 疊山謝氏曰 : "疆其土田, 治其溝洫."828)

첩산 사씨가 말하였다 : "땅에 밭두둑을 내고, 도랑을 다스리는 것이다."829)

朱註

此功旣成, 宣王之心, 則安也

이 공사가 이미 이루어지니, 선왕(宣王)의 마음이 편안해졌다는 말이다.

黍苗五章, 章四句.

「서묘」는 5장이고, 장은 4구이다.

此宣王時詩, 與大雅崧高相表裏.

이는 선왕 때의 시(詩)이니, 「대아(大雅)」「숭고(崧高)」와 서로 표리이다.

詳說

○ 雖係一事, 詩體不同, 故分屬於小大雅耳.

하나의 일에 연관해서 시의 문체가 같지 않기 때문에 「소아」와 「대아」에 나눠 소속시켰을 뿐이다.

[2-8-4-1]

隰桑有阿, 其葉有難.

습지에 뽕나무가 아름다우니 그 잎이 무성하도다.

詳說

○ 音那.

---

828) 『시전대전(詩傳大全)』에 첩산 사씨의 말로 실려 있다.
829) 『시전대전(詩傳大全)』에는 "첩산 사씨가 말하였다 : '땅에 밭두둑을 냄에 일이 끝나면 원습이 평평해진다. 도랑을 다스림에 일이 끝나면 흐르는 샘물이 맑아진다'.(疊山謝氏曰 : 疆其土田, 事畢, 則原隰平矣. 治其溝洫, 事畢, 則泉流清矣.)"라고 되어 있다.

'난(難)'의 음은 '나(那)'이다.

既見君子, 其樂如何.
이미 군자를 만나보니 그 즐거움이 어떠한고?

詳說
○ 音洛, 下同.830)
'락(樂)'의 음은 '락(洛)'으로 아래에서도 같다.

朱註
興也. 隰, 下濕之處, 宜桑者也.
흥(興)이다. 습(隰)은 하습(下)한 곳이니, 뽕나무가 자라기에 적당한 곳이다.

詳說
○ 孔氏曰："隰之近畔, 宜桑."831)
공씨가 말하였다："습지는 두둑에 가까이 있으니, 뽕나무에 좋다."832)

朱註
阿, 美貌, 難, 盛貌, 皆言枝葉條垂之狀. ○ 此喜見君子之詩. 言隰桑有阿, 則其葉有難矣, 旣見君子, 則其樂如何哉. 辭意, 大概與菁莪, 相類. 然所謂君子, 則不知其何所指矣
아(阿)는 아름다운 모양이고, 나(難)는 성한 모양이니, 모두 가지와 잎이 늘어져 있는 모양을 말한 것이다. ○ 이것은 군자를 만남을 기뻐하는 시이다. "습지의 뽕나무가 아름다우니 그 잎이 무성하고, 이미 군자를 뵙고 나니 그 즐거움이 어떠한고?"라고 하였으니, 말의 의미가 대개 「청아(菁莪)」과 서로 유사하다. 그러나 이른바 군자라는 것은 그 어느 사람을 가리킨 것인지 알지 못하겠다.

---

830) 音洛, 下同:『시전대전(詩傳大全)』에도 동일하게 되어 있다.
831) 『시전대전(詩傳大全)』에 공씨의 말로 실려 있다.
832) 『시전대전(詩傳大全)』에는 "공씨가 말하였다 : '뽕나무는 습지에 있는 것이 좋은데, 습지는 두둑에 가까이 있으니, 뽕나무에 좋다.'(孔氏曰 : 桑宜在隰潤之所, 隰之近畔, 宜桑.)"라는 말이 있다.

詳說

○ 論也.

경문의 의미 설명이다.

朱註

或曰比也,

어떤 이는 "비(比)이다"라고 하니,

詳說

○ 安成劉氏曰 : "以隰桑枝葉之美, 比君子容貌威儀之盛, 亦與菁莪比意相類."833)

안성 유씨가 말하였다 : "습지 뽕나무의 지엽의 아름다움을 가지고 군자의 성대한 용모와 위의를 비유하였으니, 또한 「청아(菁莪)」와 '비(比)'의 의미가 서로 유사하다."834)

朱註

下章

아래의 장에서도

詳說

○ 安成劉氏曰 : "二章三章."835)

안성 유씨가 말하였다 : "2장과 3장을 가리킨다."836)

朱註

---

833) 『시전대전(詩傳大全)』에 안성 유씨의 말로 실려 있다.
834) 『시전대전(詩傳大全)』에는 "안성 유씨가 말하였다 : '이른바 아래의 장은 2장과 3장을 가리킨다. ….' (安成劉氏曰 : 所謂下章者, 指二章三章也. ….)"라고 되어 있다.
835) 『시전대전(詩傳大全)』에 안성 유씨의 말로 실려 있다.
836) 『시전대전(詩傳大全)』에는 "안성 유씨가 말하였다 : '이른바 아래의 장은 2장과 3장을 가리킨다. 이른바 비라는 것은 대개 습지 뽕나무의 지엽에서 드러나는 색의 아름다움을 가지고 군자의 성대한 용모와 위의를 비유하였으니, 또한 「청아(菁莪)」와 '비(比)'의 의미가 서로 유사하다.'(安成劉氏曰 : 所謂下章者, 指二章三章也. 所謂比者, 盖以隰桑枝葉顏色之美, 比君子容貌威儀之盛, 亦與菁莪比意相類.)"라고 되어 있다.

放此.

이와 같다.

[2-8-4-2]

隰桑有阿, 其葉有沃.

습지에 뽕나무가 아름다우니 그 잎이 윤택하도다.

詳說

○ 烏酷反, 叶, 鬱縛反.837)

'옥(沃)'의 음은 '오(烏)'와 '혹(酷)'의 반절이다.

既見君子, 云何不樂.

이미 군자를 만나보니 어찌 즐겁지 않으리오.

朱註

興也. 沃, 光澤貌.

흥(興)이다. 옥(沃)은 광택이 있는 모양이다.

詳說

○ 一作也.

'모(貌)'는 어떤 판본에는 '야(也)'자로 되어 있다.

○ 長樂劉氏曰:"光潤, 如膏之沃也."838)

장락 유씨가 말하였다:"빛나고 촉촉한 것이 살져서 아름다운 것과 같다."

[2-8-4-3]

隰桑有阿, 其葉有幽.

---

837) 烏酷反, 叶鬱縛反:『시전대전(詩傳大全)』에도 동일하게 되어 있다.
838) 『시전대전(詩傳大全)』에 장락 유씨의 말로 실려 있다.

습지에 뽕나무가 아름다우니 그 잎이 검기도 하도다.

> 詳說

○ 叶, 於交反.839)

'유(幽)'는 협운으로 '어(於)'와 '교(交)'의 반절이다.

> 旣見君子, 德音孔膠.

이미 군자를 만나보니 덕음이 심히 견고하도다.

> 詳說

○ 音交.840)

'교(膠)'의 음은 '교(交)'이다.

> 朱註

> 興也. 幽, 黑色也. 膠, 固也.

흥(興)이다. 유(幽)는 흑색이다. 교(膠)는 견고함이다.

[2-8-4-4]

> 心乎愛矣, 遐不謂矣,

마음에 사랑하니 어찌 말하지 않으리오마는

> 詳說

○ 叶, 許旣反.841)

'애(愛)'는 협운으로 '허(許)'와 '기(旣)'의 반절이다.

> 中心藏之, 何日忘之.

중심에 간직하고 있거니 어느 날인들 잊으리오!

---

839) 叶, 於交反:『시전대전(詩傳大全)』에도 동일하게 되어 있다.
840) 音交:『시전대전(詩傳大全)』에도 동일하게 되어 있다.
841) 叶, 許旣反:『시전대전(詩傳大全)』에도 동일하게 되어 있다.

朱註

賦也. 遐, 與何同. 表記作瑕, 鄭氏注曰, 瑕之言, 胡也. 謂, 猶告也. ○ 言我中心誠愛君子而旣見之,

부(賦)이다. 하(遐)는 하(何)와 같다. 『표기(表記)』에는 하(瑕)로 되었으니, 정씨의 주에서 "하(瑕)란 말은 호(胡)[어찌]이다."라고 하였다. 위(謂)는 고(告)와 같다. ○ "내가 마음으로 군자를 진실로 사랑하는데, 이미 만나봤다면

詳說

○ 禮記.

『표기(表記)』는 『예기』이다.

○ 照上章.

위의 장에 비춰보라.

朱註

則何不遂以告之,

어찌 마침내 이 마음을 말하지 않았겠는가마는

詳說

○ 告愛.

사랑을 고백하는 것이다.

朱註

而但中心藏之, 將使何日而忘之耶.

다만 중심에 간직하고 있으니, 어느 날인들 잊을 수 있겠는가." 한 것이다.

詳說

○ 丘氏曰 : "詩人自道其愛賢之意如此."842)

구씨가 말하였다 : "시인이 현자를 사랑함이 이와 같음을 스스로 말한 것이다."

---

842) 『시전대전(詩傳大全)』에 구씨의 말로 동일하게 실려 있다.

朱註

楚辭九歌, 所謂思公子兮, 未敢言, 意蓋如此, 愛之根於中者深, 故發之遲, 而存之久也.
『초사(楚辭)』의 「구가(九歌)」에 이른바 "공자(公子)를 그리워함이여! 감히 말하지 못한다."는 것의 뜻이 이와 같으니, 사랑이 중심에 있음이 깊기 때문에 말하기를 더디게 하고 간직하기를 오래하는 것이다.

詳說

○ 論也.
경문의 의미설명이다.

朱註

隰桑四章, 章四句.
「습상」은 4장이고, 장은 4구이다.

[2-8-5-1]

白華菅兮, 白茅束兮.

백화(白華)가 왕골이 되거든 백모(白茅)로 묶느니라.

詳說

○ 音花.843)
'화(華)'의 음은 '화(花)'이다.

○ 音姦.844)
'관(菅)'의 음은 '간(姦)'이다.

---

843) 音花 : 『시전대전(詩傳大全)』에도 동일하게 되어 있다.
844) 音姦 : 『시전대전(詩傳大全)』에도 동일하게 되어 있다.

> 之子之遠, 俾我獨兮.

지자(之子)가 나를 멀리함이여 나를 외롭게 하는구나.

朱註
比也.
비(比)이다.

詳說
○ 兼賦, 下並同.
부를 겸하였고, 아래에서도 나란히 같다.

朱註
白華, 野菅也, 已漚爲菅.
백화(白華)는 야관(野菅)이니, 이미 물에 넣어 마전한 것을 관(菅)이라 한다.

詳說
○ 孔氏曰 : "漚之柔韌, 異其名, 謂之菅. 因謂在野, 未漚者, 爲野菅耳."845)
공씨가 말하였다 : "물에 넣어 질긴 것을 부드럽게 한 것은 그 이름을 다르게 불러 관이라고 한다. 그 때문에 들에서 아직 물에 넣지 않은 것을 야관(野菅)이라고 하는 것일 뿐이다."

朱註
之子, 斥幽王也. 俾, 使也. 我, 申后自我也. ○ 幽王娶申女, 以爲后, 又得褒姒, 而黜申后, 故申后作此詩. 言白華爲菅, 則白茅爲束, 二物至微, 猶必相須爲用, 何之子之遠
지자(之子)는 유왕(幽王)을 지적하는 것이다. 비(俾)는 하여금이다. 아(我)는 신후(申后) 자신이다. ○ 유왕(幽王)이 신(申)나라 여자에게 장가들어 그로써 후비(后妃)를 삼고, 또 포사(褒)를 얻고는 신후(申后)를 축출하였기 때문에 신후가 이

---
845) 『시전대전(詩傳大全)』에 공씨의 말로 동일하게 실려 있다.

시를 지은 것이다. 백화(白華)가 왕골이 되면 백모(白茅)로 묶나니, 두 물건은 지극히 하찮지만 오히려 반드시 서로 필요로 하여 쓰임이 되는데, 어찌하여 그대는 나를 멀리해서

詳說

○ 廢黜.

'출(黜)'은 '폐출(廢黜)'이다.

○ 朱子曰 : "我與子, 乃相去之遠, 何哉."846)

주자가 말하였다 : "내가 그대와 이에 서로 멀어진 것이 무엇 때문인가?"847)

朱註

而俾我獨耶.

나를 외롭게 하느냐고 말한 것이다.

詳說

○ 慶源輔氏曰 : "一章言夫婦之常理."848)

경원 보씨가 말하였다 : "1장에서는 부부의 떳떳한 이치를 말하였다."849)

[2-8-5-2]

英英白雲, 露彼菅茅,

영영(英英)한 흰 구름도 저 왕골과 띠풀에 이슬을 내리는데,

詳說

○ 叶, 莫侯反.850)

---

846) 『시전대전(詩傳大全)』에 주자의 말로 실려 있다.
847) 『시전대전(詩傳大全)』에는 "주자가 말하였다 : '시를 읽는 법은 또 여기의 장과 같다. 대개 「백화와 백모도 오히려 서로 의지하는데, 내가 그대와 이에 서로 멀어진 것이 무엇 때문인가?」라는 말이다.'(朱子曰 : 讀詩之法且如此章. 盖言白華與茅, 尙能相依, 而我與子, 乃相去之遠, 何哉.)"라고 되어 있다.
848) 『시전대전(詩傳大全)』에 경원 보씨의 말로 실려 있다.
849) 『시전대전(詩傳大全)』에는 "경원 보씨가 말하였다 : '1장에서는 부부의 떳떳한 이치를 말하였다. 2장에서는 시운이 그렇게 했다고 말하였다. ….'(慶源輔氏曰 : 一章則言夫婦之常理. 二章則言時運之使然. ….)"라고 되어 있다.

'모(茅)'는 협운으로 '막(莫)'과 '후(侯)'의 반절이다.

天步艱難, 之子不猶.

천운(天運)이 몹시 어려운데도 그대는 도모하지 않도다.

朱註

比也. 英英, 輕明之貌. 白雲, 水土輕淸之氣, 當夜而上騰者也,

비(比)이다. 영영(英英)은 가볍고 밝은 모양이다. 백운(白雲)은 수토(水土)의 가볍고 맑은 기운이니, 밤에 위로 올라가는 것이고,

詳說

○ 夜氣之如雲者.
야기가 구름과 같은 것이다.

○ 孔氏曰 : "以今觀之, 雲則無露."851)
공씨가 말하였다 : "지금으로 보면 구름이 끼면 이슬이 없다."852)

○ 此訓雲字, 與庭燎訓煇字, 其意相似.
여기에서 '운(雲)'자를 풀이한 것은 「정료」에서 '휘(煇)'자를 풀이한 것과 그 의미가 서로 비슷하다.

朱註

露, 卽其散而下降者也.
이슬은 바로 그것이 흩어져서 아래로 내려오는 것이다.

詳說

○ 永嘉陳氏曰 : "雲爲質而露爲澤.853)

---

850) 茅, 莫侯反 : 『시전대전(詩傳大全)』에도 동일하게 되어 있다.
851) 『시집(詩緝)』에 소의 말로 실려 있다.
852) 『시전대전(詩傳大全)』에는 "소에서 말하였다 : '지금으로 보면 구름이 끼면 이슬이 없고, 구름이 끼지 않아야 이슬이 있다. ….(疏曰, 以今觀之, 有雲則無露, 無雲乃有露. ….)"라고 되어 있다.
853) 『시전대전(詩傳大全)』에 영가 진씨의 말로 동일하게 실려 있다.

영가 진씨가 말하였다 : "구름은 바탕이고, 이슬은 은택이다."

朱註
步, 行也. 天步, 猶言時運也. 猶, 圖也.

보(步)는 행(行)이니, 천보(天步)는 시운(時運)이라는 말과 같다. 유(猶)는 도모함이다.

詳說
○ 謀也.
 '도(圖)'는 도모함이다.

朱註
或曰猶如也 ○ 言雲之澤物, 無微不被.

어떤 이는 "유(猶)는 같음이다."라고 하였다. ○ 구름이 물건을 적셔줌에 하찮은 것에도 입혀지지 않음이 없는데,

詳說
○ 去聲.
 '피(被)'는 거성이다.

朱註
今時運艱難, 而之子不圖, 不如白雲之露菅茅也.

지금 시운(時運)이 몹시 어려운데도 그대는 도모해 주지 않으니, 백운(白雲)이 왕골과 띠풀에 이슬을 내리는 것만도 못하다고 말한 것이다.

詳說
○ 猶字並用, 二義釋之.
 '유(猶)'자는 병용해서 두 가지 의미로 풀이한다.

○ 承上章菅茅.
 위의 장에서 관(菅)과 모(茅)를 이어받은 것이다.

○ 張子曰：“白雲且均露及菅茅, 何之子不若是乎.”854)

장자가 말하였다：“흰 구름은 또 균등하게 관과 모에 이슬을 내리는데, 어찌하여 그대는 이와 같지 않는 것인가？”855)

○ 慶源輔氏曰：“二章言時運之使然.”856)

경원 보씨가 말하였다：“2장에서는 시운이 그렇게 했다고 말한 것이다.”857)

[2-8-5-3]
滮池北流, 浸彼稻田.

흐르는 못이 북으로 흘러 저 벼의 밭을 적시느니라.

詳說

○ 符彪反.858)

'표(滮)'의 음은 '부(符)'와 '표(彪)'의 반절이다.859)

○ 叶, 地因反.860)

'전(田)'은 협운으로 '지(地)'와 '인(因)'의 반절이다.

嘯歌傷懷, 念彼碩人.

휘파람과 노래로 서글퍼하며 저 석인(碩人)을 생각하노라.

---

854) 『시전대전(詩傳大全)』에 장자의 말로 실려 있다.
855) 『시전대전(詩傳大全)』에는 "장자가 말하였다：'영영히 흰 구름은 또 균등하게 관과 모에 이슬을 내리는데, 어찌 천운이 몹시 어려운데도 그대는 이와 같지 않는 것인가？(張子曰：英英白雲且均露及菅茅, 何天步艱難, 而之子不若是乎.)"라고 되어 있다.
856) 『시전대전(詩傳大全)』에 경원 보씨의 말로 실려 있다.
857) 『시전대전(詩傳大全)』에는 "경원 보씨가 말하였다：'1장에서는 부부의 떳떳한 이치를 말하였다. 2장에서는 시운이 그렇게 했다고 말하였다. 3장에서는 비로소 … 말하였다. ….'(慶源輔氏曰：一章則言夫婦之常理. 二章則言時運之使然. 三章始言….)"라고 되어 있다.
858) 符彪反：『시전대전(詩傳大全)』에도 동일하게 되어 있다.
859) 『시전대전(詩傳大全)』에는 "'표(滮)'의 음은 '부(符)'에서의 'ㅂ'과 '표(滮)'에서의 'ㅛ'를 합한 '뵤'이다. (符滮反)"라고 되어 있다.
860) 叶, 地因反：『시전대전(詩傳大全)』에도 동일하게 되어 있다.

朱註

比也. 滮流貌. 北流, 豊鎬之間, 水多北流. 碩人, 尊大之稱, 亦謂幽王也.
○ 言小水微流, 尚能浸灌, 王之尊大, 而反不能通其寵澤, 所以使我嘯歌,
傷懷而念之也.

비(比)이다. 표(滮)는 흐르는 모양이다. 북류(北流)는 풍(豊)과 호(鎬)의 사이에는 대부분 물이 북으로 흐른다. 석인(碩人)은 존대(尊大)한 이의 칭호이니, 또한 유왕(幽王)을 이른 것이다. ○ 작은 물의 하찮은 흐름도 오히려 적시면서 물을 대주는데, 왕은 존대하면서도 도리어 그 은택(恩澤)을 통하지 못하기 때문에 내가 휘파람과 노래로 서글퍼하도록 생각하게 한다는 말이다.

詳說

○ 猶心也.

서글퍼하는 것은 마음 쓰는 것과 같다.

○ 疊山謝氏曰 : "所謂長歌之, 哀過於痛哭也.861)

첩산 사씨가 말하였다 : "이른바 길게 노래하는 것은 슬픔이 통곡하는 것보다 지나친 것이다."862)

○ 慶源輔氏曰 : "三章始言其體尊勢大, 而反不如小水之漑物."863)

경원 보씨가 말하였다 : "3장에서 비로소 그 몸체가 존귀하고 권세가 큰데도 도리어 작은 물이 사물에 물을 대주는 것만도 못하다고 말하였다."864)

---

861) 『시전대전(詩傳大全)』에 첩산 사씨의 말로 실려 있다.
862) 『시전대전(詩傳大全)』에는 "첩산 사씨가 말하였다 : '휘파람과 노래로 서글퍼하는 것은 이른바 길게 노래하는 것은 슬픔이 통곡하는 것보다 지나친 것이다.疊山謝氏曰 : 嘯歌傷懷, 所謂長歌之, 哀過於慟哭也.)"라고 되어 있다.
863) 『시전대전(詩傳大全)』에 경원 보씨의 말로 실려 있다.
864) 『시전대전(詩傳大全)』에는 "경원 보씨가 말하였다 : '1장에서는 부부의 떳떳한 이치를 말하였다. 2장에서는 시운이 그렇게 했다고 말하였다. 3장에서 비로소 그 몸체가 존귀하고 권세가 큰데도 도리어 작은 물이 사물에 물을 대주는 것만도 못하다고 말하였다. ….'(慶源輔氏曰 : 一章則言夫婦之常理. 二章則言時運之使然. 三章始言其體尊勢大, 而反不如小水之尚能漑物. ….)"라고 되어 있다.

[2-8-5-4]
樵彼桑薪, 卬烘于煁.

저 뽕나무 섶을 채취하여 내 화덕에 불을 때노라.

詳說

○ 音昂

'앙(卬)'의 음은 '앙(昂)'이다.

○ 火東反.865)

'홍(烘)'의 음은 '화(火)'와 '동(東)'의 반절이다.

○ 市林反.866)

'심(煁)'의 음은 '시(市)'와 '림(林)'의 반절이다.

維彼碩人, 實勞我心.

저 석인(碩人)이여 실로 내 마음을 괴롭게 하도다.

朱註

比也. 樵, 采也. 桑薪, 薪之善者也. 卬, 我, 烘, 燎也. 煁, 無釜之竈, 可燎而不可烹飪者也.

비(比)이다. 초(樵)는 채집이다. 상신(桑薪)은 섶 중에 좋은 것이다. 앙(卬)은 나이고, 홍(烘)은 불 때는 것이다. 심(煁)은 가마솥이 없는 부엌이니, 불을 땔 수만 있고 삶거나 요리할 수 없는 것이다.

詳說

○ 孔氏曰 : "本爲此竈, 止以燃火照物, 若今火爐也.867)
공씨가 말하였다 : "본래 이런 부엌을 만들어 단지 불을 밝혀 사물을 밝히는

---
865) 火東反.『시전대전(詩傳大全)』에도 동일하게 되어 있다.
866) 市林反.『시전대전(詩傳大全)』에도 동일하게 되어 있다.
867)『시전대전(詩傳大全)』에 공씨의 말로 실려 있다.

것은 지금의 화로와 같은 것이다."868)

> 朱註

○ 桑薪, 宜以烹飪, 而但爲燎燭, 以比嫡后之尊, 而反見卑賤也.
○ 뽕나무 섶은 삶고 요리하기에 마땅한데 불을 때어 밝히기만 하니, 그것으로 적후(嫡后)의 존귀함인데도 도리어 비천하게 됨을 비유한 것이다.

> 詳說

○ 一作反
'단(但)'은 어떤 판본에는 '반(反)'으로 되어 있다.

○ 慶源輔氏曰 : "四章然後, 自歎以尊而見卑.869)
경원 보씨가 말하였다 : "4장 연후에 존귀한데도 비천하게 된 것을 스스로 탄식하였다.870)

[2-8-5-5]

> 鼓鐘于宮, 聲聞于外.

종을 궁궐에서 두들기거든 소리가 밖에 들리느니라.

> 詳說

○ 音問.871)
'문(聞)'의 음은 '문(問)'이다.

---

868) 『시전대전(詩傳大全)』에는 "공씨가 말하였다 : '가마솥이 없는 부엌은 그 위로 불을 피우니, 그것을 화덕이라고 한다. 본래 이런 부엌을 만들어 단지 불을 밝혀 사물을 밝히는 것은 지금의 화로와 같은 것이다.'(孔氏曰 : 無釜之竈, 其上燃火, 謂之烘. 本爲此竈, 止令燃火照物, 若今火爐也.)"라고 되어 있다.
869) 『시전대전(詩傳大全)』에 경원 보씨의 말로 실려 있다.
870) 『시전대전(詩傳大全)』에는 "경원 보씨가 말하였다 : '1장에서는 부부의 떳떳한 이치를 말하였다. 2장에서는 시운이 그렇게 했다고 말하였다. 3장에서 비로소 그 몸체가 존귀하고 권세가 큰데도 도리어 작은 물이 사물에 물을 대주는 것만도 못하다고 말하였다. 4장 연후에 적후의 존귀함인데도 비천하게 된 것을 스스로 탄식하였으니, 그 말에 또한 순서가 있다고 할 수 있다. ….'(慶源輔氏曰 : 一章則言夫婦之常理. 二章則言時運之使然. 三章始言其體尊勢大, 而反不如小水之尚能漑物. 四章然後, 自歎其以嫡后之尊, 而反見卑賤. 其言亦可謂有序矣. ….)"라고 되어 있다.
871) 音問 : 『시전대전(詩傳大全)』에도 동일하게 되어 있다.

念子懆懆, 視我邁邁.

그대를 생각하기를 간절히 하거늘 나를 보기를 건성으로 하는가?

詳說

○ 音懆.

'조(懆)'의 음은 '조(懆)'이다.

朱註

比也. 懆懆, 憂貌, 邁邁, 不顧也. ○ 鼓鐘于宮, 則聲聞于外矣. 念子懆懆, 而反視我邁邁. 何哉.

비(比)이다. 조조(懆懆)는 근심하는 모양이고, 매매(邁邁)는 돌아보지 않음이다. ○ 종을 궁중에서 두들기면 소리가 밖에 들리는데, 내가 그를 생각을 애타게 하는데도 도리어 나를 보기를 건성으로 하는 것은 어째서인가?

詳說

○ 一作也.

어떤 판본에는 '야(也)'자로 되어 있다.

○ 程子曰 : "此章自傷其誠意之不能感動, 王視我邁邁而去."872)

정자가 말하였다 : "여기의 장에서는 자신의 성의가 감동시킬 수 없어 왕이 나를 보고도 돌아보지 않고 떠남에 스스로 상심한 것이다."873)

○ 曾不如鐘聲之相感應於內外也.

일찍이 종을 두드리는 소리가 내외로 서로 감응하는 것만도 못하다는 것이다.

[2-8-5-6]

有鶯在梁, 有鶴在林.

---

872) 『시전대전(詩傳大全)』에 정자의 말로 실려 있다.
873) 『시전대전(詩傳大全)』에는 "정자가 말하였다 : '여기의 장에서는 자신의 성의가 왕을 움직일 수 없어 초조하게 근심하는데도 일찍이 감동시킬 수 없었으니, 나를 보고도 돌아보지 않고 떠나는 것에 대해 상심하는 것이다.(程子曰 : 此章自傷其誠意之不能動王也, 懆懆然憂戚, 而曾不能感動, 視我邁邁而去.)"라고 되어 있다.

두루미는 어량에 있는데 학은 숲속에 있도다.

|詳說|
○ 音秋.874)

'추(鶖)'의 음은 '추(秋)'이다.

|維彼碩人, 實勞我心|

저 석인(碩人)이여 실로 내 마음을 괴롭게 하도다.

|朱註|
比也. 鶖, 禿鶖也.

비(比)이다. 추(鶖)는 독추(禿鶖)이다.

|詳說|
○ 埤雅曰 : "狀如鶴而大."

『비아』에서 말하였다 : "모양이 학과 같으면서 크다."875)

|朱註|
梁魚梁也 ○ 蘇氏曰, 鶖鶴皆以魚爲食.

양(梁)은 어량이다. ○ 소씨(蘇氏)가 말하였다. "두루미와 학은 모두 고기를 먹이로 한다.

|詳說|
○ 如婦人皆以夫爲家.

부인들이 모두 남편을 집으로 여기는 것과 같다.

|朱註|

---

874) 音秋 : 『시전대전(詩傳大全)』에도 동일하게 되어 있다.
875) 『시전대전(詩傳大全)』에는 『비아』에서 말하였다 : '부로(扶老)라고도 부르는데, 모양이 학과 같으면서 크고, 긴 목에 빨간 해의 머리가 높이가 8척이다.(埤雅曰 一名扶老, 狀如鶴而大, 長頸赤日頭高八尺.)"라고 되어 있다.

然鶴之於鶖, 淸濁則有間矣.
그러나 학은 두루미보다 청탁(淸濁)에 차이가 있다.

[詳說]

○ **如人之有貴賤善惡.**
사람에게 귀천과 선악이 있는 것과 같다.

[朱註]

今鶖在梁, 而鶴在林, 鶖則飽, 而鶴則飢矣. 幽王進襃姒, 而黜申后, 譬之養鶖而棄鶴也.
지금 두루미가 어량에 있고 학이 숲속에 있으니, 두루미는 배부르고 학은 굶주린 것이다. 유왕이 포사(襃)를 올리고 신후(申后)를 축출하니, 두루미를 기르고 학을 버리는 것으로 비유한 것이다."

[詳說]

○ **末二句, 照四章而重言之.**
끝의 두 구는 4장에 비춰보면 거듭 말한 것이다.

○ **慶源輔氏曰 : "六章歎王之擧措取舍之非宜."**[876]
경원 보씨가 말하였다 : "6장에서는 왕의 거조와 취사가 마땅하지 않음을 탄식하였다."[877]

[2-8-5-7]

鴛鴦在梁, 戢其左翼. 之子無良, 二三其德.

---

876) 『시전대전(詩傳大全)』에 경원 보씨의 말로 실려 있다.
877) 『시전대전(詩傳大全)』에는 "경원 보씨가 말하였다 : '1장에서는 부부의 떳떳한 이치를 말하였다. 2장에서는 시운이 그렇게 했다고 말하였다. 3장에서 비로소 그 몸체가 존귀하고 권세가 큰데도 도리어 작은 물이 사물에 물 대주는 것만도 못하다고 말하였다. 4장 연후에 적후의 존귀함인데도 비천하게 된 것을 스스로 탄식하였으니, 그 말에 또한 순서가 있다고 할 수 있다. 5장에서는 또 자신이 왕을 생각지라도 왕이 자신을 돌아보지 않은 것이 무엇 때문인지 생각했다. 6장에서는 비로소 두루미를 가지고 포사로 비유하면서 왕의 거조와 취사가 마땅하지 않음을 탄식하였다. ….'(慶源輔氏曰 : 一章, 則言夫婦之常理. 二章, 則言時運之使然. 三章, 始言其體尊勢大, 而反不如小水之尚能漑物. 四章然後, 自歎其以嫡后之尊, 而反見卑賤, 其言亦可謂有序矣. 五章, 又疑己雖念王, 而王不顧己何哉. 六章, 始以鶖比襃姒, 而歎王之擧措取舍之非宜. ….)"라고 되어 있다.

원앙새가 어량에 있으면서 그 왼쪽 날개를 거두었도다. 그대가 선량하지 못하여 그 덕을 이랬다저랬다 하도다.

朱註
比也. 戢其左翼, 言不失其常也.
비(比)이다. 왼쪽 날개를 거뒀다는 것은 그 떳떳함을 잃지 않았다는 말이다.

詳說
○ 蒙鴛鴦註而省文.
「원앙」의 주를 이어받아 글을 생략했다.

○ 安成劉氏曰 : "此禽鳥匹偶, 並棲之常也."[878]
안성 유씨가 말하였다 : "이 새들이 짝지어 있는 것은 거처의 떳떳함을 아우르는 것이다."[879]

朱註
良, 善也. 二三其德,
양(良)은 선(善)이다. 그 덕(德)을 이랬다저랬다 한다면,

詳說
○ 疊山謝氏曰 : "衛詩二三其德, 亦刺夫婦之相棄背, 與此意合."[880]
첩산 사씨가 말하였다 : "「위풍」의 시에 '그 덕을 이랬다저랬다 한다.'는 것도 부부가 서로 버리고 등지는 것을 풍자한 것이니, 여기의 의미와 합한다."[881]

---

878) 『시전대전(詩傳大全)』에 안성 유씨의 말로 실려 있다.
879) 『시전대전(詩傳大全)』에는 "안성 유씨가 말하였다 : '그 왼쪽 날개를 거둬 서로 안으로 의지하고 그 오른쪽 날개를 펴서 밖으로 우환을 막으니, 이 새들이 짝지어 있는 것은 거처의 떳떳함을 아우르는 것이다.'(安成劉氏曰 : 戢其左翼, 以相依於內, 舒其右翼, 以防患於外, 此禽鳥匹偶, 竝棲之常也.)"라고 되어 있다.
880) 『시전대전(詩傳大全)』에 첩산 사씨의 말로 실려 있다.
881) 『시전대전(詩傳大全)』에는 "첩산 사씨가 말하였다 : '원앙이 짝을 잃지 않는다는 것은 유왕이 바로 그 양심을 잃어 첩을 사랑하고 후를 폐하였으니, 원앙에게 부끄럽다는 것이다. 「위풍」의 시에 '남자가 망극해서 그 덕을 이랬다저랬다 한다.'는 것도 부부가 서로 버리고 등지는 것을 풍자한 것이니, 여기의 의미와 합한다.(疊山謝氏曰 : 鴛鴦不失其匹偶, 幽王乃喪其良心, 嬖妾廢后, 有愧於鴛鴦矣. 衛詩云, 士也罔極, 二三其德, 亦刺夫婦之相棄背也, 與此意合.)"라고 되어 있다.

朱註

則鴛鴦之不如也

원앙(鴛鴦)만도 못한 것이다.

詳說

○ 章首二句, 前篇作興. 蓋此首章三章四章, 與此及末章, 皆有字應, 其義則比而其體則亦近於興耳.

장의 처음 두 구는 전편에서는 흥(興)으로 하였다. 대개 여기의 첫 장과 3장과 4장, 여기 및 끝장에는 모두 자의 호응이 있으니, 그 의미로는 비(比)이고 그 문체로는 또한 흥(興)에 가까울 뿐이다.

[2-8-5-8]

有扁斯石, 履之卑兮.

낮은 이 돌은 밟는 이도 낮아지느니라.

詳說

○ 音辯.

'편(扁)'의 음은 '변(辯)'이다.

之子之遠, 俾我疧兮.

그대가 나를 멀리함이여 나를 병들게 하도다.

詳說

○ 都禮反, 叶, 喬移反.882)

'저(疧)'의 음은 '도(都)'와 '례(禮)'의 반절이고, 협운으로 음은 '교(喬)'와 '이(移)'의 반절이다.

---

882) 都禮反, 叶喬移反:『시전대전(詩傳大全)』에도 동일하게 되어 있다.

朱註

比也, 扁, 卑貌. 俾, 使, 疧, 病也. ○ 有扁然而卑之石, 則履之者, 亦卑矣,

비(比)이다. 편(扁)은 낮은 모양이다. 비(俾)는 하여금이고, 저(疧)는 병듦이다. ○ 편연(扁然)히 낮은 돌은 밟는 자도 또한 낮아지니,

詳說

○ 補者字.

'자(者)'자를 더하였다.

朱註

如妾之賤, 則寵之者, 亦賤矣.

첩(妾)이 천하면 그를 총애(寵愛)하는 자도 또한 낮아지는 것과 같다.

詳說

○ 安成劉氏曰 : "程子曰, 娶失節者, 以配身, 是己失節, 亦此章之意也."883)

안성 유씨가 말하였다 : "정자가 '아내를 맞이함에 예절을 잃을 경우에는 자신을 짝함에 자신이 예절을 잃는다.'라고 한 것도 여기 장의 의미이다."884)

朱註

是以之子之遠,

이러므로 그대가 나를 멀리하여

詳說

---

883) 『시전대전(詩傳大全)』에 안성 유씨의 말로 실려 있다.
884) 『시전대전(詩傳大全)』에는 "안성 유씨가 말하였다 : '남편에게 부인이 있는 것은 서로 짝하기 때문이다. 그러므로 천한 첩으로 자신을 짝하면 자신도 천해지는 것이다. 정자가 과부를 아내로 맞이하는 것을 논하면서 「아내를 맞이함에 예절을 잃을 경우에는 자신을 짝함에 자신이 예절을 잃은 것이다.」라고 하였으니 또한 여기 장의 의미이다.'라고 하였다.(安成劉氏曰 : 夫之有婦, 所以相配. 故寵賤者, 以配已, 則已亦賤矣. 程子嘗論娶孀婦而曰, 娶失節者, 以配身是己失節, 亦此章之意也.)"라고 되어 있다.

○ 照首章而重言之.
첫 장에 비춰 거듭 말한 것이다.

朱註
而俾我疷也.
나를 하여금 병들게 하는 것이다.

詳說
○ 慶源輔氏曰 : "八章方極其意, 而謂王輕賤其身, 使我憂之而成病, 其言有序而不亂, 其怨有則而不流, 卽其言以觀其人, 則申后其亦賢矣哉."885)

경원 보씨가 말하였다 : "8장에서는 그 의미를 끝까지 추구해서 왕이 그 자신을 가볍게 여기고 천하게 여겨 나를 근심해서 병들게 하였다고 하였는데, 그 말에 순서가 있어 어지럽지 않고 그 원망에 규칙이 있어 말류로 흘러가지 않았으니, 바로 그 말을 가지고 그 사람을 보면 신후는 그 또한 현명했던 것이다."886)

朱註
白華八章, 章四句.
「백화」는 8장이고, 장은 4구이다.

---

885) 『시전대전(詩傳大全)』에 경원 보씨의 말로 실려 있다.
886) 『시전대전(詩傳大全)』에는 "경원 보씨가 말하였다 : '1장에서는 부부의 떳떳한 이치를 말하였다. 2장에서는 시운이 그렇게 했다고 말하였다. 3장에서 비로소 그 몸체가 존귀하고 권세가 큰데도 도리어 작은 물이 사물에 물을 대주는 것만도 못하다고 말하였다. 4장 연후에 적후의 존귀함인데도 비천하게 된 것을 스스로 탄식하였으니, 그 말에 또한 순서가 있다고 할 수 있다. 5장에서는 또 자신이 왕을 생각할지라도 왕이 자신을 돌아보지 않은 것이 무엇 때문인지 생각했다. 6장에서는 비로소 두루미를 가지고 포사에 비유하면서 왕의 거조와 취사가 마땅하지 않음을 탄식하였다. 7장에서는 마침내 왕이 그 덕을 이랬다저랬다 하는 것은 원앙에게 떳떳함이 있는 것만도 못하다고 말하였다. 8장에서는 그 의미를 끝까지 추구해서 왕이 스스로 자중자애하지 못하고 천한 첩을 사랑해서 그 자신을 가볍게 여기기 때문에 나를 근심해서 병들게 하였다고 하였는데, 그 말에 순서가 있어 어지럽지 않고 그 원망에 규칙이 있어 말류로 흘러가지 않았으니, 바로 그 말을 가지고 그 사람을 보면 신후는 그 또한 현명했던 것이다'(慶源輔氏曰 : 一章, 則言夫婦之常理. 二章, 則言時運之使然. 三章, 始言其體尊勢大, 而反不如小水之尚能溉物. 四章然後, 自歎其以嫡后之尊, 而反見卑賤, 其言亦可謂有序矣. 五章, 又疑己雖念王, 而王不顧己何哉, 六章, 始以鶖比褒姒, 而歎王之擧措取舍之非宜. 七章, 則遂言王之二三其德, 曾不若鴛鴦之有常. 八章方極其意, 而謂王不自愛重, 寵嬖賤妾以輕賤其身, 所以使我憂之而成病, 其言有序而不亂, 其怨有則而不流, 卽其言以觀其人, 則申后其亦賢矣哉.)"라고 되어 있다.

> 詳說

○ 安成劉氏曰 : "此詩章多而句少. 一章以一事爲喩, 反覆諷詠, 以泄其情, 而猶不能絶念於王, 可謂怨而不怒矣. 一詩之中, 首以之子稱王斥之也, 繼稱碩人尊之也, 繼稱子親之也, 又稱碩人稱之子, 怨者之詞, 固有不暇整也."[887]

안성 유씨가 말하였다 : "여기의 시는 장이 많고 구가 적다. 1장에서는 하나의 일로 비유를 하고 반복해서 풍자하여 읊으면서 감정을 흘렸는데도 오히려 왕에 대한 생각을 끊을 수 없었으니, 원망하면서도 노하지 않았다고 할 수 있다. 하나의 시에서 머리에서는 지자(之子)로 왕을 칭해 지적하였고, 이어서 석인(碩人)으로 칭해 존경하였으며, 이어 자(子)로 칭해 친밀하게 하였고, 또 석인과 지자로 칭했으니, 원망하는 이의 말에는 진실로 가지런히 할 여유가 없기 때문이다."[888]

○ 三山李氏曰 : "此詩大指, 與綠衣相類. 彼專以衣取譬, 此則多譬喩體, 雖不同, 發明嫡妾之分, 則一也."[889]

삼산 이씨가 말하였다 : "여기 시의 큰 뜻은 「녹의(綠衣)」와 서로 비슷하다. 저기에서 오로지 옷으로 비유를 취하였고, 여기에서 대부분 비유의 문제로 한 것은 같지 않으나 정실과 첩의 분수를 드러내 밝힌 것에서는 같다."

[2-8-6-1]

緜蠻黃鳥, 止于丘阿. 道之云遠, 我勞如何.

면만(綿蠻)히 우는 황조(黃鳥)가 언덕에 앉아 있도다. 길이 멀기도 하니 내 수고로움이 어떠한고?

---

[887] 『시전대전(詩傳大全)』에 안성 유씨의 말로 실려 있다.
[888] 『시전대전(詩傳大全)』에는 "안성 유씨가 말하였다 : '여기의 시는 장이 많고 구가 적다. 8장은 모두 비체이다. 1장에서는 하나의 일로 비유를 하고 반복해서 풍자하여 읊으면서 감정을 흘렸는데도 오히려 왕에 대한 생각을 끊을 수 없었으니, 원망하면서도 노하지 않았다고 할 수 있다. 하나의 시에서 머리에서는 지자(之子)로 왕을 칭해 지적하였고, 이어서 석인(碩人)으로 칭해 존경하였으며, 이어 또 석인과 칭하고 또 지자로 칭했으니, 원망하는 이의 말에는 진실로 가지런히 할 여유가 없기 때문이다.(安成劉氏曰 : 此詩章多而句少. 八章皆爲比體. 一章以一事爲喩, 反覆諷詠, 以泄其情, 而猶不能絶念於王, 可謂怨而不怒者矣. 一詩之中, 首以之子稱王斥之也, 繼稱碩人尊之也, 繼而稱子親之也, 繼又稱碩人, 又稱之子, 怨者之詞, 固有不暇整也.)"라고 되어 있다.
[889] 『시전대전(詩傳大全)』에 삼산 이씨의 말로 동일하게 실려 있다.

飮之食之, 敎之誨之, 命彼後車, 謂之載之.

나에게 음식을 먹여주며 나를 가르쳐주며, 저 후거(後車)를 명하여 태워주라 이를까!

詳說

○ 去聲

'음(飮)'은 거성이다.

○ 音嗣.890)

'사(食)'의 음은 '사(嗣)'이다.

朱註

比也. 緜蠻, 鳥聲. 阿, 曲阿也. 後車, 副車也. ○ 此微賤勞苦, 而思有所託者, 爲鳥言以自比也.

비(比)이다. 면만(綿蠻)은 새의 소리이다. 아(阿)는 굽은 언덕이다. 후거(後車)는 부거(副車)이다. ○ 이것은 미천(微賤)하고 노고(勞苦)하여 의탁할 곳을 생각한 자가 새의 말로 자신을 비유한 것이다.

詳說

○ 與鴟鴞同意.

「치효(鴟鴞)」와 같은 의미이다.

朱註

蓋曰緜蠻之黃鳥, 自言止於丘阿, 而不能前,

면만(綿蠻)히 우는 황조(黃鳥)가 스스로 말하기를 '언덕에 멈추어서 앞으로 나아가지 못한다.'고 하였으니,

詳說

○ 照下章而補三字

아래의 장을 참조해서 세 자를 더하였다.

---

890) 音嗣 : 『시전대전(詩傳大全)』에도 동일하게 되어 있다.

朱註

蓋道遠而勞甚矣. 當是時也, 有能飮之食之, 敎之誨之, 又命後車, 以載之者乎.

길이 멀고 수고로움이 심한 것이다. 이때에 나에게 음식을 먹게 하고 가르쳐주며, 또 후거(後車)를 명하여 태워줄 자가 있겠는가?

詳說

○ 諺音合叓詳, 有杕之杜, 同此.

'음(飮)'은 『언해』의 음을 다시 살펴봐야 할 것이니, '유체지두(有杕之杜: 홀로 선 아가위 나무)'는 여기와 같다.

○ 補有乎字.

'유(有)'자와 '호(乎)'자를 더하였다.

○ 皆爲鳥之自言也.

모두 새가 스스로 한 말이다.

[2-8-6-2]

綿蠻黃鳥, 止于丘隅. 豈敢憚行. 畏不能趨. 飮之食之, 敎之誨之, 命彼後車, 謂之載之.

면만(綿蠻)히 우는 황조(黃鳥)여! 구우(丘隅)에 앉아 있도다.
어찌 길을 감을 꺼려하리오! 달려가지 못할까 두려워함이니라.
나에게 음식을 먹여주며 나를 가르쳐주며, 저 후거(後車)를 명하여 태워주라 이를까!

朱註

比也. 隅, 角.

비(比)이다. 우(隅)는 모퉁이이다.

詳說

○ 此詩本言不能前, 而大學引用取得所止之義, 故其訓不同.

이 시는 본래 앞설 수 없음을 말하였는데,『대학』에서는 머물 곳을 얻은 것으로 인용하였기 때문에 그 풀이가 같지 않다.891)

朱註

憚, 畏也. 趨, 疾行也.
탄(憚)은 두려워함이다. 추(趨)는 빨리 가는 것이다.

詳說

○ 畏其不能趨.
달려갈 수 없음을 두려워하는 것이다.

[2-8-6-3]

緜蠻黃鳥, 止于丘側. 豈敢憚行, 畏不能極. 飮之食之, 敎之誨之, 命彼後車, 謂之載之.

면만(綿蠻)히 우는 황조(黃鳥)가 언덕 곁에 앉아 있도다. 어찌 길감을 꺼려하리오? 이르지 못할까 두려워함이니라.
나에게 음식을 먹여주며 나를 가르쳐주며, 저 후거(後車)를 명하여 태우라고 이를까!

朱註

比也. 側, 傍. 極, 至也.
비(比)이다. 측(側)은 곁이다. 극(極)은 이름이니,

詳說

○ 到也.
이른다는 것이다.

朱註

---

891)『대학』「전문 3장」에 "『시경(詩經)』"에서 '면만(緜蠻)히 우는 황조(黃鳥)여, 구우(丘隅)에 멈춘다.'라고 하였으니, 공자(孔子)께서 '그칠 때에 그 그칠 곳을 아니, 사람으로서 새만 못해서야 되겠는가.'라고 하셨다.(詩云 緜蠻黃鳥, 止于丘隅, 子曰, 於止知其所止, 可以人而不如鳥乎.)"라는 말이 있다.

國語云, 齊朝駕, 則夕極于魯國.
『국어(國語)』에서 "제(齊)나라에서 아침에 말을 타면 저녁에 노(魯)나라에 이른다."라고 하였다.

緜蠻三章, 章八句.
「면만」은 3장이고, 장은 8구이다.

[2-8-7-1]

幡幡瓠葉, 采之亨之,
저 펄럭이는 박 잎을 뜯어서 요리하는지라.

詳說

○ 音翻.
'번(幡)'의 음은 '번(翻)'이다.

○ 叶, 鋪郞反.
'형(亨)'은 협운으로 '포(鋪)'와 '랑(郞)'의 반절이다.

君子有酒, 酌言嘗之.
군자가 술자리를 두거든 술을 떠서 맛보도다.

朱註
賦也. 幡幡, 瓠葉貌 ○ 此亦燕飮之詩. 言幡幡瓠葉, 采之亨之, 至薄也.
부(賦)이다. 번번(幡幡)은 박잎의 모양이다. ○ 이 또한 연음(燕飮)의 시이다. 펄럭이는 박 잎을 뜯어서 요리하니, 지극히 하찮지만

詳說

○ 音互.
'호(瓠)'의 음은 '호(互)'이다.

○ 補三字.
세 자를 더하였다.

○ 三山李氏曰 : "瓠葉新生, 可以爲葅."892)
삼산 이씨가 말하였다 : "박 잎이 새로 나오면 채소로 할 수 있다."

○ 毛氏曰 : "庶人之菜也."893)
모씨가 말하였다 : "일반 사람들의 나물이다."

朱註

然君子有酒, 則亦以是酌而嘗之.
군자가 술자리를 두면 또한 이것으로 술을 떠서 맛본다는 말이다.

詳說

○ 鄭氏曰 : "君子庶人之有賢行者, 爲酒合朋友, 先與家人, 亨瓠葉而飮之, 主爲賓客, 故曰嘗也."
정씨가 말하였다 : "군자와 서인에게 덕행이 있을 경우에 그에게 술을 대접하기 위해 친구들을 모으는데, 먼저 집안사람들과 박 잎을 요리해서 마시는 것은 주인이 빈객을 위하는 것이므로 '맛본다.'라고 한 것이다."

○ 按, 嘗字總下章獻酢酬, 集傳之意, 蓋如是耳.
살펴보건대, '맛본다.'는 말은 아래의 장에서 술잔을 돌리는 것을 총괄한 것이니, 『집전』의 의미도 대개 이와 같을 뿐이다.

朱註

蓋述主人之謙辭, 言物雖薄, 而必與賓客共之也.
주인의 겸사(謙詞)를 기술한 것으로 물건이 비록 하찮을지라도 반드시 빈객과 함께 한다는 말이다.

---

892) 『시전대전(詩傳大全)』에 삼산 이씨의 말로 동일하게 실려 있다.
893) 『모시주소(毛詩注疏)』에 실려 있다.

> 詳說

○ 三句, 論也.
　세 구는 경문의 의미 설명이나.

[2-8-7-2]
> 有兔斯首, 炮之燔之.

토끼 한 마리를 그슬리며 굽는지라,

> 詳說

○ 音庖.
　'포(炮)'의 음은 '포(庖)'이다.

○ 音煩, 叶, 汾乾反.[894]
　'번(燔)'은 음이 '번(煩)'이고, 협운으로 '분(汾)'과 '건(乾)'의 반절이다.

> 君子有酒, 酌言獻之.

군자가 술자리를 두거든 술을 떠서 올리도다.

> 詳說

○ 叶, 虛言反.[895]
　'헌(獻)'은 협운으로 음은 '허(虛)'와 '언(言)'의 반절이다.

> 朱註

> 賦也. 有兔斯首, 一兔也, 猶數魚以尾也. 毛曰炮,

부(賦)이다. 유토사수(有兔斯首)는 토끼 한 마리이니, 고기를 셀 때에 꼬리를 세는 것과 같은 것이다. 털을 그슬리는 것을 포(炮)라 하고,

> 詳說

---
894) 音煩, 叶汾乾反 : 『시전대전(詩傳大全)』에도 동일하게 되어 있다.
895) 叶, 虛言反 : 『시전대전(詩傳大全)』에도 동일하게 되어 있다.

○ 上聲.

'수(數)'는 상성이다.

○ 去毛.

'포(炮)'는 털을 제거하는 것이다.

朱註

加火曰燔, 亦薄物也.

불위에 올려놓는 것을 번(燔)이라 하니, 또한 하찮은 물건이다.

詳說

○ 加於火上.

불 위에 올려놓는 것이다.

○ 視瓠葉爲稍厚. 此以下, 方指言正禮, 故變言兎.

박 잎을 보면 점점 두터워진다. 여기 이하는 바른 예를 가리켜 말하기 때문에 토끼로 바꿔 말했다.

朱註

獻, 獻之於賓也.

헌(獻)은 손님에게 술잔을 올리는 것이다.

[2-8-7-3]

有兎斯首, 燔之炙之.

토끼 한 마리를 구우며 산적으로 만드는지라.

詳說

○ 音隻, 叶, 陟略反.896)

'적(炙)'의 음은 '척(隻)'이고, 협운으로 음은 '척(陟)'과 '략(略)'의 반절이다.

---

896) 音隻, 叶陟略反 : 『시전대전(詩傳大全)』에도 동일하게 되어 있다.

君子有酒, 酌言酢之.
군자가 술자리를 두거든 술을 따서 권하노다.

詳說
○ 才洛反.⁸⁹⁷⁾
'초(酢)'의 음은 '재(才)'와 '락(洛)'의 반절이다.⁸⁹⁸⁾

朱註
賦也. 炕火曰炙, 謂以物貫之, 而舉於火上, 以炙之. 酢, 報也. 賓旣卒爵,
부(賦)이다. 불에 말리는 것을 적(炙)이라 하니, 물건으로 꿰서 불 위에 들어 올려 굽는 것을 말한다. 작(酢)은 보답하는 것이니, 손님이 술잔의 술을 다 마시고는

詳說
○ 音抗, 乾也.
'항(炕)'의 음은 '항(抗)'으로 말리는 것이다.

○ 承上獻字
위의 올린다는 말을 이어받은 것이다.

朱註
而酢主人也.
주인에게 술을 따라 올리는 것이다.

[2-8-7-4]
有兎斯首, 燔之炮之,
토끼 한 마리를, 구우며 그슬리는 지라,

---
897) 音秋 : 『시전대전(詩傳大全)』에는 다소 다르게 되어 있다.
898) 『시전대전(詩傳大全)』에는 "'초(酢)'의 음은 '목(木)'과 '락(洛)'의 반절이다.(木洛反)"라고 되어 있다.

> 詳說

○ 叶, 蒲侯反.899)

'포(炮)'는 협운으로 음은 '포(蒲)'와 '후(侯)'의 반절이다.

君子有酒, 酌言醻之.

군자가 술자리를 두거든, 술을 떠서 권하도다.

> 詳說

○ 音酬.

'수(醻)'의 음은 '수(酬)'이다.

> 朱註

賦也. 醻, 導飮也.

부(賦)이다. 수(導)는 인도하여 마시게 하는 것이다.

> 詳說

○ 朱子曰 : "主人獻賓, 賓酢主人, 主人又自飮, 而復飮賓. 其自飮者, 是導賓使飮也."900)

주자가 말하였다 : "주인이 손님에게 올리고, 손님이 주인에게 잔을 되돌리면, 주인이 또 스스로 마시고 다시 손님에게 마시게 한다. 스스로 마시는 것은 손님들 인도해 마시게 하는 것이다."901)

瓠葉四章, 章四句.

「호엽」은 4장이고, 장은 4구이다.

> 詳說

---

899) 叶, 蒲侯反 : 『시전대전(詩傳大全)』에도 동일하게 되어 있다.
900) 『시전대전(詩傳大全)』에 주자의 말로 실려 있다.
901) 『시전대전(詩傳大全)』에는 "주자가 말하였다 : '주인이 술을 따라 손님에게 올리는 것을 헌(獻)이라고 하고, 손님이 주인에게 잔을 되돌리면, 주인이 또 스스로 마시고 손님에게 마시게 하는 것을 수(醻)라고 한다. 그 주인이 또 스스로 마시는 것은 손님들 인도해 마시게 하는 것인데, 다만 손님이 받고는 마시지 않고 자리 앞에 놔둔다.'(朱子曰 : 主人酌以獻賓曰獻, 賓酢主人, 主人又自飮, 而復飮賓曰醻. 其主人又自飮者, 是導賓使飮也. 但賓受之却不飮, 奠於席前.)"라고 되어 있다.

○ 定宇陳氏曰 : "燕飮之禮, 在誠不在物. 此聊擧一二, 以見其微薄, 謙辭耳. 燕飮, 有盛, 言其豐者, 魚麗, 是也, 有謙, 言其薄者, 此詩是也."902)

정우 진씨가 말하였다 : "연음(燕飮)의 예는 정성에 있지 사물에 있지 않다. 여기서 오로지 한둘을 들어 하찮고 가벼운 것을 드러냈을 뿐이다. 연음에서 성대한 것은 풍성함을 말하는 경우로「어리(魚麗)」가 여기에 해당하고, 겸손한 것은 가벼움을 말하는 경우로 여기의 시가 여기에 해당한다."

[2-8-8-1]

漸漸之石, 維其高矣.

높고 높은 돌이여 그 높기도 하도다.

詳說

○ 並士銜反, 下同.903)

'삼(漸)'의 음은 아울러 '사(士)'와 '형(銜)'의 반절이고, 아래에서도 같다.904)

山川悠遠, 維其勞矣.

산천이 아득히 머니 수고롭기도 하도다.

武人東征, 不遑朝矣.

무인이 동쪽으로 정벌감이여! 아침에 쉴 겨를도 없도다.

詳說

○ 叶, 直高反.905)

'조(朝)'는 협운으로 '직(直)'과 '고(高)'의 반절이다.

---

902) 『시전대전(詩傳大全)』에 정우 진씨의 말로 거의 동일하게 실려 있다.
903) 並士銜反, 下同 : 『시전대전(詩傳大全)』에는 다소 다르게 되어 있다.
904) 『시전대전(詩傳大全)』에는 "'점(漸)'의 음은 아울러 '토(土)'와 '형(銜)'의 반절이고, 아래에서도 같다.(竝土銜反, 下同)"라고 되어 있다.
905) 叶, 直高反 : 『시전대전(詩傳大全)』에도 동일하게 되어 있다.

朱註

賦也. 漸漸, 高峻之貌. 武人, 將帥也. 遑, 暇也, 言無朝旦之暇也. ○ 將帥出征, 經歷險遠,

부(賦)이다. 삼삼(漸漸)은 높고 높은 모양이다. 무인(武人)은 장수(將帥)이다. 황(遑)은 겨를이니, 아침의 여가도 없다는 말이다. ○ 장수가 출정하여 험하고 먼 곳을 지나가니,

詳說

○ 去聲, 下同.

'장(將)'은 거성으로 아래에서도 같다.

朱註

詳說

○ 廬陵歐陽氏曰 : "漸漸高石, 悠遠山川, 序其所經歷險遠耳."906)

여릉 구양씨가 말하였다 : "높고 높은 돌과 아득히 먼 산천은 그가 험하고 먼 곳을 지나갔다는 것을 서술한 것이다."907)

朱註

不堪勞苦, 而作此詩也.

노고를 견디지 못하여 이 시를 지었다는 것이다.

[2-8-8-2]
漸漸之石, 維其卒矣

높고 높은 돌이여 높기도 하도다.

---

906) 『시전대전(詩傳大全)』에 여릉 구양씨의 말로 실려 있다.
907) 『시전대전(詩傳大全)』에는 "여릉 구양씨가 말하였다 : '높고 높은 돌과 아득히 먼 산천은 그가 험하고 먼 길을 지나는 노고를 서술한 것이다.'(廬陵歐陽氏曰 : 漸漸高石, 悠遠山川, 序其所經歷險阻遠道之勞耳.)"라고 되어 있다.

詳說

○ 在律反.908)

'졸(卒)'의 음은 '새(在)'와 '율(律)'의 반절이다.

山川悠遠, 曷其沒矣

산천이 아득히 머니 언제나 다할꼬?

詳說

○ 叶, 莫筆反.909)

'몰(沒)'은 협운으로 '막(莫)'과 '필(筆)'의 반절이다.

武人東征, 不遑出矣.

무인이 동쪽으로 정벌감이여 나올 겨를이 없도다.

朱註

賦也. 卒, 崔, 嵬也. 謂山巓之末也. 曷, 何, 沒, 盡也. 言所登歷, 何時而可盡也. 不遑出. 謂但知深入, 不暇謀出也.

부(賦)이다. 졸(卒)은 높음이니, 산마루의 끝을 말한다. 갈(曷)은 하(何)이고, 몰(沒)은 다함이니, 오르고 지나는 바를 어느 때에나 다할 수 있겠느냐는 말이다. 불황출(不遑出)은 다만 깊이 들어갈 줄만 알고 나올 것을 도모할 겨를이 없음을 말한 것이다.

詳說

○ 崒通.

'졸(卒)'은 '졸(崒)'과 통한다.

○ 音摧.

'최(崔)'의 음은 '최(摧)'이다.

---

908) 在律反: 『시전대전(詩傳大全)』에도 동일하게 되어 있다.
909) 叶, 莫筆反: 『시전대전(詩傳大全)』에도 동일하게 되어 있다.

○ 五回反.
  '외(嵬)'의 음은 '오(五)'와 '회(回)'의 반절이다.

○ 退也.
  '출(出)'은 물러난다는 것이다.

[2-8-8-3]
有豕白蹢, 烝涉波矣.
돼지가 발굽이 희니 여럿이 물결을 건너가며,

詳說
○ 音的.910)
  '척(蹢)'의 음은 '적(的)'이다.

月離于畢, 俾滂沱矣.
달이 필성(畢星)에 걸려 있으니 비가 주룩주룩 내리리로다.

詳說
○ 普郞反.911)
  '방(滂)'의 음은 '보(普)'와 '랑(郞)'의 반절이다.

○ 徒何反.912)
  '타(沱)'의 음은 '도(徒)'와 '하(何)'의 반절이다.

武人東征, 不遑佗矣.
무인이 동쪽으로 정벌감이여 다른 일을 할 겨를이 없도다.

---

910) 音的 : 『시전대전(詩傳大全)』에도 동일하게 되어 있다.
911) 普郞反 : 『시전대전(詩傳大全)』에도 동일하게 되어 있다.
912) 徒何反 : 『시전대전(詩傳大全)』에도 동일하게 되어 있다.

詳說

○ 音拖.
'타(佗)'에서이 '타(拖)'이다.

朱註

賦也. 蹢, 蹄, 烝, 衆也. 離, 月所宿也.
부(賦)이다. 적(蹢)은 발굽이고, 증(烝)은 무리이다. 이(離)는 달이 머무르는 곳이다.

詳說

○ 猶次也.
'숙(宿)'은 묵다는 것과 같다.

朱註

畢, 星名. 豕涉波, 月離畢, 將雨之驗也.
필(畢)은 별 이름이다. 돼지가 물을 건너가고, 달이 필성(畢星)에 걸려 있음은 비가 올 징조이다.

詳說

○ 埤雅曰 : "馬喜風, 豕喜雨, 故天將雨, 則豕涉水波."[913]
『비아』에서 말하였다 : "말은 바람을 좋아하고 돼지는 비를 좋아하기 때문에 하늘이 비를 내리려고 할 때에는 돼지가 물결을 건너는 것이다."

○ 朱子曰 : "畢是漉魚底. 漉魚, 則其汁水淋漓而下, 若雨然, 畢星義, 蓋取此, 形亦類畢. 故月離之則雨."[914]
주자가 말하였다 : "필(畢)은 물고기를 거르는 것이다. 물고기를 거르면 액즙이 스며들어 떨어지는 것이 비와 같으니, 필성의 의미는 대개 여기에서 취하였고 형태도 필과 비슷하기 때문에 달이 걸려 있으면 비가 오는 것이다."[915]

---

913) 『시전대전(詩傳大全)』에 『비아』의 말로 거의 비슷하게 실려 있다.
914) 『시전대전(詩傳大全)』에 주자의 말로 실려 있다.
915) 『시전대전(詩傳大全)』에는 "주자가 말하였다 : '필(畢)은 물고기를 거르는 것이다. 갈래진 망으로 물고기를 거르면 액즙이 스며들어 떨어지는 것이 비와 같으니, 필성이라는 이름과 의미는 대개 여기에서 취

○ 新安胡氏曰 : "畢星好雨, 月水之精, 離畢而雨, 星象相感如此."916)

신안 호씨가 말하였다 : "필성은 비를 좋아하고 달은 수의 정기로 필성에 걸려 비가 오니, 성상이 서로 감응하는 것은 이와 같다."

○ 張子曰 : 豕之負塗

장자(張子)가 말하였다 : "돼지가 진흙을 지고

詳說

○ 出易睽卦.

『주역』「규괘」가 출처이다.

曳泥, 其常性也. 今其足皆白, 衆與涉波而去, 水患之多可知矣. 此言久役, 又逢大雨, 甚勞苦, 而不暇及他事也

진흙을 끄는 것은 떳떳한 성품이다. 그런데 지금 그 발이 모두 희며, 여럿이 물결을 건너가니, 수환(水患)의 많음을 알 수 있다. 이것은 오랜 부역에다가 또 큰 비를 만나 매우 노고하여 다른 일에 미칠 겨를이 없음을 말한 것이다."

詳說

○ 廬陵歐陽氏曰 : "履險遇雨, 征行所尤苦故言."917)

여릉 구양씨가 말하였다 : "험한 곳에서 비를 만나 가는 길이 더욱 괴롭기 때문에 말한 것이다."918)

朱註

漸漸之石三章, 章六句.

「삼삼지석」은 3장이고, 장은 6구이다.

하였다. 이제 필성의 위에 하나의 자루가 있고 아래로 둘로 갈라져서 형태가 또한 필(畢)과 비슷하기 때문에 달이 걸려 있으면 비가 오는 것이다.'(朱子曰 : 畢是濾魚底. 叉網濾魚, 則其汁水淋滴而下, 若雨然, 畢星名義, 盖取此. 今畢星上有一柄, 下開兩叉, 形亦類畢, 故月宿之則雨.)"라고 되어 있다.

916) 『시전대전(詩傳大全)』에 신안 호씨의 말로 동일하게 실려 있다.
917) 『시전대전(詩傳大全)』에 여릉 구양씨의 말로 실려 있다.
918) 『시전대전(詩傳大全)』에는 "여릉 구양씨가 말하였다 : '험한 곳에서 비를 만나 가늘 길이 더욱 괴롭기 때문에 말로 한 것이다.'(廬陵歐陽氏曰 : 履險遇雨, 征行所尤苦, 故以爲言.)"라고 되어 있다.

詳說

○ 慶源輔氏曰：“不遑朝，猶可言也．至於不遑出，不遑他，則其情危，而可哀甚矣．方采薇出車之詩，作時，豈容有此事哉．"919)

경원 보씨가 말하였다 : "아침에 쉴 겨를이 없다는 것은 그래도 말은 할 수 있는 것이다. 나올 겨를이 없고 다른 일을 할 겨를이 없다면 그 정황이 위험해서 아주 슬퍼해야 하는 것이다. 「채미」와 「출거」의 시는 지은 때에 어찌 이런 일들을 받아들일 수 있었겠는가?"920)

[2-8-9-1]

苕之華, 芸其黃矣.

능초의 꽃이여 곱게 누렇기도 하도다.

詳說

○ 音條.921)

'초(苕)'의 음은 '조(條)'이다.

○ 音花.922)

'화(華)'의 음은 '화(花)'이다.

○ 音云.923)

'운(芸)'의 음은 '운(云)'이다.

---

919) 『시전대전(詩傳大全)』에 경원 보씨의 말로 실려 있다.
920) 『시전대전(詩傳大全)』에는 "경원 보씨가 말하였다 : '아침에 쉴 겨를이 없다는 것은 그래도 말은 할 수 있는 것이다. 나올 겨를이 없고 다른 일을 할 겨를이 없다면 그 정황이 위험해서 아주 슬퍼해야 하는 것이다. 「채미」와 「출거」의 시는 지은 때에 어찌 이런 일들을 받아들일 수 있었겠는가? 세상이 다스려질 때에는 진실로 정벌의 시가 없다. …. 가령 수고로운 자가 스스로 말하는데도 위의 사람들이 근심하지 않는다면 어디에 백성들의 부모됨이 있겠는가?'(慶源輔氏曰 : 不遑朝矣, 猶可言也. 至於不遑出不遑他, 則其情危而可哀甚矣. 方采薇出車之詩, 作時豈容, 有此事哉. 世之治也, 固未嘗有征伐之詩也. …. 夫使勞者自言, 而上之人, 不加恤焉, 則烏在其爲民之父母也.)"라고 되어 있다.
921) 音條 : 『시전대전(詩傳大全)』에도 동일하게 되어 있다.
922) 音花 : 『시전대전(詩傳大全)』에도 동일하게 되어 있다.
923) 音云 : 『시전대전(詩傳大全)』에도 동일하게 되어 있다.

心之憂矣, 維其傷矣.

마음에 근심함이여 그 서글프도다.

朱註

比也. 苕, 陵苕也, 本草云, 即今之紫葳, 蔓生, 附於喬木之上, 其華黃赤色, 亦名凌霄.

비(比)이다. 초(苕)는 능초(陵苕)이니, 『(본초(本草)』에서 "바로 지금의 자위(紫葳)이다."라고 하였는데, 덩굴로 자라면서 교목의 위에 붙어살며, 그 꽃은 황적색이니, 또한 능소(凌霄)라고도 이름한다.

詳說

○ 兼賦.

부(賦)를 겸하였다.

○ 神農作. 或云, 東漢人所作, 梁陶弘景增.

『본초』는 신농이 지었다. 어떤 이는 동한 사람이 지었다고 하니, 양도홍 경증이다.

○ 本草註曰 : 延引大木, 至顚有花, 其花夏乃盛.[924)]

『본초』의 주에서 말하였다 : "큰 나무를 타고 올라가 꼭대기에 이르러 꽃을 피우는데, 그 꽃은 여름에야 무성해진다."[925)]

○ 安成劉氏曰 : "芸者, 黃之盛也."[926)]

안성 유씨가 말하였다 : "운(芸)은 누런 것이 무성해지는 것이다."

○ 芸其黃, 與瀏其淸之語勢同. 諺釋, 恐合更商.

---

924) 『시전대전(詩傳大全)』에 『본초』 주의 말로 실려 있다.
925) 『시전대전(詩傳大全)』에는 "『본초』의 주에서 말하였다 : '자위(紫葳)가 일명 능초(陵苕)로 큰 나무에 덩굴로 자라면서 의탁하고, 세월이 오래도록 타고 올라가 꼭대기에 이르러 꽃을 피우는데, 꽃은 여름에야 무성해진다.'(本草註曰 : 紫葳, 一名陵苕, 蔓生依大木, 歲久延引, 至顚有花. 其花夏乃盛.)"라고 되어 있다.
926) 『시전대전(詩傳大全)』에 안성 유씨의 말로 동일하게 실려 있다.

'누렇기도 하도다(芸其黃).'라는 것은 「진유(溱洧)」에서의 '깊고 맑거늘(瀏其淸)'이라는 말과 어투가 같다. 『언해』의 해석은 다시 살펴봐야 할 것 같다.

朱註
○ 詩人自以身逢周室之衰, 如苕附物而生, 雖榮不久. 故以爲比, 而自言其心之憂傷也.
시인이 스스로 "자신이 주(周)나라 왕실(王室)의 쇠함을 만났으니, 능초화(陵苕花)가 물건에 붙어 자라면서 비록 꽃이 피나 오래가지 못함과 같다."라고 여겼다. 그러므로 이것으로 비유하고 스스로 그 마음으로 근심하고 슬퍼함을 말한 것이다.

詳說
○ 一作世.
'실(室)'은 어떤 판본에는 '세(世)'로 되어 있다.

[2-8-9-2]
苕之華, 其葉青青.

능초의 꽃이여 그 잎이 푸르고 푸르도다.

詳說
○ 音精.
'청(靑)'의 음은 '정(精)'이다.

知我如此, 不如無生.

내 이럴줄 알았더라면 태어나지 않느니만 못하였도다.

詳說
○ 叶, 桑經反.927)
'생(生)'은 협운으로 음은 '상(桑)'과 '경(經)'의 반절이다.

---

927) 叶, 桑經反 : 『시전대전(詩傳大全)』에도 동일하게 되어 있다.

朱註

比也. 靑靑

비(比)이다. 청청(靑靑)은

詳說

○ 菁通.

'청(靑)'은 '청(菁)'과 통한다.

朱註

盛貌. 然亦何能久哉.

성한 모양이다. 그러나 또한 어찌 오래갈 수 있겠는가?

詳說

○ 不如無生, 悲痛迫切之辭也.

'태어나지 않느니만 못하였도다.'라는 것은 비통하고 절실한 말이다.

[2-8-9-3]

牂羊墳首, 三星在罶.

암 양(羊)이 머리만 크며 삼성(三星)이 통발에 있도다.

詳說

○ 音臧.

'장(牂)'의 음은 '장(臧)'이다.

○ 音焚.

'분(墳)'의 음은 '분(焚)'이다.

○ 音罶.928)

---

928) 音柳:『시전대전(詩傳大全)』에도 동일하게 되어 있다.

'류(罶)'의 음은 '류(罶)'이다.

> 人可以食, 鮮可以飽.

사람들이 먹을 수는 있을지언정 배부른 이가 적도다.

> 詳說

○ 上聲.

'선(鮮)'은 상성이다.

○ 叶, 補苟反.929)

'포(飽)'는 협운으로 음은 '보(補)'와 '구(苟)'의 반절이다.

> 朱註

賦也. 牂羊, 牝羊也. 墳, 大也, 羊瘠, 則首大也.

부(賦)이다. 장양(牂羊)은 암 양(羊)이다. 분(墳)은 큼이니, 양이 마르면 머리가 커 보인다.

> 詳說

○ 莆田鄭氏曰 : "牝羊本首小, 今也羸瘠, 反首大而身小."930)

보전 정씨가 말하였다 : "암양은 본래 머리가 작은데, 이제 말라서 도리어 머리는 크고 몸은 작은 것이다."

> 朱註

罶, 笱也. 罶中無魚而水靜, 但見三星之光而已 ○ 言饑饉之餘

유(罶)는 통발이니, 통발가운데 고기는 없고 물만 고요하여 다만 삼성(三星)의 빛이 보일 뿐이다. ○ "기근(饑饉)이 든 뒤에

> 詳說

○ 先補說.

---

929) 叶, 補苟反 : 『시전대전(詩傳大全)』에도 동일하게 되어 있다.
930) 『시전대전(詩傳大全)』에 보전 정씨의 말로 동일하게 실려 있다.

먼저 보충해서 말하였다.

朱註

百物彫耗如此,
온갖 물건이 쇠잔하고 소모함이 이와 같아

詳說

○ 本文, 舉二以該百.
본문에서는 둘을 들어 온갖 것을 갖추었다.

朱註

苟且
그런대로

詳說

○ 可.
구두해야 한다.

朱註

得食足矣, 豈可望其飽哉.
얻어먹기만 하면 족하니, 어찌 그 배부르기를 바랄 수 있겠는가."하고 말한 것이다.

苕之華三章, 章四句.
「초지화」는 3장이고, 장은 4구이다.

陳氏曰 : 此詩其詞簡, 其情哀. 周室將亡, 不可救矣, 詩人傷之而已.
진씨가 말하였다. "이 시는 그 말이 간략하고 그 정이 애처롭다. 주나라 왕실이 망하려고 하여 구원할 수가 없었으니, 시인이 서글퍼할 뿐이었다."

[2-8-10-1]

何草不黃, 何日不行,

어느 풀인들 누러허게 되지지 않고 어느 날인들 가지 않으며,

詳說

○ 叶, 戶郎反.931)

'항(行)'은 협운으로 음은 '호(戶)'와 '랑(郎)'의 반절이다.

何人不將, 經營四方.

어느 사람인들 가서 사방을 경영하지 않으리오?

朱註

興也. 草衰則黃. 將, 亦行也. ○ 周室將亾, 征役不息, 行者苦之, 故作此詩. 言何草而不黃

흥(興)이다. 풀이 쇠하면 누렇게 된다. 장(將) 또한 가는 것이다. ○ 주나라 왕실이 망하려고 함에 정역(征役)이 쉬지 아니하니, 부역 가는 자들이 이를 괴로워하였기 때문에 이 시를 지은 것이다. 어느 풀인들 누렇게 되지 않고,

詳說

○ 因所見也.

보는 대로 따른 것이다.

朱註

何日而不行, 何人而不將,

어느 날인들 가지 않으며 어느 사람인들 가서

詳說

○ 一句, 興二句.

첫 구가 둘째 구를 흥하였다.

---

931) 叶, 戶郎反:『시전대전(詩傳大全)』에도 동일하게 되어 있다.

朱註

以經營於四方也哉

사방을 경영하지 않겠느냐는 말이다.

[2-8-10-2]

何草不玄, 何人不矜.

어느 풀인들 검게 되지 않고 어느 사람인들 홀아비가 되지 않으리오!

詳說

○ 叶, 胡勻反.932)

'현(玄)'은 협운으로 음은 '호(胡)'와 '균(勻)'의 반절이다.

○ 古頑反. 韓詩作鰥, 叶居陵反.933)

'긍(矜)'의 음은 '고(古)'와 '완(頑)'의 반절이다.

哀我征夫, 獨爲匪民.

불쌍한 우리 정부(征夫)들은 홀로 백성이 아니란 말인가!

朱註

興也. 玄赤黑色也, 旣黃

흥(興)이다. 현(玄)은 적흑색(赤黑色)이니, 누렇게 된 다음에

詳說

○ 承上章.

위의 장을 이어받은 것이다.

朱註

---

932) 叶, 胡勻反:『시전대전(詩傳大全)』에도 동일하게 되어 있다.
933) 古頑反. 韓詩作鰥, 叶居陵反:『시전대전(詩傳大全)』에도 동일하게 되어 있다.

而玄也. 無妻曰矜,

검게 된 것이다. 아내가 없는 것을 긍(矜)이라 하니,

詳說

○ 諺音誤.

'긍(矜)'은 『언해』의 음이 잘못되었다.

朱註

言從役過時, 而不得歸, 失其室家之樂也.

부역(賦役)에 종사하면서 때를 넘겼는데도 돌아가지 못하여 식구들과의 즐거움을 잃어버렸음을 말한 것이다.

詳說

○ 音洛.

'락(樂)'의 음은 '락(洛)'이다.

朱註

哀我征夫, 豈獨爲非民哉

불쌍한 우리 정부(征夫)들은 어찌 홀로 백성이 아니란 말인가?

詳說

○ 疊山謝氏曰 : "東山采薇出車杕杜諸詩, 序情閔勞, 皆以室家爲說, 同爲天民, 血氣嗜欲, 豈有異哉. 先王以民待民, 幽王待民如犬馬, 故曰獨爲匪民."934)

첩산 사씨가 말하였다 : "「동산」「채미」「출거」「체두」의 여러 시는 차례로 위로 하는 것을 심정으로 한 것으로 모두 식구들을 기쁨으로 여겼으니, 똑같은 천민으로 혈기와 기욕이 어찌 다르겠는가? 선왕은 백성을 백성으로 대했는데, 유왕은 견마처럼 백성을 대했기 때문에 '홀로 백성이 아니란 말인가?'라고 한 것이다."935)

---

934) 『시전대전(詩傳大全)』에 첩산 사씨의 말로 실려 있다.
935) 『시전대전(詩傳大全)』에는 "첩산 사씨가 말하였다 : '「동산」「채미」「출거」「체두」의 여러 시는 차례로 위

○ 獨爲匪民, 悲痛迫切之辭也.

'홀로 백성이 아니란 말인가?'라는 것은 비통하고 절실한 말이다.

[2-8-10-3]
匪兕匪虎, 率彼曠野.

외뿔소가 아니고 범이 아닌데 저 광야(曠野)를 따르게 한단 말인가?

詳說
○ 徐履反.936)

'시(兕)'의 음은 '서(徐)'와 '리(履)'의 반절이다.

詳說
○ 叶, 上與反.937)

'야(野)'는 협운으로 음은 '상(上)'과 '여(與)'의 반절이다.

哀我征夫, 朝夕不暇.

불쌍한 우리 정부들은 조석에도 여가가 없도다.

詳說
○ 叶, 後五反.938)

'가(暇)'는 협운으로 음은 '후(後)'와 '오(五)'의 반절이다.

朱註

賦也. 率, 循.

부(賦)이다. 솔(率)은 따름이고,

로하는 것을 심정으로 한 것으로 모두 식구들의 소망을 기쁨으로 여겼으니, 똑같은 천민으로 혈기와 기욕이 어찌 다르겠는가? 선왕은 백성을 백성으로 대했는데, 유왕은 견마처럼 백성을 대했기 때문에 '불쌍한 우리 정부(征夫)들은 홀로 백성이 아니란 말인가?'라고 한 것이다.(疊山謝氏曰 : 東山采薇出車杕杜諸詩, 序情関勞, 皆以室家之望者爲說, 同爲天民, 血氣嗜欲豈有異哉. 先王以民待民, 幽王之待民如犬馬耳, 故曰哀我征夫獨爲匪民.)"라고 되어 있다.

936) 徐履反 : 『시전대전(詩傳大全)』에도 동일하게 되어 있다.
937) 叶, 上與反 : 『시전대전(詩傳大全)』에도 동일하게 되어 있다.
938) 叶, 後五反 : 『시전대전(詩傳大全)』에도 동일하게 되어 있다.

詳說

○ 一有也字.

이떤 판본에는 '야(也)'지기 있다.

朱註

曠, 空也. ○ 言征夫

광(曠)은 빔이다. ○ 정부는

詳說

○ 取二字, 以冠之.

두 글자를 취해 머리에 두었다.

朱註

非兕非虎,

외뿔소도 아니요, 범도 아닌데

詳說

○ 承上匪民而言

'백성이 아니란 말인가!'를 이어받아 말한 것이다.

朱註

何爲使之循曠野, 而朝夕不得閒暇也

어찌하여 그가 광야를 따르게 해서 조석(朝夕)에도 한가로운 겨를을 얻지 못하게 하는가? 라는 말이다.

[2-8-10-4]

有芃者狐, 率彼幽草.

꼬리가 긴 여우여 저 그윽한 풀을 따르도다.

詳說

○ 音蓬.
'봉(芃)'의 음은 '봉(蓬)'이다.

○ 與車叶.939)
'호(狐)'는 '거(車)'와 협운이다.

有棧之車, 行彼周道.
사다리가 있는 수레여 저 큰 길에 가도다.

詳說
○ 士板反.940)
'잔(棧)'의 음은 '사(士)'와 '판(板)'의 반절이다.

朱註
興也. 芃, 尾長貌. 棧車, 役車也, 周道, 大道也, 言不得休息也.
흥(興)이다. 봉(芃)은 꼬리가 긴 모양이다. 잔거(棧車)는 짐수레이고 주도(周道)는 대도(大道)이니, 휴식할 수가 없다는 말이다.

詳說
○ 不息而行于道.
쉬지 못하고 길을 가는 것이다.

朱註
何草不黃四章, 章四句.
「하초불황」은 4장이고, 장은 4구이다.

詳說
○ 慶源輔氏曰 : "苕之華, 言國家之衰微, 時物之凋耗, 人民不

---

939) 與車叶 : 『시전대전(詩傳大全)』에도 동일하게 되어 있다.
940) 士板反 : 『시전대전(詩傳大全)』에도 동일하게 되어 있다.

聊其生, 天運窮矣. 何草不黃, 言士民役使之繁數, 征行之勞苦, 上之人視之, 與禽獸無異, 人事極矣. 周室至是, 無可爲矣, 此黍離之所以爲國風也."941)

경원 보씨가 말하였다 : "「초지화」에서는 국가의 쇠미와 시물의 시듦을 말하였으니, 인민이 그 생을 오로지 하지 못함은 천운이 다한 것이다. 「하초불황」에서는 사민(士民)이 역사의 빈번함과 가는 길의 노고를 말하였으니, 위의 사람이 그들을 보기를 짐승과 차이가 없는 것은 인사가 다한 것이다. 주의 왕실이 이 지경이 되어 어떻게 할 수가 없다면, 이것은 「서리(黍離)」가 국풍이 되는 까닭이다."

○ 此什末三篇, 其文體, 亦與王風, 無可擇耳
여기 십(什)에서 끝의 세 편은 그 문체가 또한 「왕풍」과 함께 택할 것이 없다.

朱註
都人士之什, 十篇, 四十三章, 二百句.
「도인사지십」은 10편에 43장 200구이다.

---
941) 『시전대전(詩傳大全)』에 경원 보씨의 말로 동일하게 실려 있다.

연구번역자 소개

신창호(申昌鎬)
현) 고려대학교 교수, 고려대학교 박사(동양철학/교육사철학 전공), 고려대학교 교육문제연구소 소장, 한국교육철학학회 회장, 한중철학회 회장 역임, 현) 한국학중앙연구원 이사
저서에는 「『중용』 교육사상의 현대적 조명」(박사학위논문), 『유교의 교육학 체계』 외 다수의 논문·번역·저서가 있음

김학목(金學睦)
전) 고려대학교 연구교수, 건국대학교 박사(한국철학 전공), 해송학당 원장(동양학·사주명리 강의)
저서에는 「박세당의 『신주도덕경』 연구」(박사학위논문), 『한국주역대전』 외 다수의 논문·번역·저서가 있음

빈동철(賓東哲)
현) 고려대학교 철학연구소 연구교수, 미국 인디애나대학 박사(동아시아 언어와 문화/고대 중국 전공)
저서에 「Calligraphy and Scribal Tradition in Early China」(박사학위논문), 「문헌 전통의 물줄기, 그 생성과 저장에 대한 비판적 접근: '논어'의 경우」 외 다수의 논문·번역·저서가 있음

조기영(趙麒永)
전) 고려대학교 연구교수, 연세대학교 박사(한문학 전공), 서정대 교수·연세대국학연구원 연구원
저서에 「하서 김인후 시 연구」(박사학위논문), 『한국시가의 정신세계』 외 다수의 논문·번역·저서가 있음

김언종(金彦鍾)
현) 고려대학교 명예교수, 國立臺灣師範大學(韓國經學 전공), 한국고전번역원 이사 및 고전번역학회 회장 역임, 현) 한국고전번역원장
저서에 「丁茶山論語古今注原義總括考徵」(박사학위논문), 『(역주)시경강의』 외 다수의 논문·번역·저서가 있음

임헌규(林憲圭)
현) 강남대학교 교수, 한국학중앙연구원 박사(동양철학 전공), 동양고전학회 회장 역임, 현) 강남대학교 참인재대학장
저서에 『유가의 심성론 연구-맹자와 주희를 중심으로』(박사학위논문), 『공자에서 다산 정약용까지 - 유교 인 문학의 동서철학적 성찰』 외 다수의 논문·번역·저서가 있음

허동현(許東賢)
현) 경희대학교 교수. 고려대학교 박사(한국근대사 전공). 경희대학교 학부대학 학장·한국현대사연구원 원장 역임. 현) 국사편찬위원장
저서로 「1881년 조사시찰단 연구」(박사학위논문), 『한국의 국가 형성과 민주주의』 외 다수의 논문 번역 저서가 있음

시집전상설 6

초판 1쇄 | 2024년 8월 15일

책임역주(주저자) | 신창호
전임역주 | 김학목·빈동철·조기영
공동역주 | 김언종·임헌규·허동현
편　　집 | 강완구
디자인 | S-design
브랜드 | 우물이있는집
펴낸곳 | 써네스트
펴낸이 | 강완구
출판등록 | 2005년 7월 13일 등록번호 제2017-000293호
주　　소 | 서울시 마포구 망원로 94, 203호
전　　화 | 02-332-9384　　　팩　스 | 0303-0006-9384
이메일 | sunestbooks@yahoo.co.kr
홈페이지 | www.sunest.co.kr
ISBN 979-11-94166-17-7　94140　값 24,000원
　　　979-11-94166-11-5　94140 (전 9권)
* <우물이 있는 집>은 써네스트의 인문브랜드입니다.

이 책은 신저작권법에 따라 보호받는 저작물이므로 무단 전재와 복제를 금하며, 내용의 전부 또는 일부를 재사용하려면 반드시 저작권자와 도서출판 써네스트 양측의 동의를 받아야 합니다.
정성을 다해 만들었습니다만, 간혹 잘못된 책이 있습니다. 연락주시면 바꾸어 드리겠습니다.